MASHLE

MAGIC AND MUSCLES

HAJIME KOMOTO

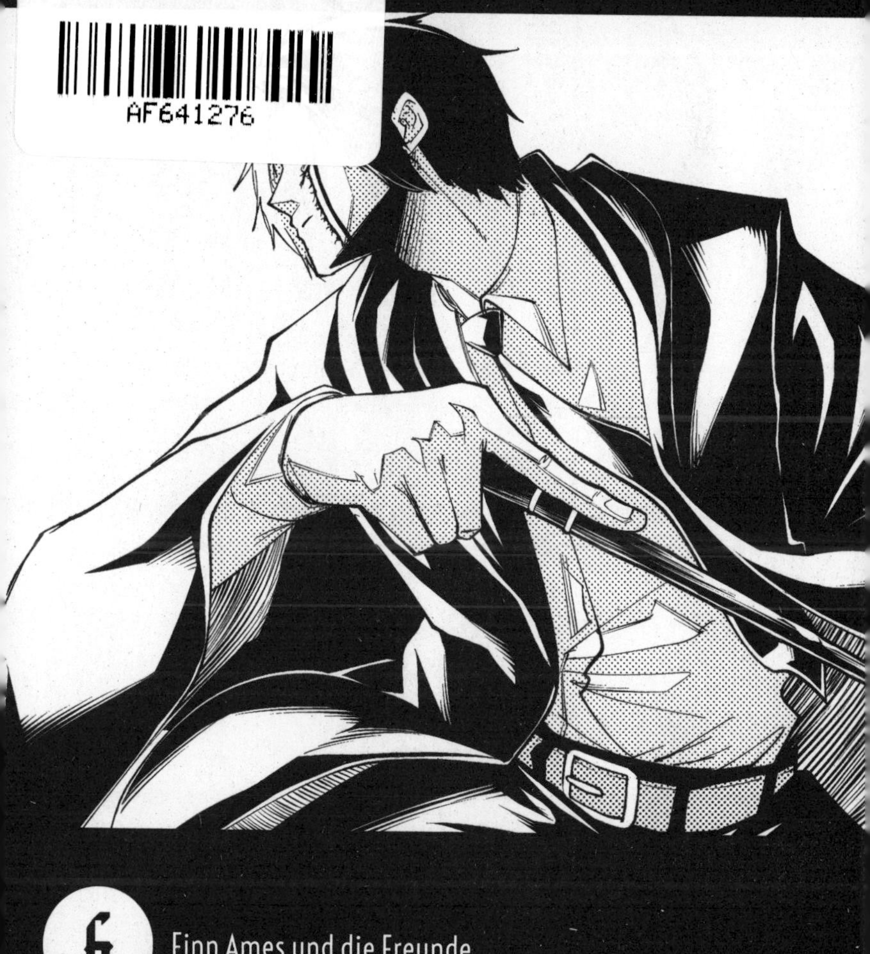

6

Finn Ames und die Freunde

CHARAKTERE

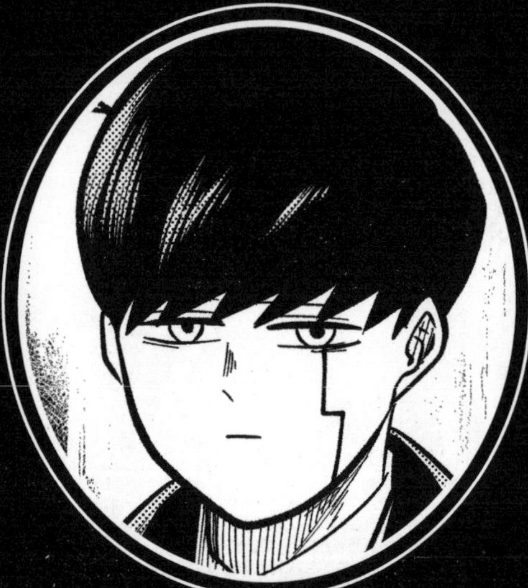

Mash Burnedead
Ein ungewöhnlicher Junge mit muskulösem Körper. Er kann nicht zaubern, stellt sich aber jeglicher Magie. Sein Weltbild ist sehr unkonventionell. Er schätzt Familie und Freunde und liebt Windbeutel. Außerdem hat er Schwierigkeiten, zu erkennen, ob eine Tür aufgezogen oder aufgedrückt werden muss.

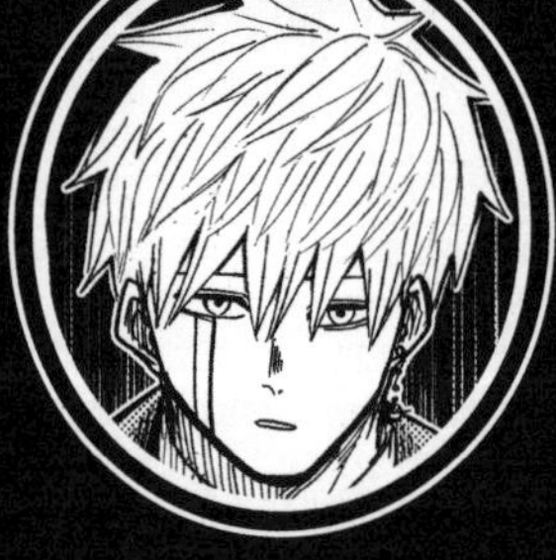

Lance Crown
Ein gut aussehender Junge, der bei der Aufnahmeprüfung die höchste Punktzahl erreicht hat. Er hat einen ausgeprägten Schwesterkomplex.

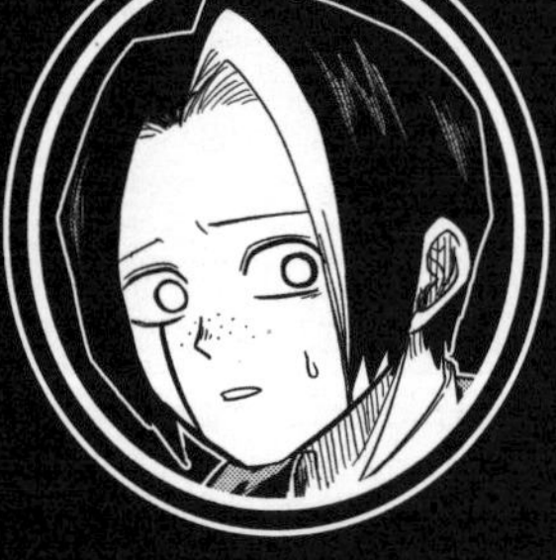

Finn Ames
Mashs lustiger Zimmergenosse und sein allererster Freund

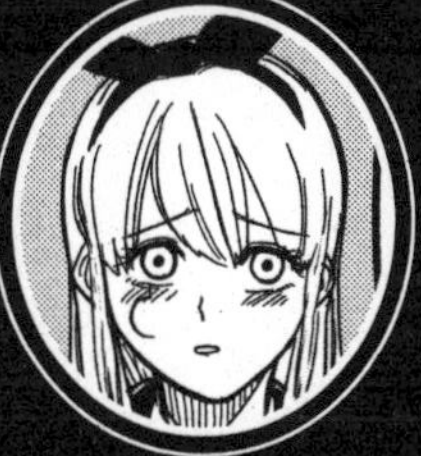

Lemon Irvine
Hat sich bei der Aufnahmeprüfung in Mash verliebt.

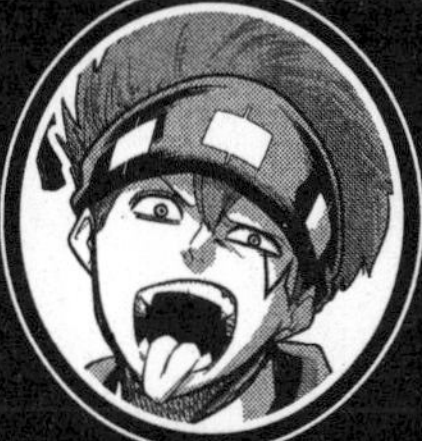

Dot Barrett
Ein direkter und aufbrausender Typ. Er kommt nicht gut bei Mädchen an und hasst gut aussehende Kerle.

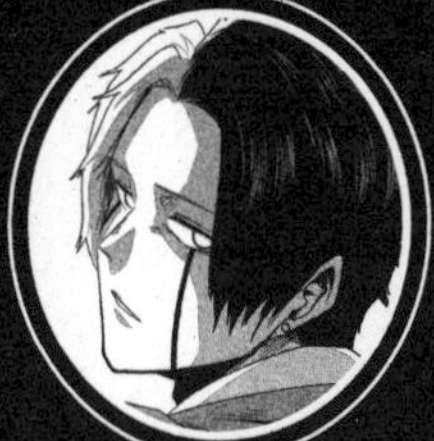

Rayne Ames
Finns älterer Bruder ist der beste Student im Haus Adler und der diesjährige Gottesseher.

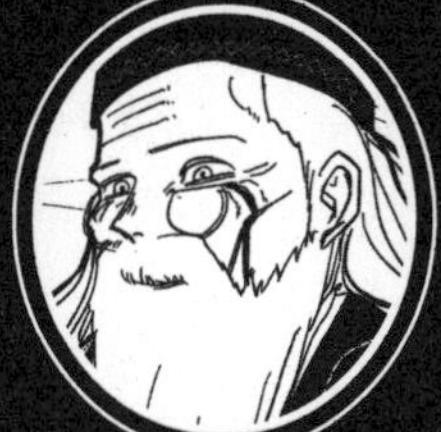

Direktor Wahlberg
Der Schulleiter der Easton-Magieschule erwartet viel von Mash.

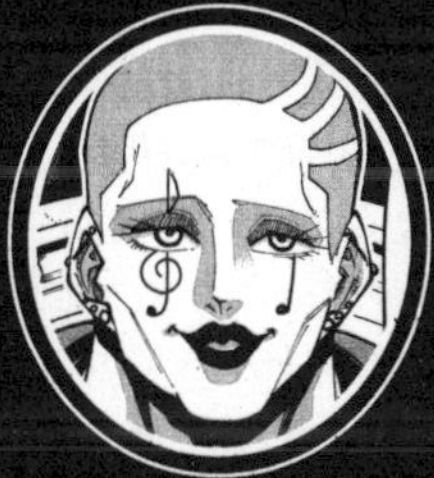

Margarette Macaron
Dem künstlerischen Aufsichtsschüler des Hauses Orca ist ein Anreiz wichtiger als das Sammeln von Münzen.

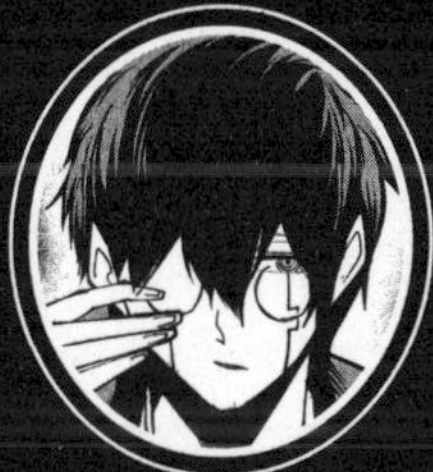

Orter Mádl
„Stab des Sandes", Gottesseher und zuständig für Zauberkraft-Verwaltung

STORY

In dieser Welt bestimmt Magie über alles! Tief im Wald lebt ein Junge namens Mash. Hartes Training hat ihm einen stahlharten Körper beschert, aber er hat ein Geheimnis: Er kann keine Magie anwenden! In der magischen Welt ist das ein Grund zur Vernichtung. Um sein Geheimnis zu wahren, geht Mash auf die Magieschule mit dem Ziel, sich den Titel „Gottesseher" zu verdienen – jemand, der von den Göttern auserwählt wird. Zum Glück hilft ihm seine außergewöhnliche Stärke dabei, seinen Mangel vor der Welt zu verbergen und die Münzen zu sammeln, die er braucht, um sein Ziel zu erreichen.

Während Mash und seine Freunde noch den Sieg über die Schüler von Haus Lang feiern, taucht die mysteriöse Organisation Innocent Zero auf. Als Mash festgenagelt ist, hilft ein Gegenangriff von Abel, dem Anführer der Magia Lupus, das Blatt zu wenden. Zeit für eine größere Siegesfeier! Unglücklicherweise führt dies dazu, dass die gesamte Schule von Mashs Magie-Inkompetenz erfährt und er zum Verhör gerufen wird! Anschließend muss er bei der Suche nach Innocent Zero helfen. Und dann taucht kurz vor der Auswahlprüfung zum Gottesseher noch ein weiterer Widersacher auf...

Inhalt

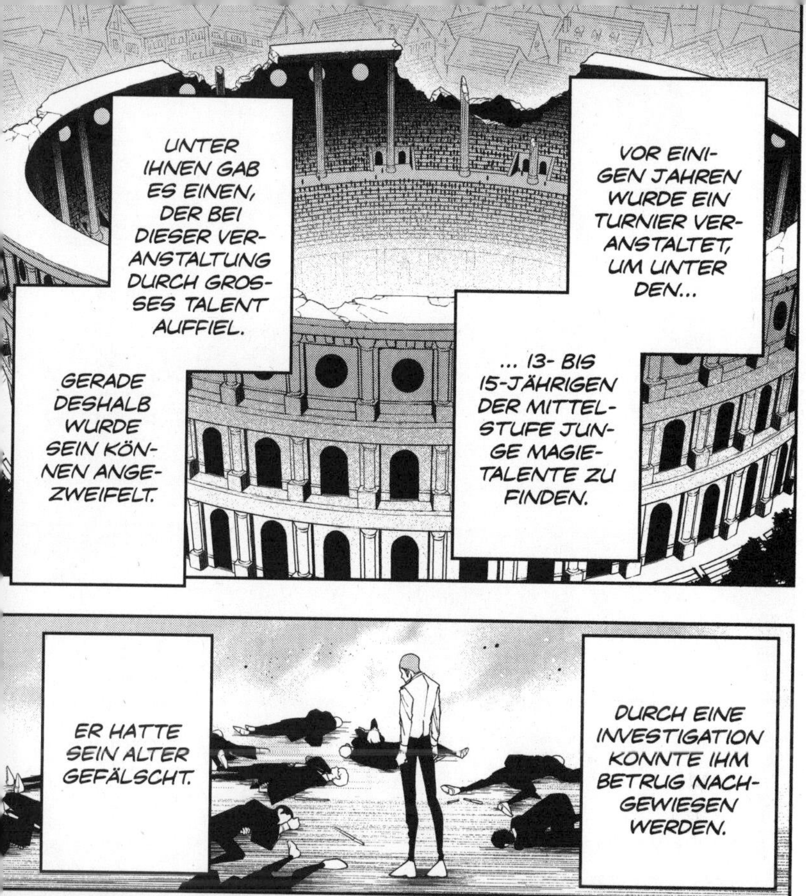

45. Kapitel Rayne Ames und der aggressive Magier

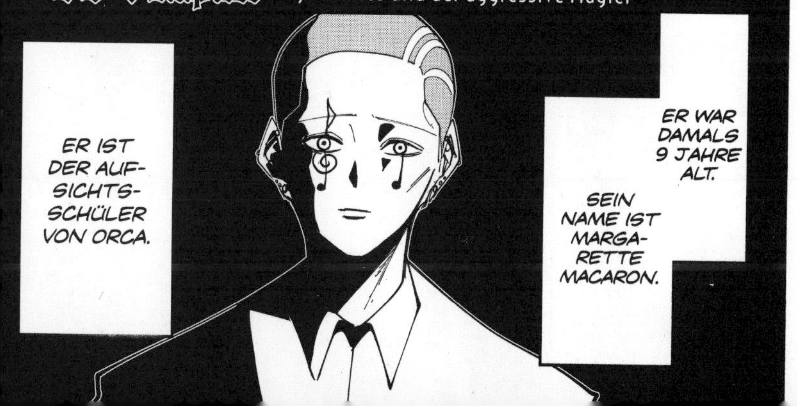

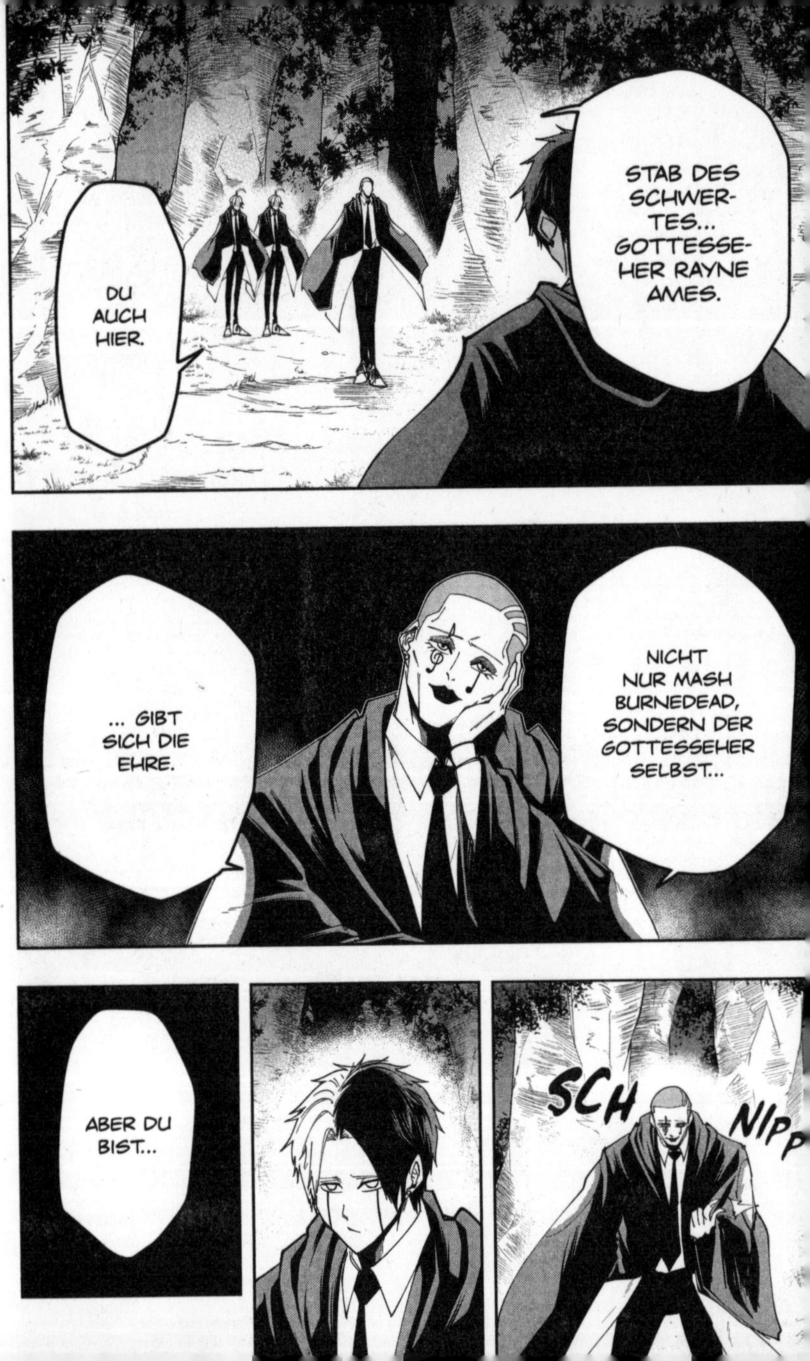
STAB DES SCHWERTES... GOTTESSEHER RAYNE AMES.
DU AUCH HIER.
NICHT NUR MASH BURNEDEAD, SONDERN DER GOTTESSEHER SELBST...
... GIBT SICH DIE EHRE.
SCH
NIPP
ABER DU BIST...

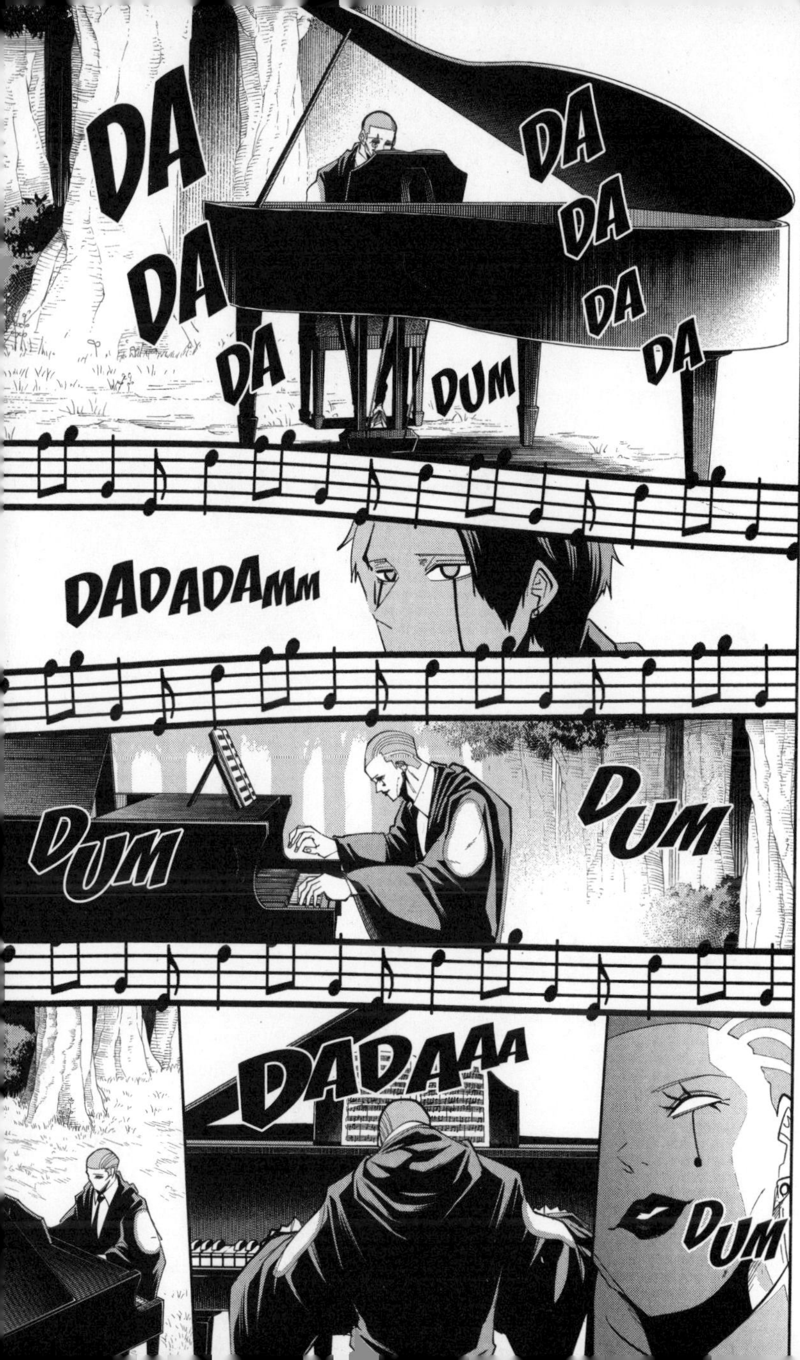
DA
DA
DA
DA
DA
DA
DA
DUM
DADADAMM
DUM
DUM
DADAAA
DUM

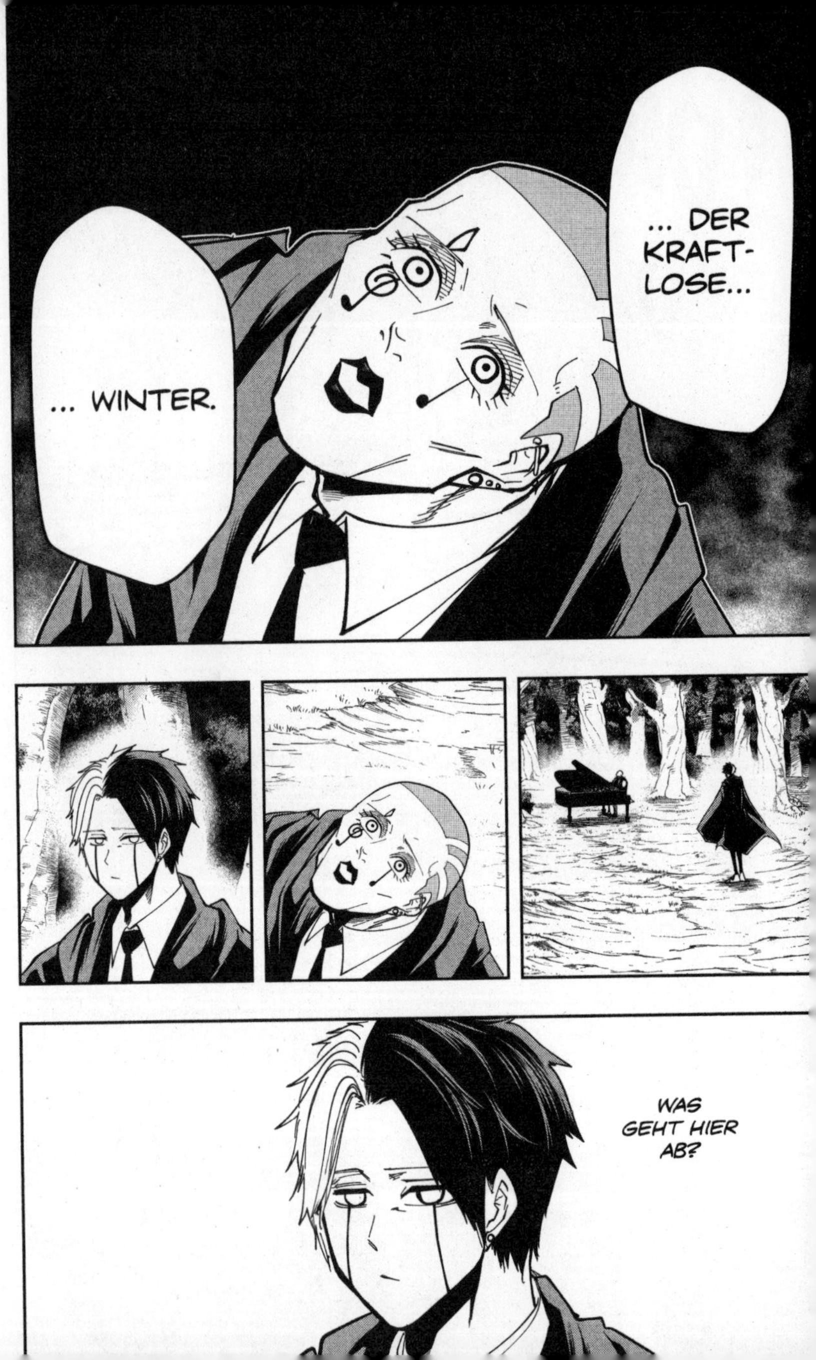
... DER KRAFT-LOSE...
... WINTER.
WAS GEHT HIER AB?

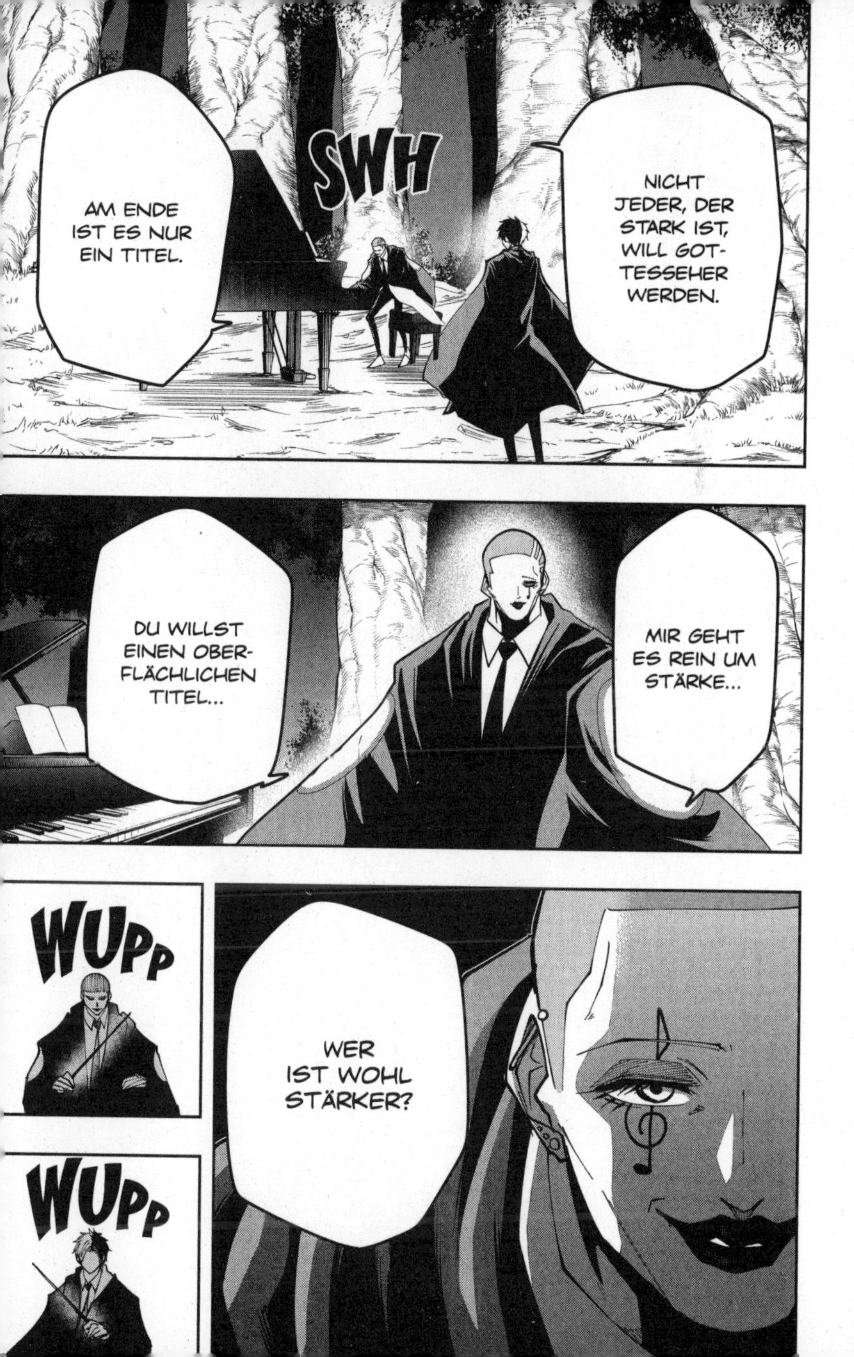
NICHT JEDER, DER STARK IST, WILL GOT-TESSEHER WERDEN.
SWH
AM ENDE IST ES NUR EIN TITEL.
MIR GEHT ES REIN UM STÄRKE...
DU WILLST EINEN OBER-FLÄCHLICHEN TITEL...
WER IST WOHL STÄRKER?
WUPP
WUPP

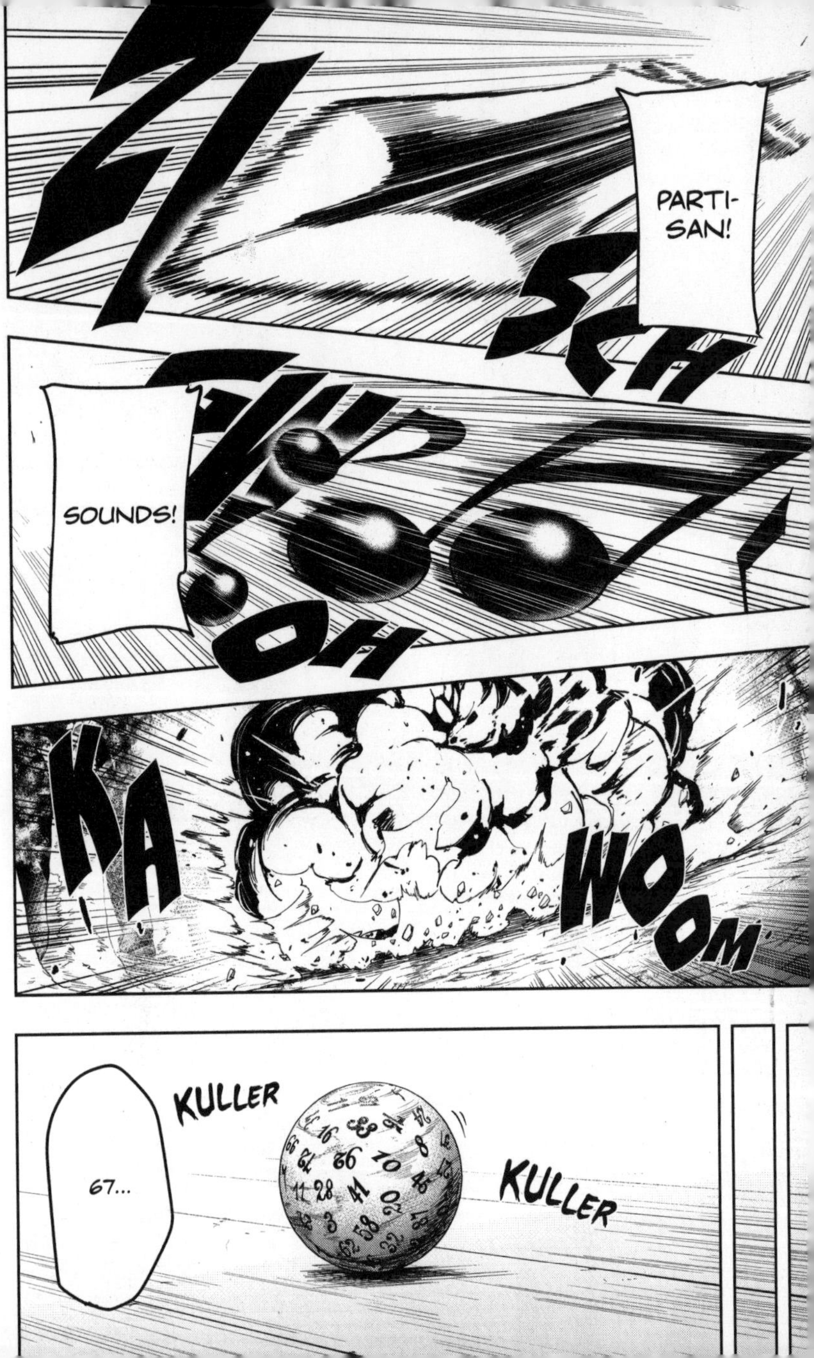
PARTI-
SAN!
SCH
SOUNDS!
KA
WOOM
KULLER
67...
KULLER

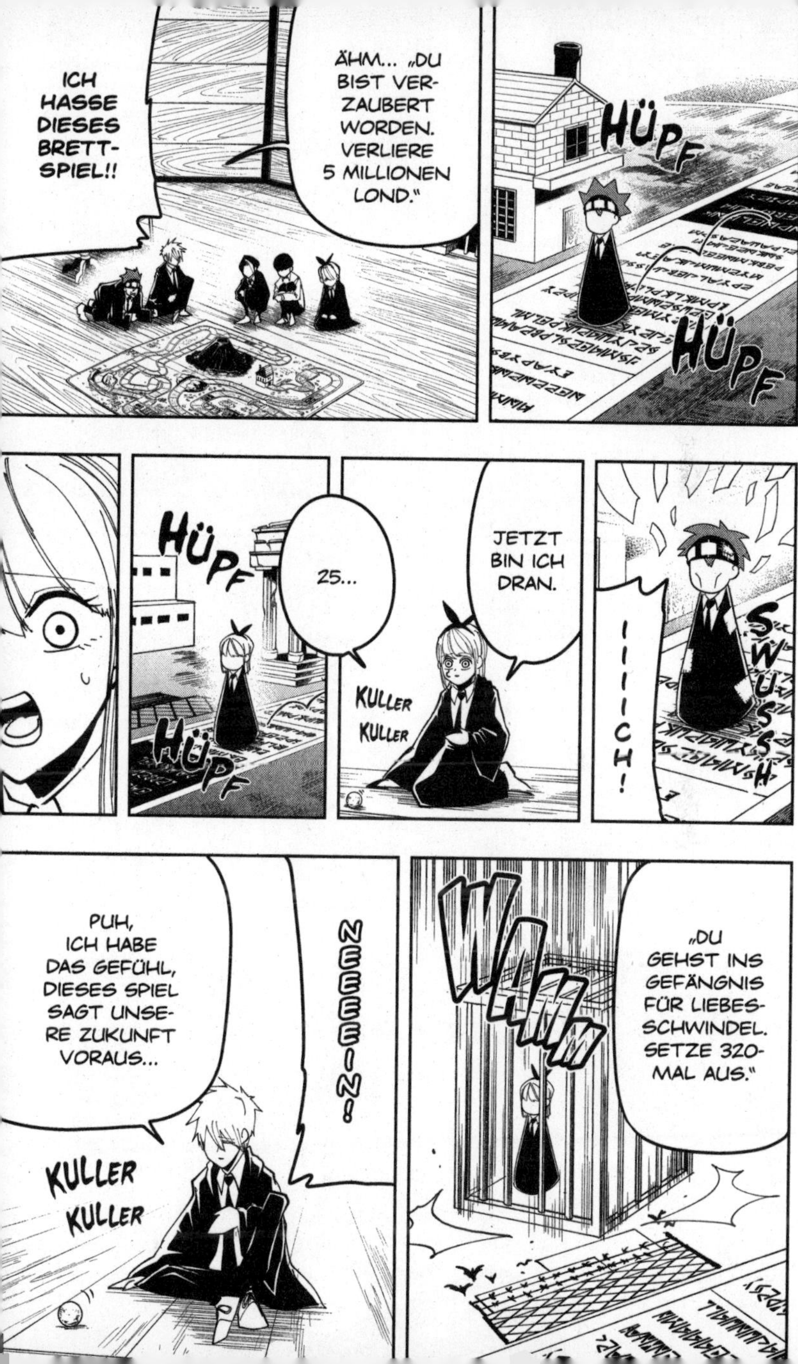

HÜPF
HÜPF
ÄHM... „DU BIST VERZAUBERT WORDEN. VERLIERE 5 MILLIONEN LOND."
ICH HASSE DIESES BRETT-SPIEL!!
IIIICH!
SWUSSH
JETZT BIN ICH DRAN.
25...
KULLER KULLER
HÜPF
HÜPF
WAMM
„DU GEHST INS GEFÄNGNIS FÜR LIEBES-SCHWINDEL. SETZE 320-MAL AUS."
NEEEEIN!
PUH, ICH HABE DAS GEFÜHL, DIESES SPIEL SAGT UNSE-RE ZUKUNFT VORAUS...
KULLER KULLER

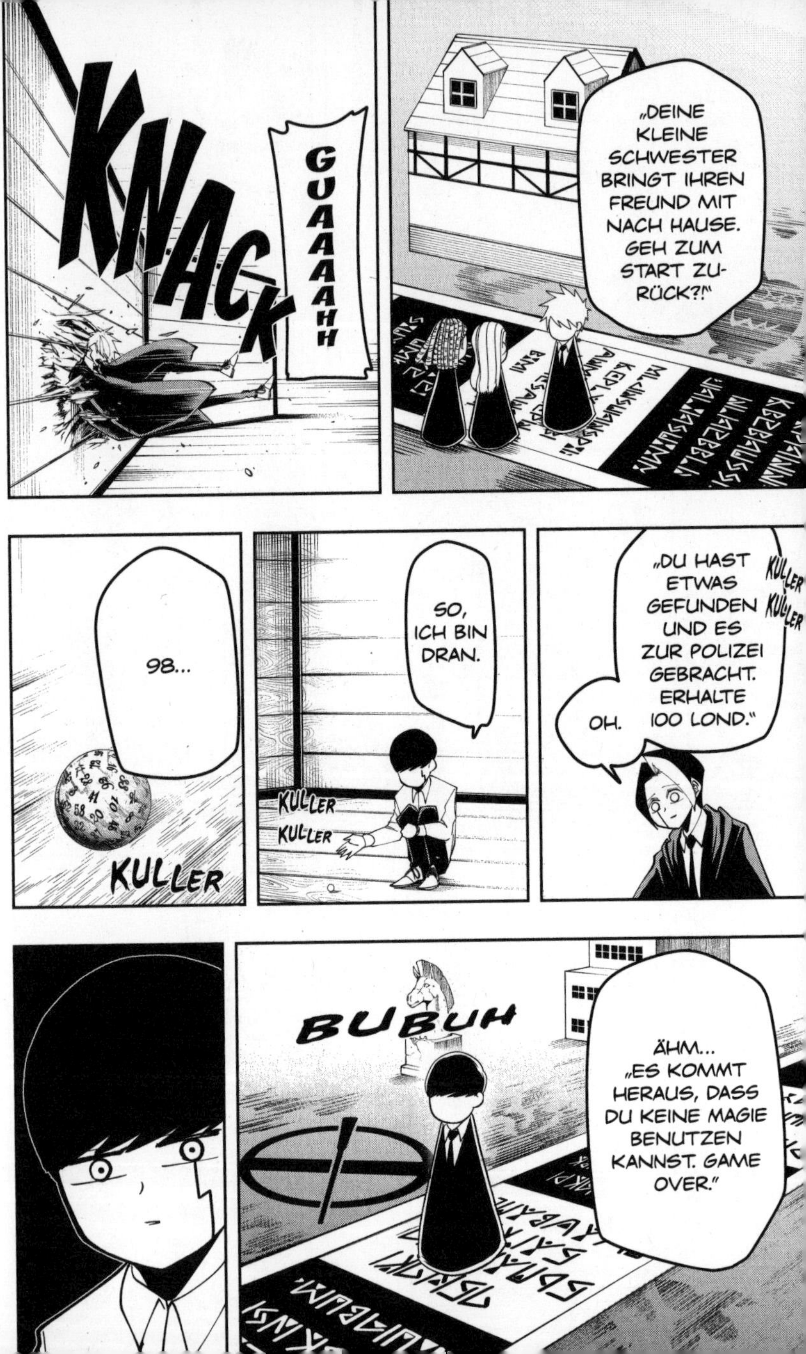
„DEINE KLEINE SCHWESTER BRINGT IHREN FREUND MIT NACH HAUSE. GEH ZUM START ZURÜCK?!“
KNACK
GUAAAAAHH
KULLER KULLER
„DU HAST ETWAS GEFUNDEN UND ES ZUR POLIZEI GEBRACHT. ERHALTE 100 LOND.“
OH.
SO, ICH BIN DRAN.
KULLER KULLER
98...
KULLER
ÄHM... „ES KOMMT HERAUS, DASS DU KEINE MAGIE BENUTZEN KANNST. GAME OVER.“
BUBUH

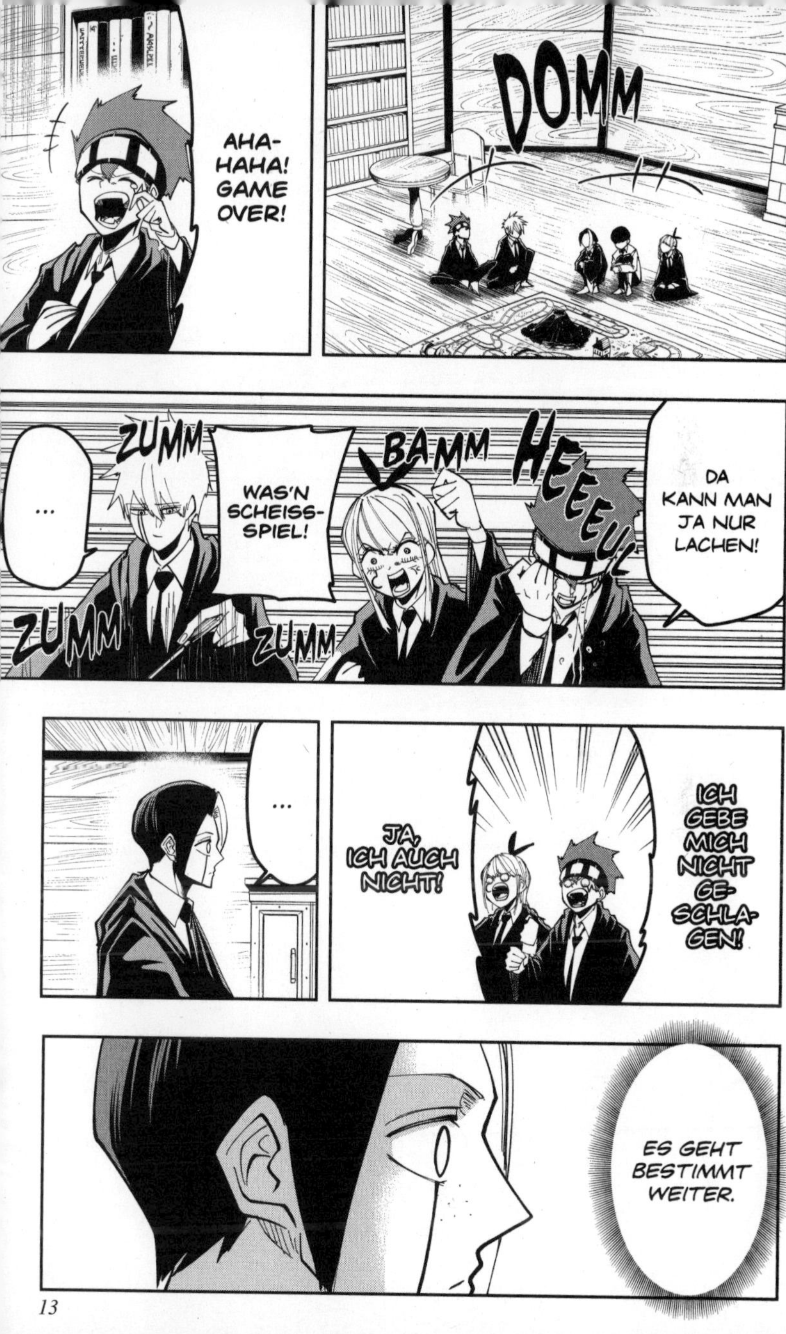
DOMM
AHA-HAHA! GAME OVER!
DA KANN MAN JA NUR LACHEN!
HEEEUL
BAMM
WAS'N SCHEISS-SPIEL!
ZUMM
...
ZUMM
ZUMM
ICH GEBE MICH NICHT GE-SCHLA-GEN!
JA, ICH AUCH NICHT!
...
ES GEHT BESTIMMT WEITER.

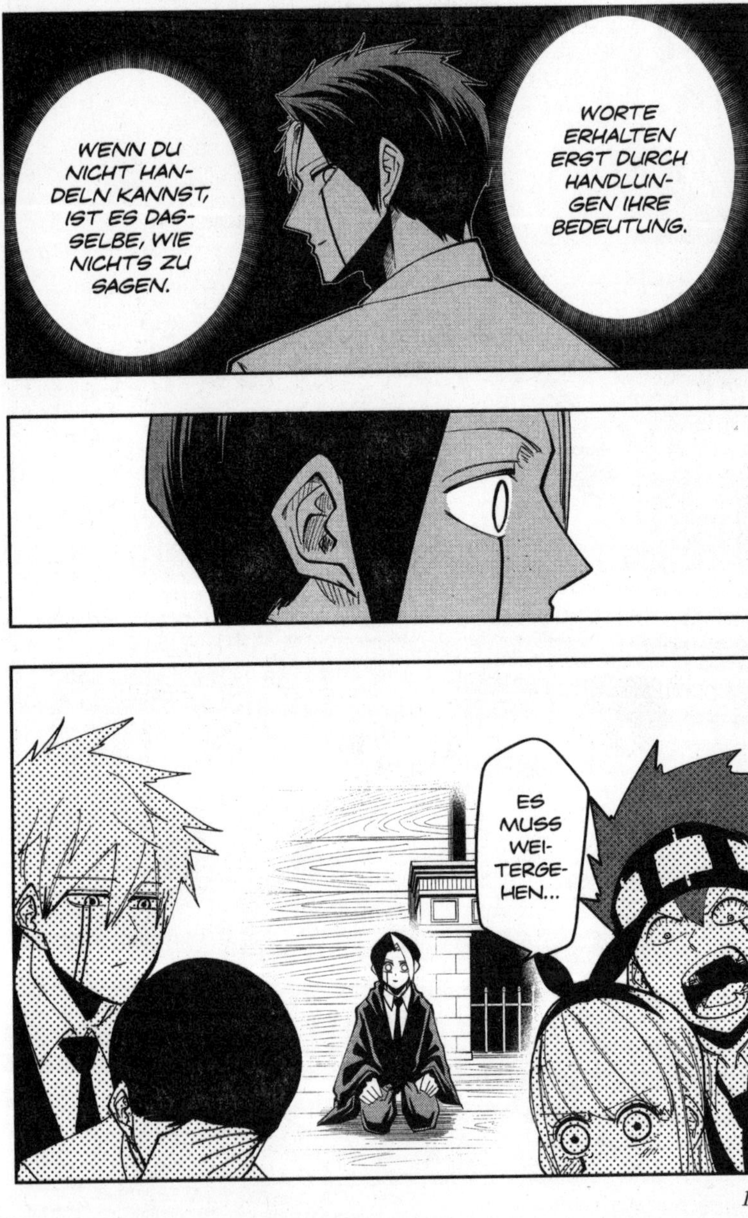
WORTE ERHALTEN ERST DURCH HANDLUNGEN IHRE BEDEUTUNG.
WENN DU NICHT HANDELN KANNST, IST ES DASSELBE, WIE NICHTS ZU SAGEN.
ES MUSS WEITERGEHEN...

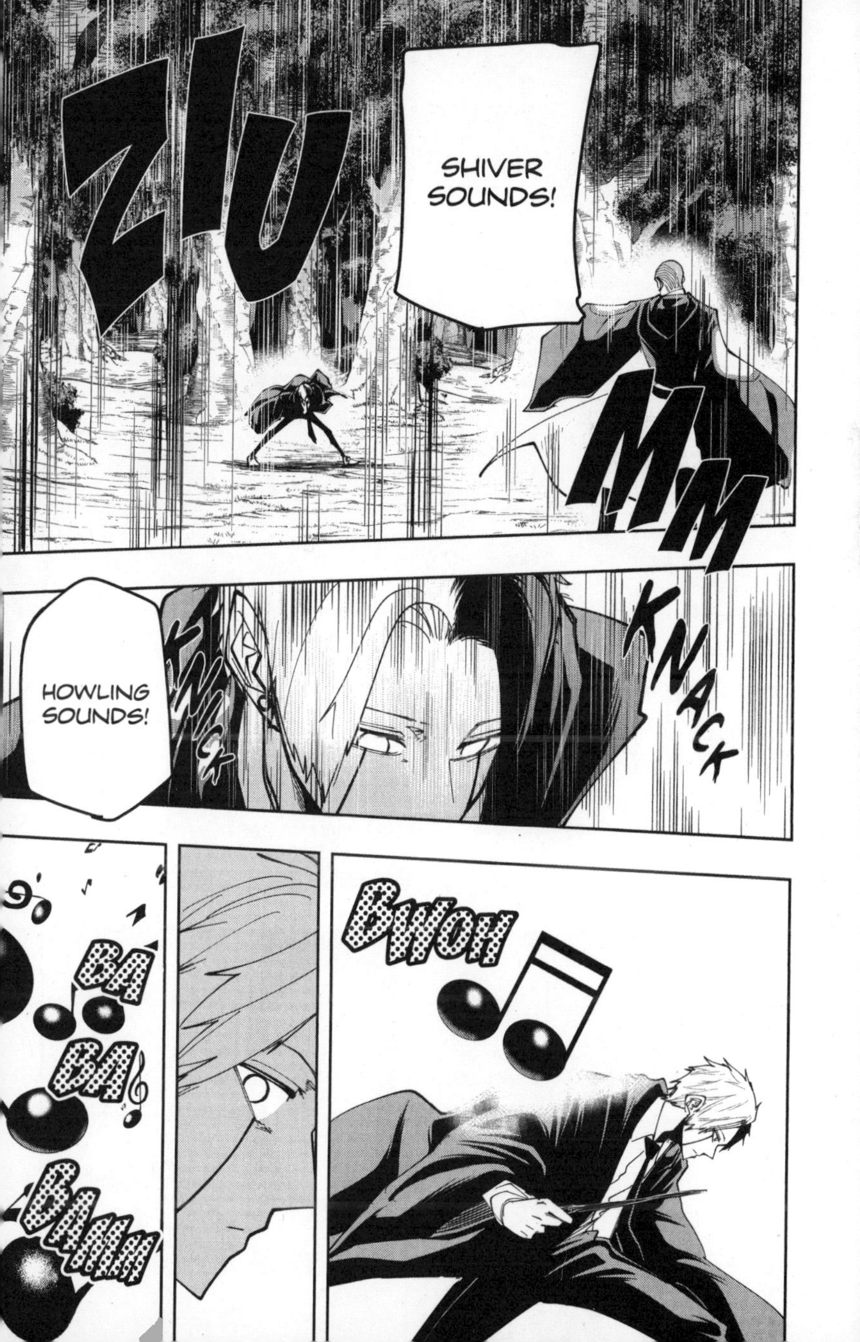
SHIVER SOUNDS!
ZIU
MMM
KNACK
HOWLING SOUNDS!
BWOH
BA
BA

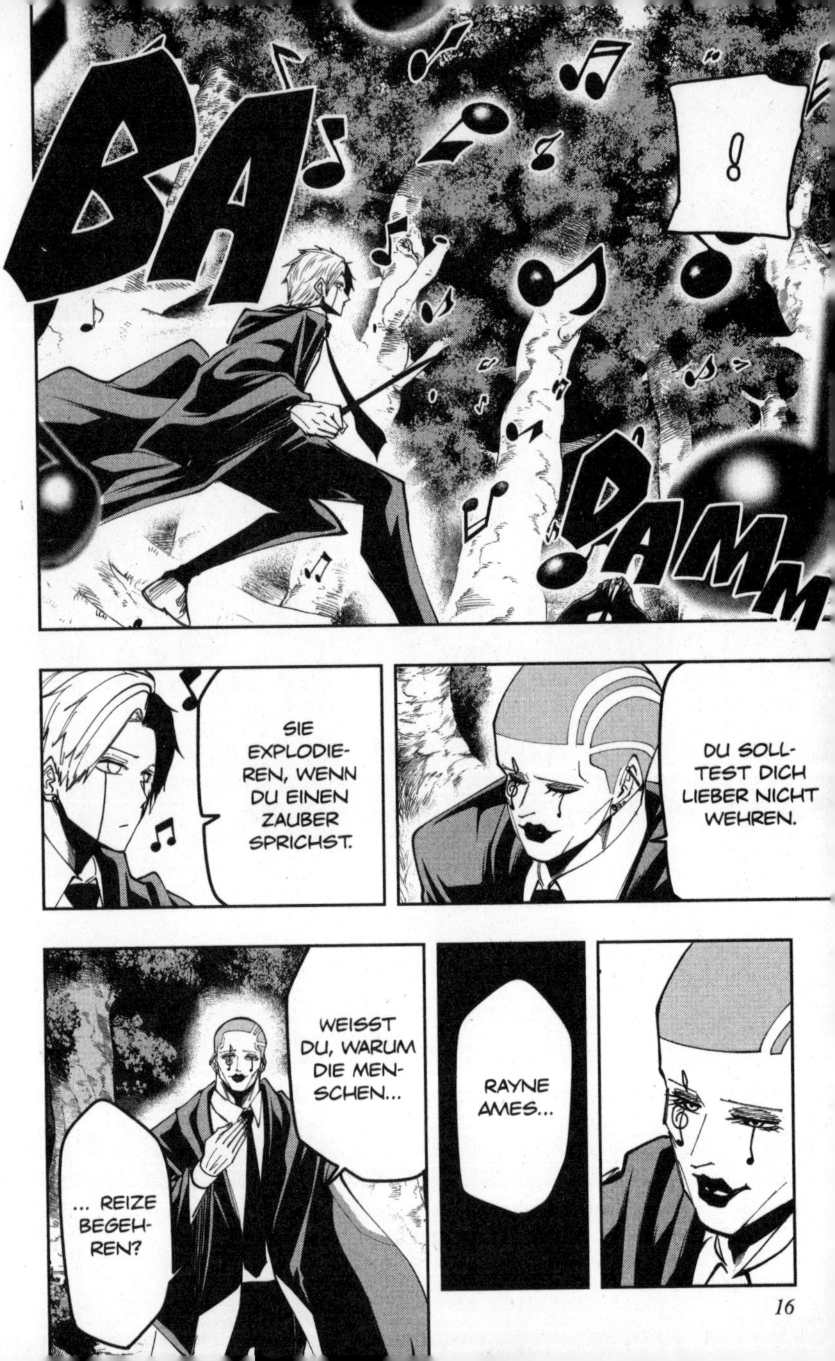
!
BA
DAMM
DU SOLLTEST DICH LIEBER NICHT WEHREN.
SIE EXPLODIEREN, WENN DU EINEN ZAUBER SPRICHST.
RAYNE AMES...
WEISST DU, WARUM DIE MENSCHEN...
... REIZE BEGEHREN?

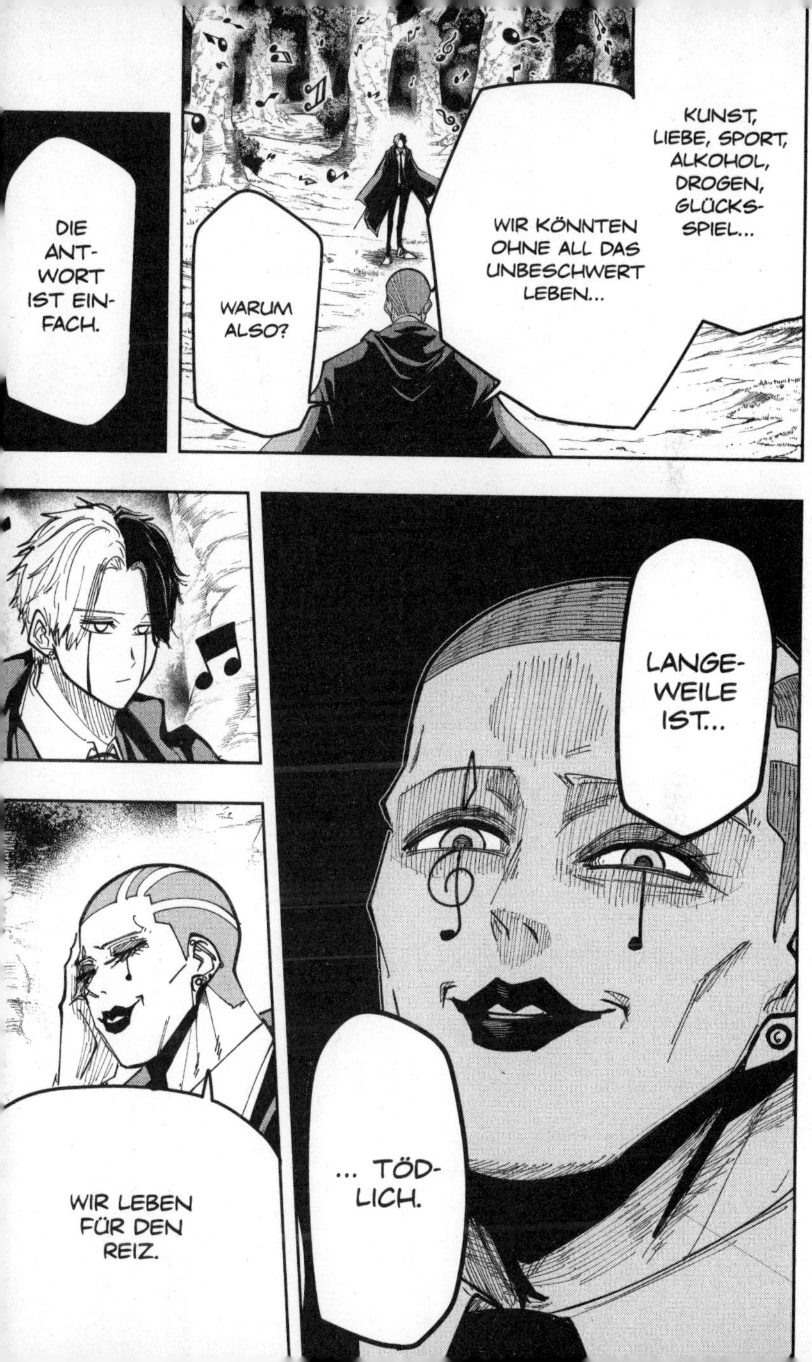
KUNST, LIEBE, SPORT, ALKOHOL, DROGEN, GLÜCKS-SPIEL...
WIR KÖNNTEN OHNE ALL DAS UNBESCHWERT LEBEN...
WARUM ALSO?
DIE ANT-WORT IST EIN-FACH.
LANGE-WEILE IST...
... TÖD-LICH.
WIR LEBEN FÜR DEN REIZ.

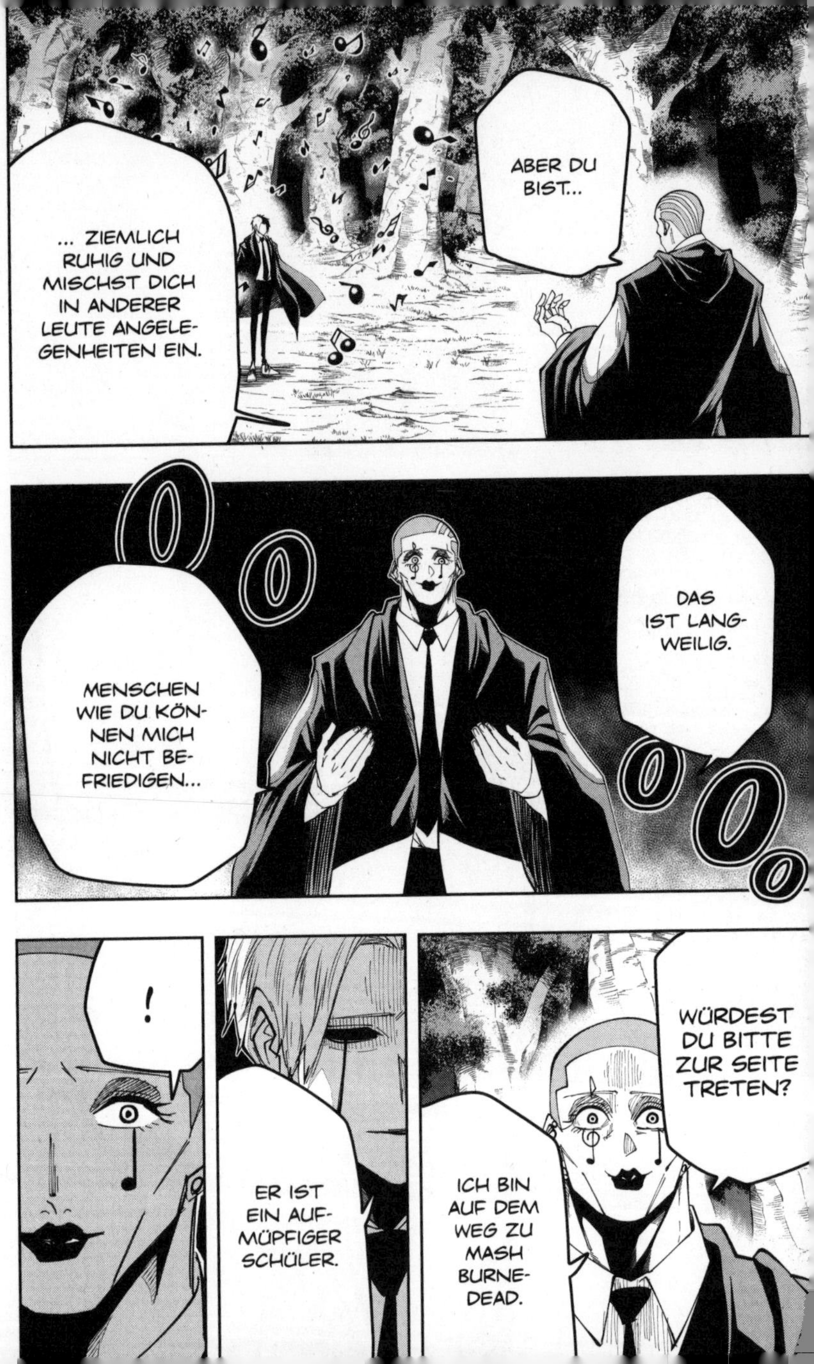
ABER DU BIST...
... ZIEMLICH RUHIG UND MISCHST DICH IN ANDERER LEUTE ANGELEGENHEITEN EIN.
DAS IST LANGWEILIG.
MENSCHEN WIE DU KÖNNEN MICH NICHT BEFRIEDIGEN...
WÜRDEST DU BITTE ZUR SEITE TRETEN?
ICH BIN AUF DEM WEG ZU MASH BURNEDEAD.
ER IST EIN AUFMÜPFIGER SCHÜLER.
!

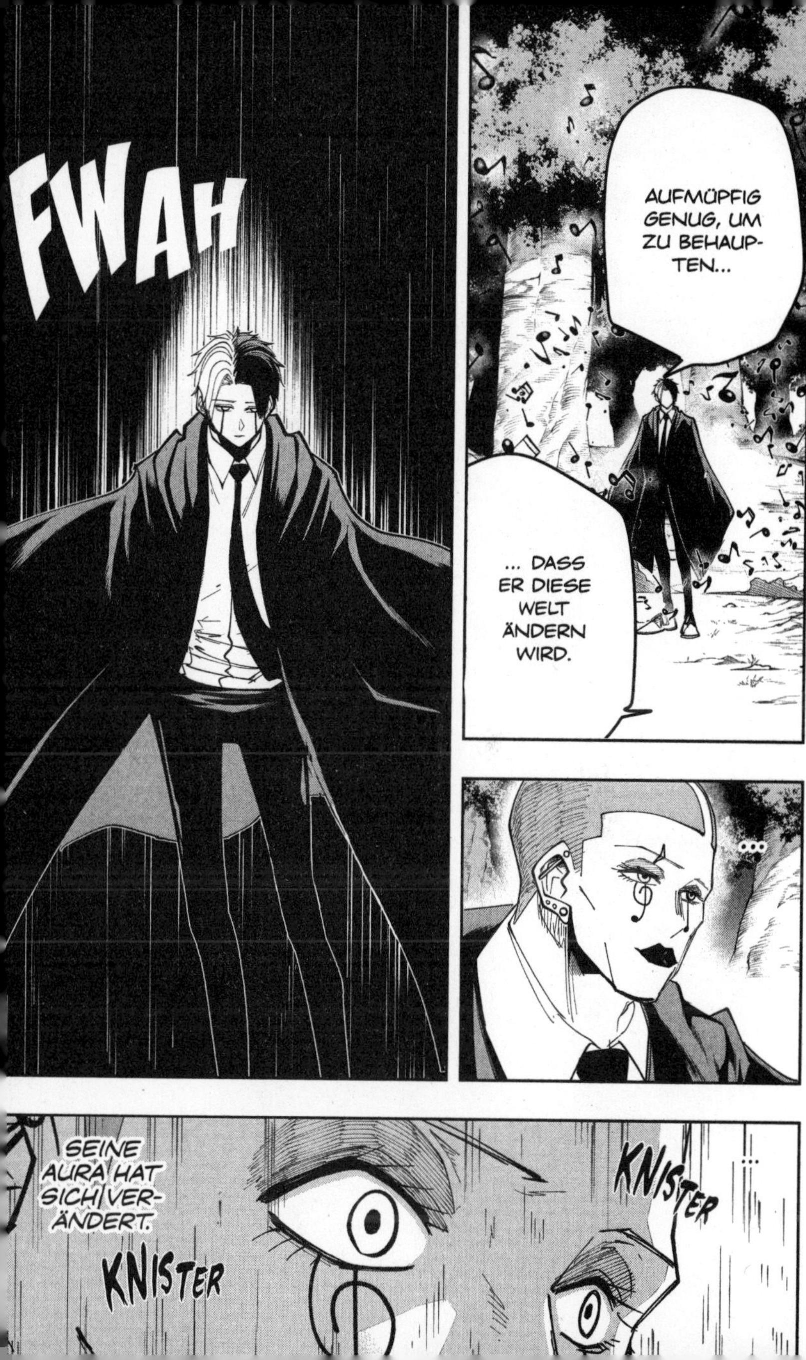
AUFMÜPFIG GENUG, UM ZU BEHAUP-TEN...
... DASS ER DIESE WELT ÄNDERN WIRD.
FWAH
...
...
KNISTER
SEINE AURA HAT SICH VER-ÄNDERT.
KNISTER

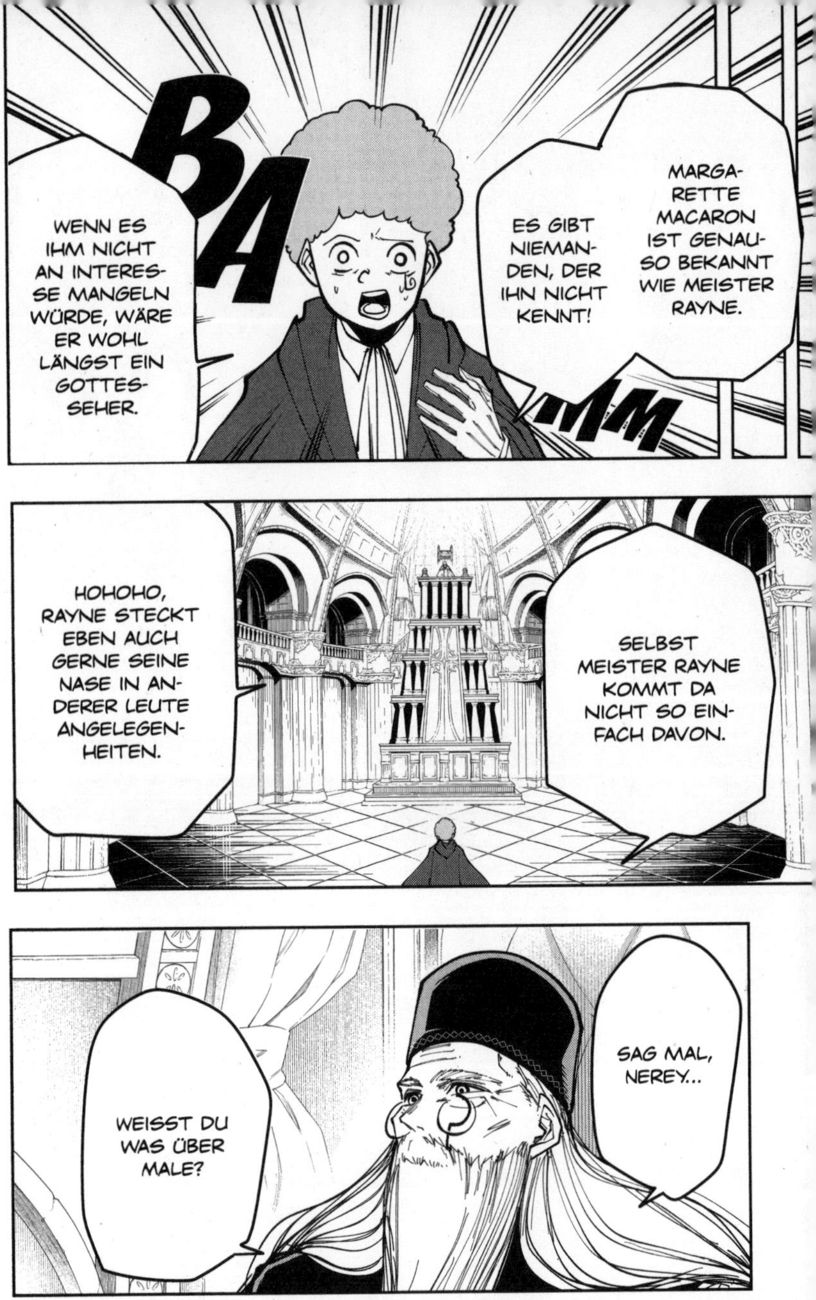

MARGARETTE MACARON IST GENAUSO BEKANNT WIE MEISTER RAYNE.
ES GIBT NIEMANDEN, DER IHN NICHT KENNT!
BAMM
WENN ES IHM NICHT AN INTERESSE MANGELN WÜRDE, WÄRE ER WOHL LÄNGST EIN GOTTESSEHER.
SELBST MEISTER RAYNE KOMMT DA NICHT SO EINFACH DAVON.
HOHOHO, RAYNE STECKT EBEN AUCH GERNE SEINE NASE IN ANDERER LEUTE ANGELEGENHEITEN.
SAG MAL, NEREY...
WEISST DU WAS ÜBER MALE?

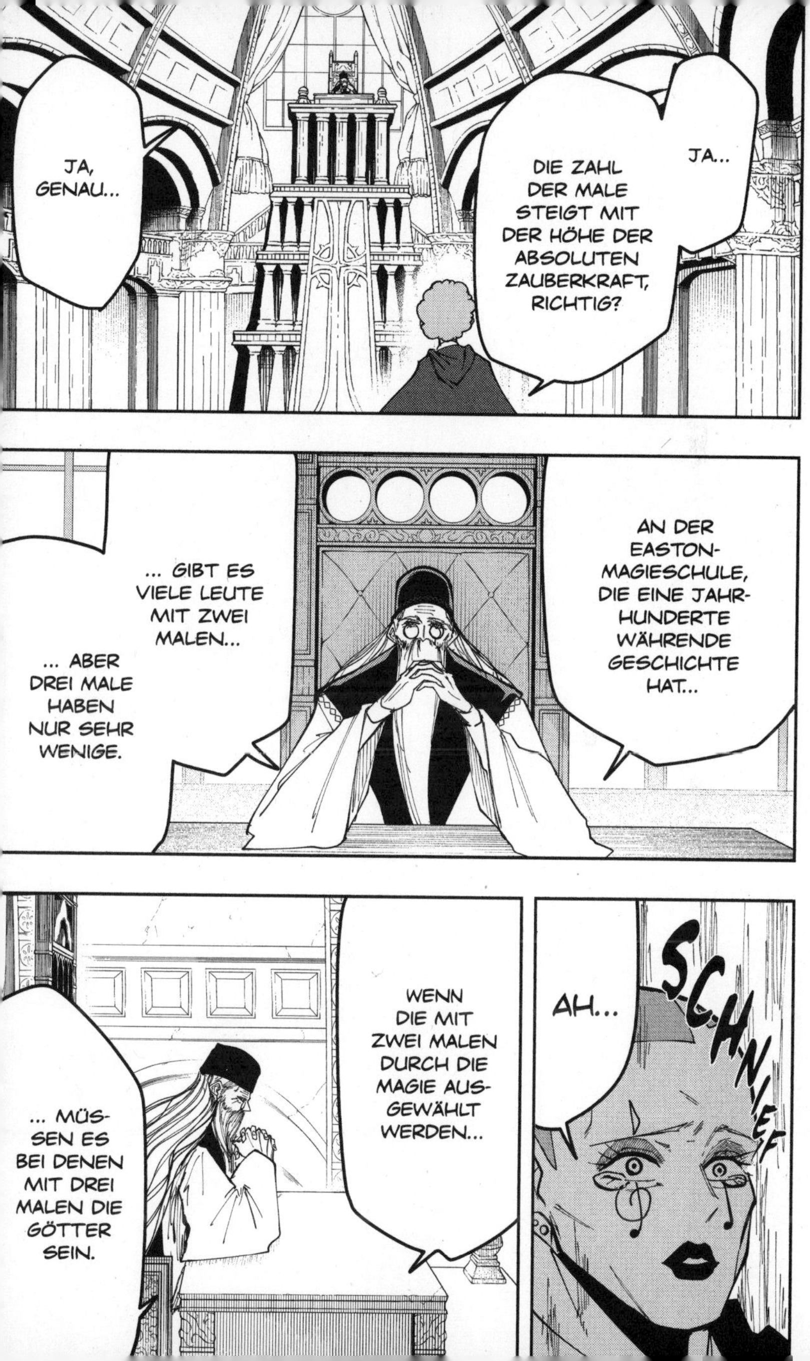
JA...
DIE ZAHL DER MALE STEIGT MIT DER HÖHE DER ABSOLUTEN ZAUBERKRAFT, RICHTIG?
JA, GENAU...
AN DER EASTON-MAGIESCHULE, DIE EINE JAHRHUNDERTE WÄHRENDE GESCHICHTE HAT...
... GIBT ES VIELE LEUTE MIT ZWEI MALEN...
... ABER DREI MALE HABEN NUR SEHR WENIGE.
SCHNIEF
AH...
WENN DIE MIT ZWEI MALEN DURCH DIE MAGIE AUSGEWÄHLT WERDEN...
... MÜSSEN ES BEI DENEN MIT DREI MALEN DIE GÖTTER SEIN.

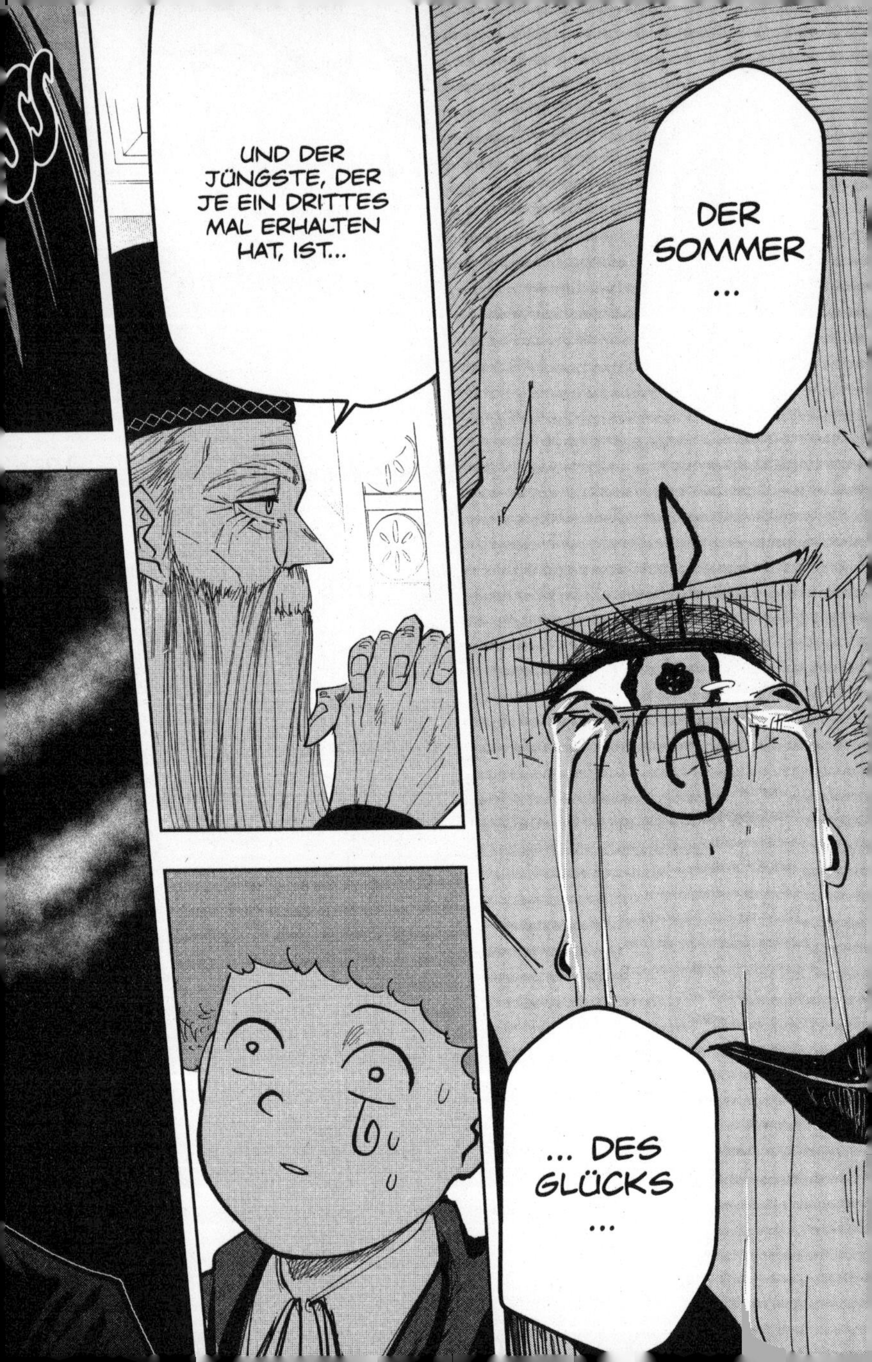
DER SOMMER …
UND DER JÜNGSTE, DER JE EIN DRITTES MAL ERHALTEN HAT, IST…
… DES GLÜCKS …

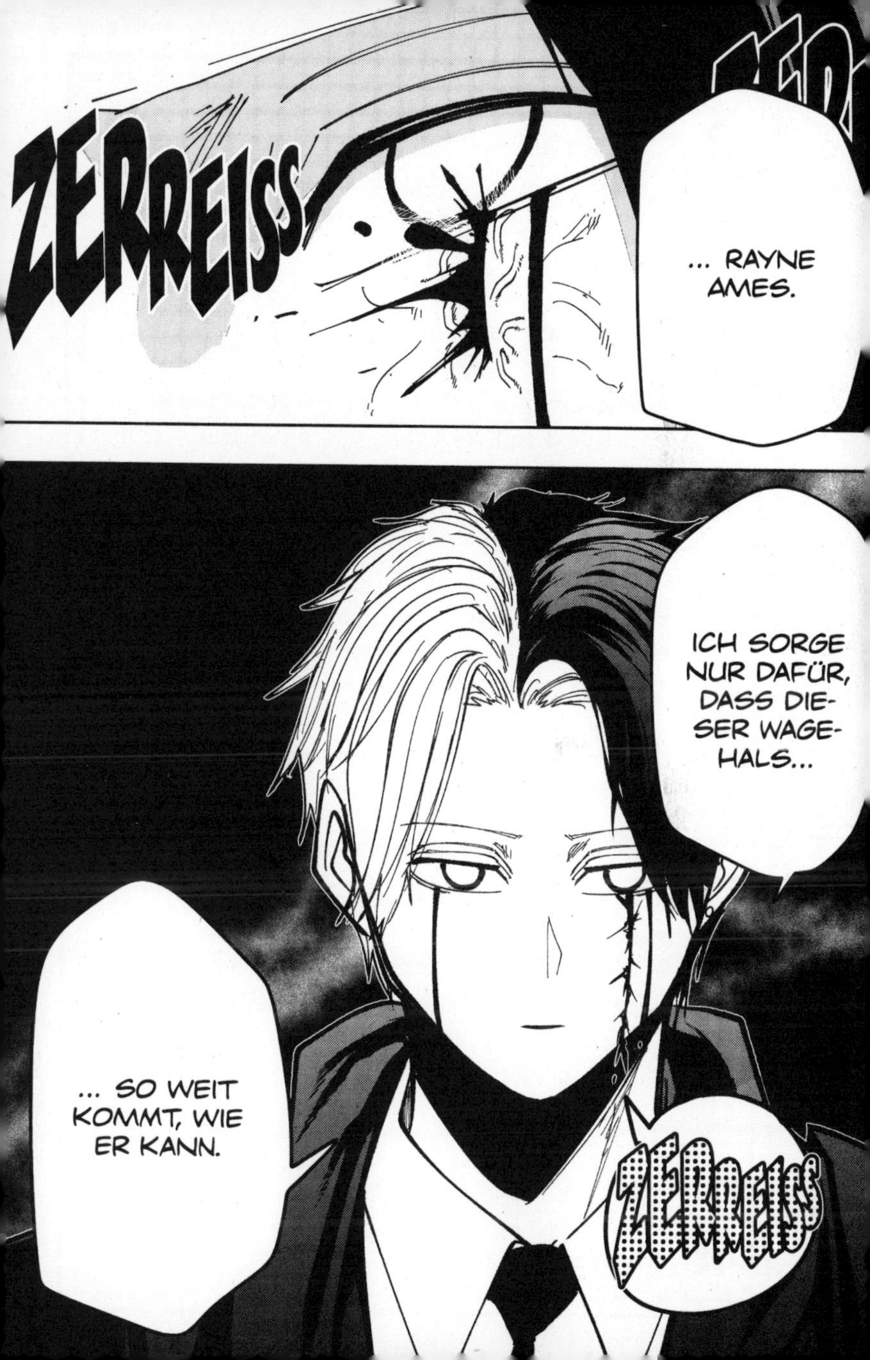

... RAYNE AMES.
ZERREISS
ICH SORGE NUR DAFÜR, DASS DIESER WAGEHALS...
... SO WEIT KOMMT, WIE ER KANN.
ZERREISS

Liebe Leserinnen und Leser

Vielen Dank, dass ihr Mashle Band 6 gekauft habt. ich dachte ja erst, nach Band 5 wäre Schluss. Deswegen bin ich erstaunt wie ein Mondfisch...

Blubb Blubb 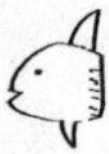

Seit Band 1 ist nicht mal ein Jahr vergangen und nun sind wir schon bei Band 6... An alle lieben Kinder da draußen... Überlegt gut, für was ihr euer Taschengeld ausgebt! Ehrlich, ihr müsst euch nicht unter Druck setzen. Relaxed erst mal bei einem Kamillentee. Und dann geht es wieder ran an die Arbeit!

PS: Vielen Dank für die ganzen Geburtstags-geschenke für die Charaktere!! Ich werde auf einen Besen steigen und sie ihnen persönlich überreichen! Und danke auch für die Fanbriefe! Es freut mich sehr, dass diese Geschichte euch glücklich macht!!

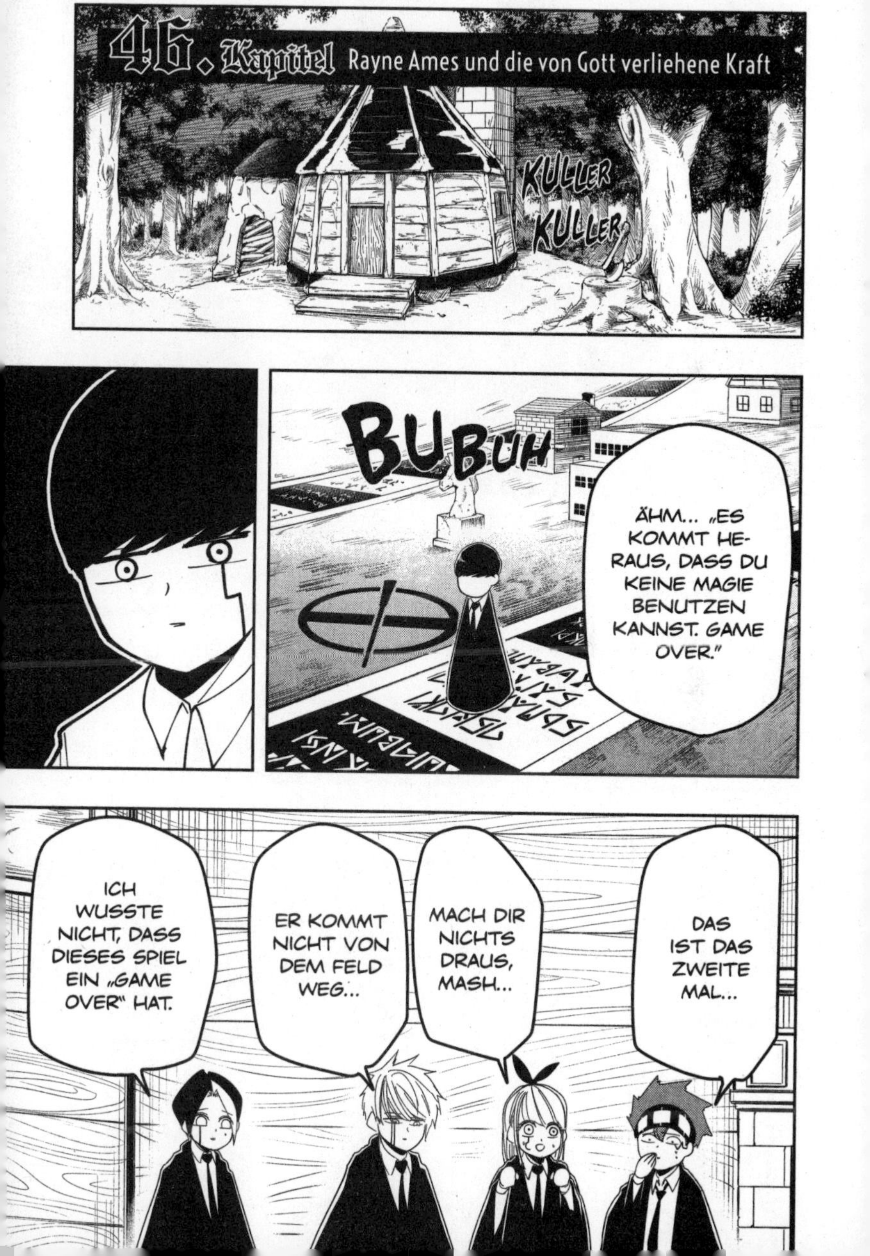
46. Kapitel Rayne Ames und die von Gott verliehene Kraft
KULLER KULLER
BUBUH
ÄHM… „ES KOMMT HERAUS, DASS DU KEINE MAGIE BENUTZEN KANNST. GAME OVER."
DAS IST DAS ZWEITE MAL…
MACH DIR NICHTS DRAUS, MASH…
ER KOMMT NICHT VON DEM FELD WEG…
ICH WUSSTE NICHT, DASS DIESES SPIEL EIN „GAME OVER" HAT.

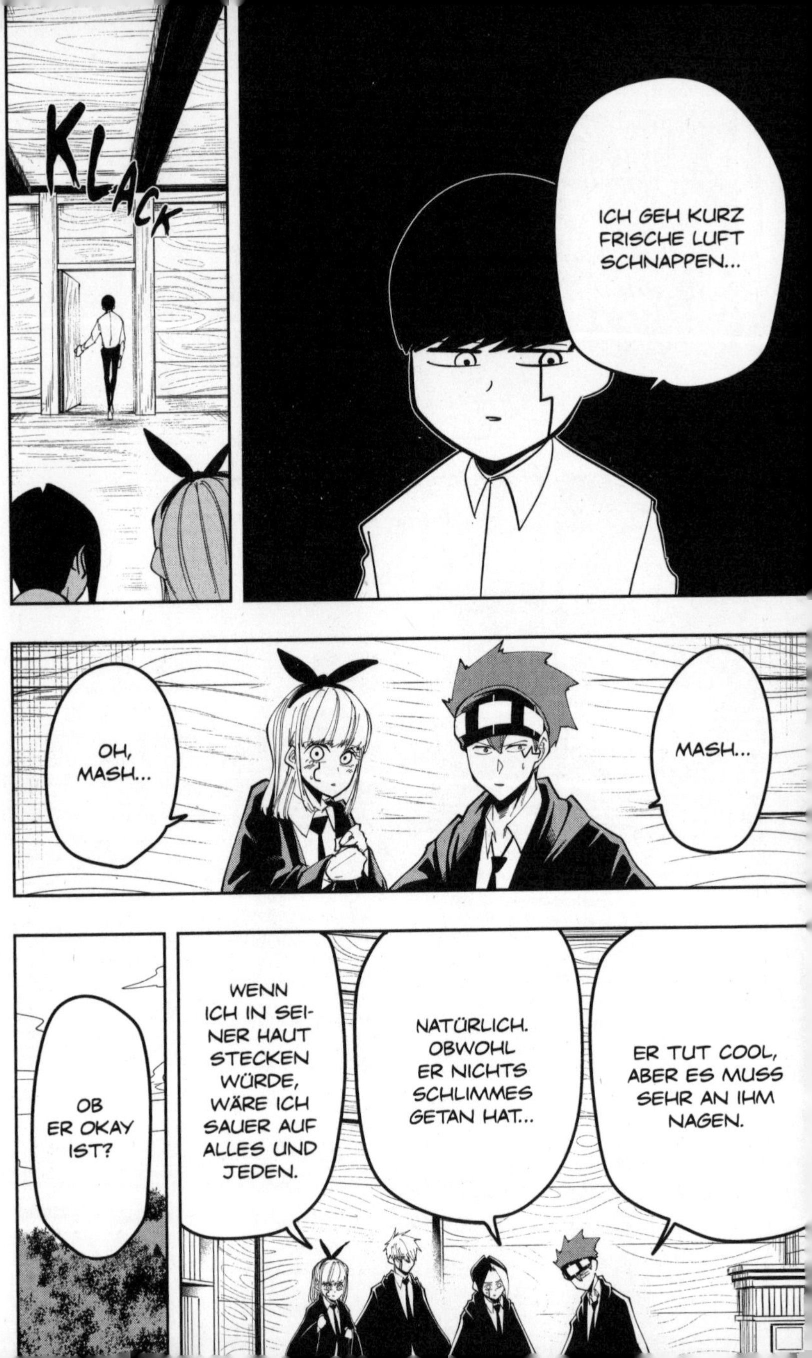
ICH GEH KURZ FRISCHE LUFT SCHNAPPEN...
KLACK
MASH...
OH, MASH...
ER TUT COOL, ABER ES MUSS SEHR AN IHM NAGEN.
NATÜRLICH. OBWOHL ER NICHTS SCHLIMMES GETAN HAT...
WENN ICH IN SEI-NER HAUT STECKEN WÜRDE, WÄRE ICH SAUER AUF ALLES UND JEDEN.
OB ER OKAY IST?

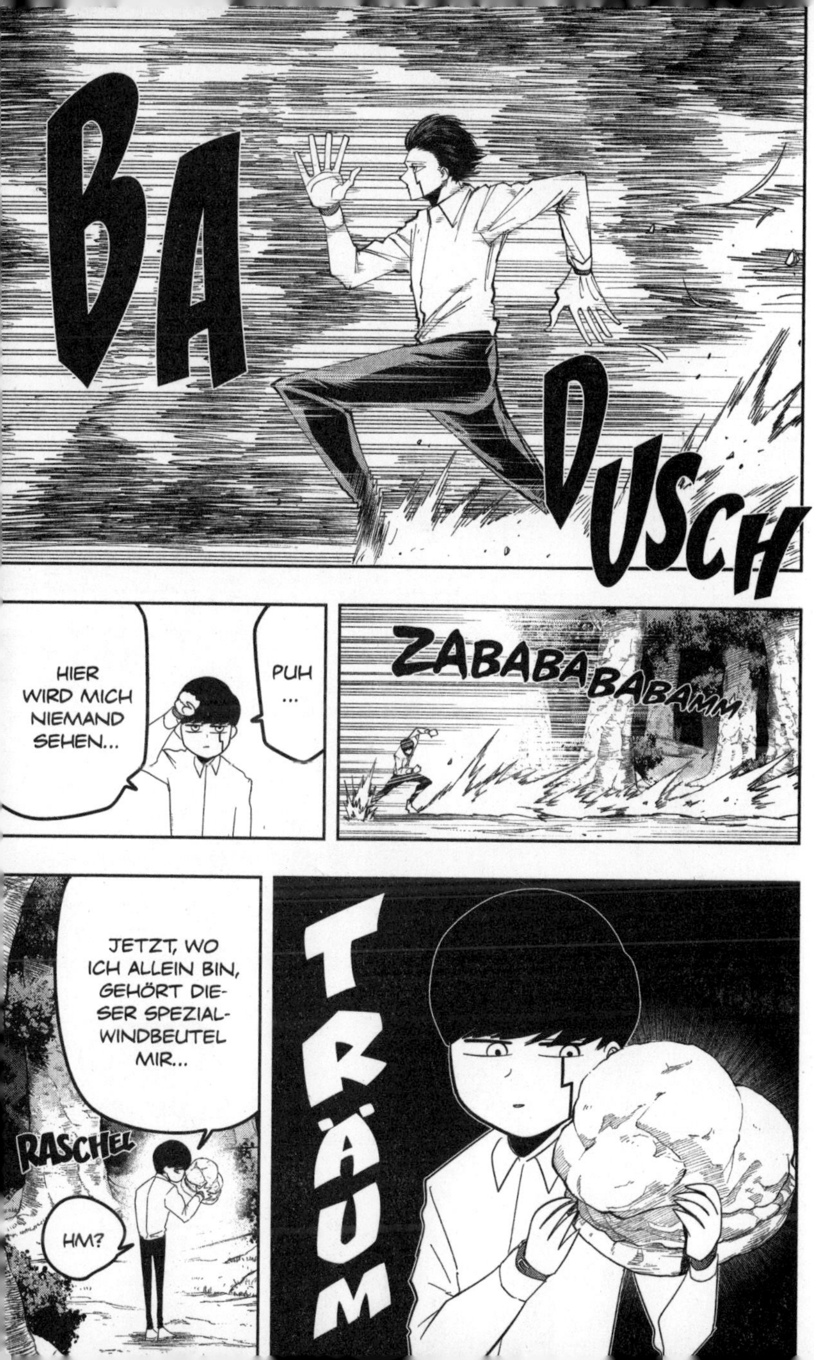
BA
DUSCH
PUH ...
HIER WIRD MICH NIEMAND SEHEN...
ZABABABABABAMM
TRÄUM
JETZT, WO ICH ALLEIN BIN, GEHÖRT DIESER SPEZIALWINDBEUTEL MIR...
RASCHEL
HM?

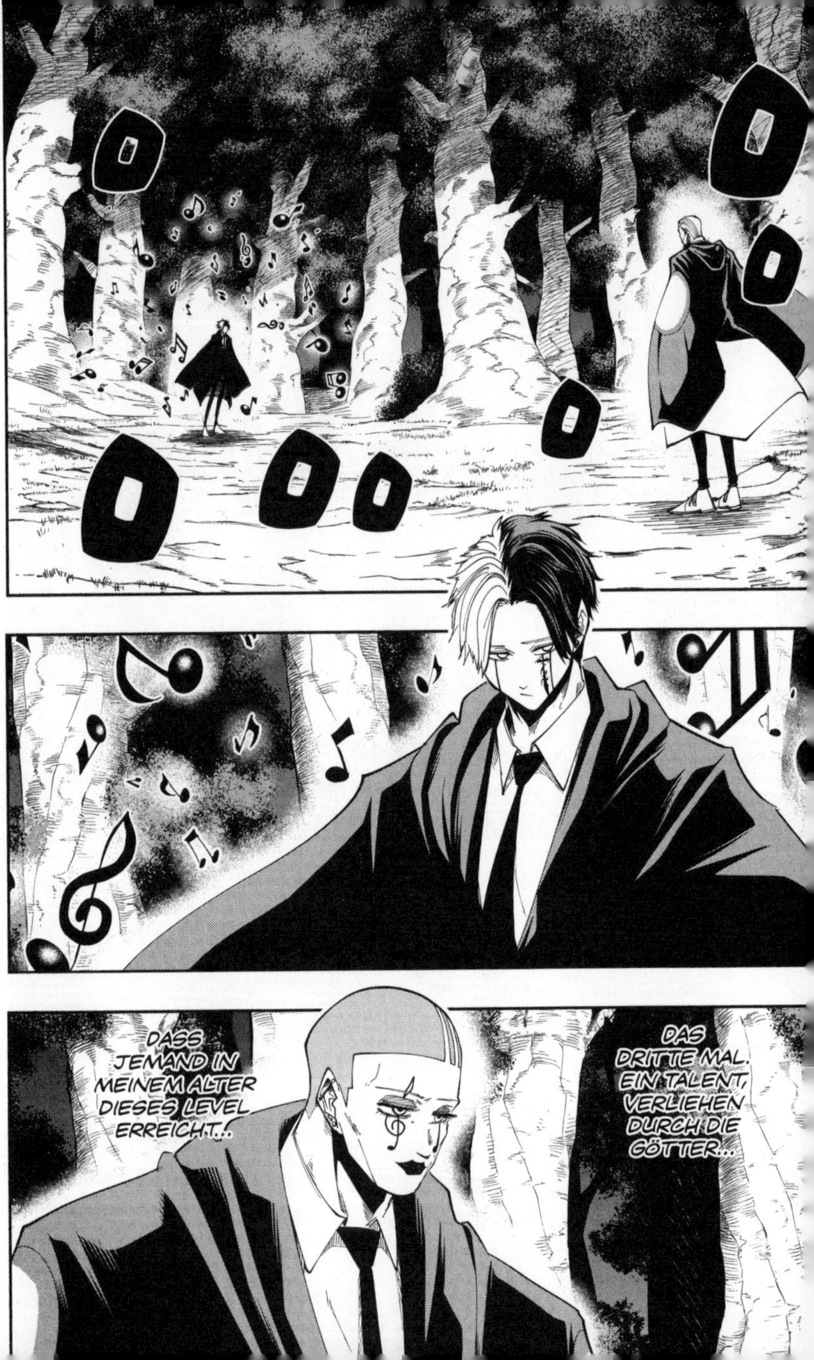
DAS DRITTE MAL. EIN TALENT, VERLIEHEN DURCH DIE GÖTTER…
DASS JEMAND IN MEINEM ALTER DIESES LEVEL ERREICHT…

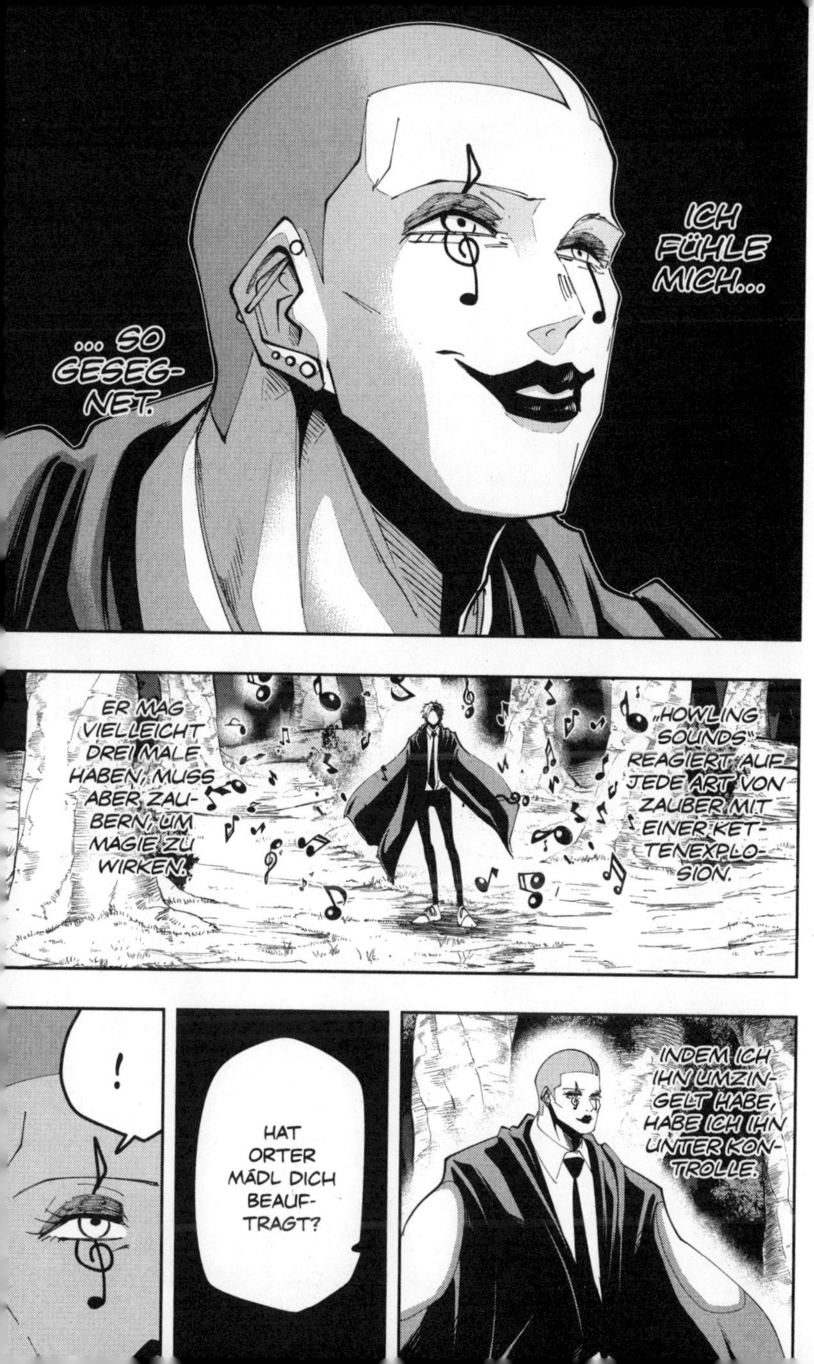

ICH FÜHLE MICH...
... SO GESEGNET.
„HOWLING SOUNDS" REAGIERT AUF JEDE ART VON ZAUBER MIT EINER KETTENEXPLOSION.
ER MAG VIELLEICHT DREI MALE HABEN, MUSS ABER ZAUBERN, UM MAGIE ZU WIRKEN.
INDEM ICH IHN UMZINGELT HABE, HABE ICH IHN UNTER KONTROLLE.
HAT ORTER MÄDL DICH BEAUFTRAGT?
!

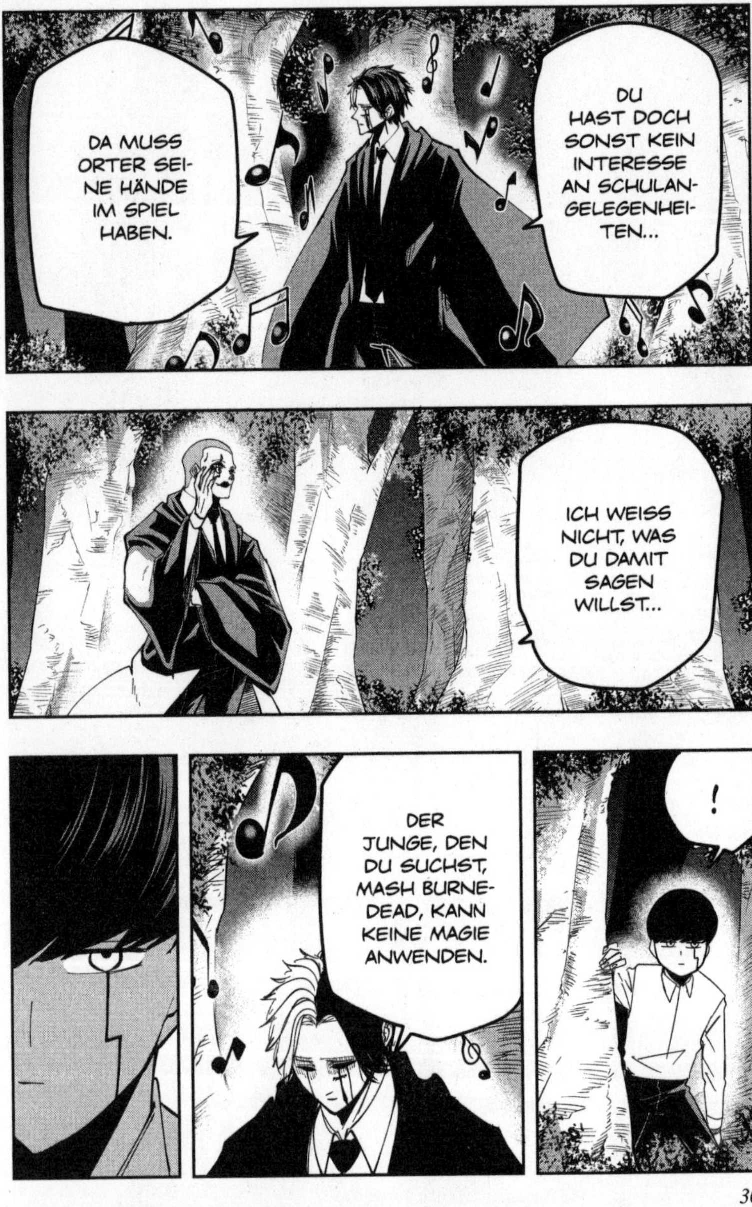
DU HAST DOCH SONST KEIN INTERESSE AN SCHULAN-GELEGENHEI-TEN...
DA MUSS ORTER SEI-NE HÄNDE IM SPIEL HABEN.
ICH WEISS NICHT, WAS DU DAMIT SAGEN WILLST...
!
DER JUNGE, DEN DU SUCHST, MASH BURNE-DEAD, KANN KEINE MAGIE ANWENDEN.

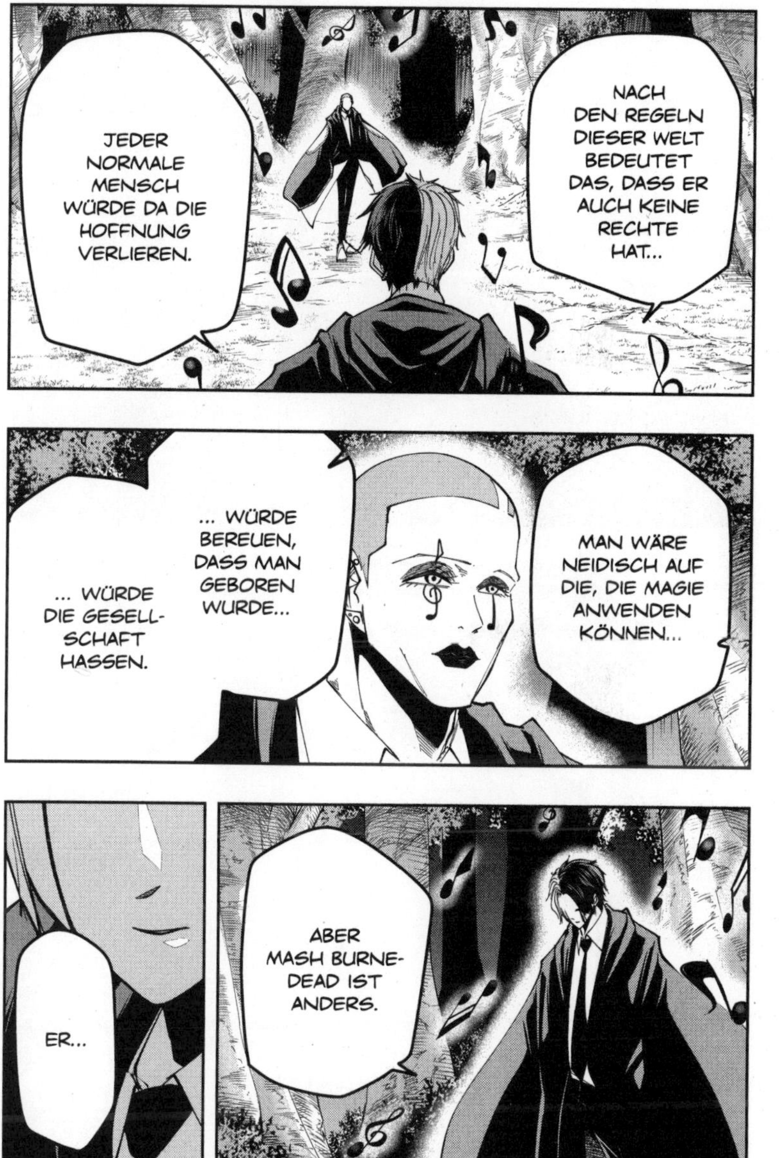
NACH DEN REGELN DIESER WELT BEDEUTET DAS, DASS ER AUCH KEINE RECHTE HAT...
JEDER NORMALE MENSCH WÜRDE DA DIE HOFFNUNG VERLIEREN.
MAN WÄRE NEIDISCH AUF DIE, DIE MAGIE ANWENDEN KÖNNEN...
... WÜRDE BEREUEN, DASS MAN GEBOREN WURDE...
... WÜRDE DIE GESELL-SCHAFT HASSEN.
ABER MASH BURNE-DEAD IST ANDERS.
ER...

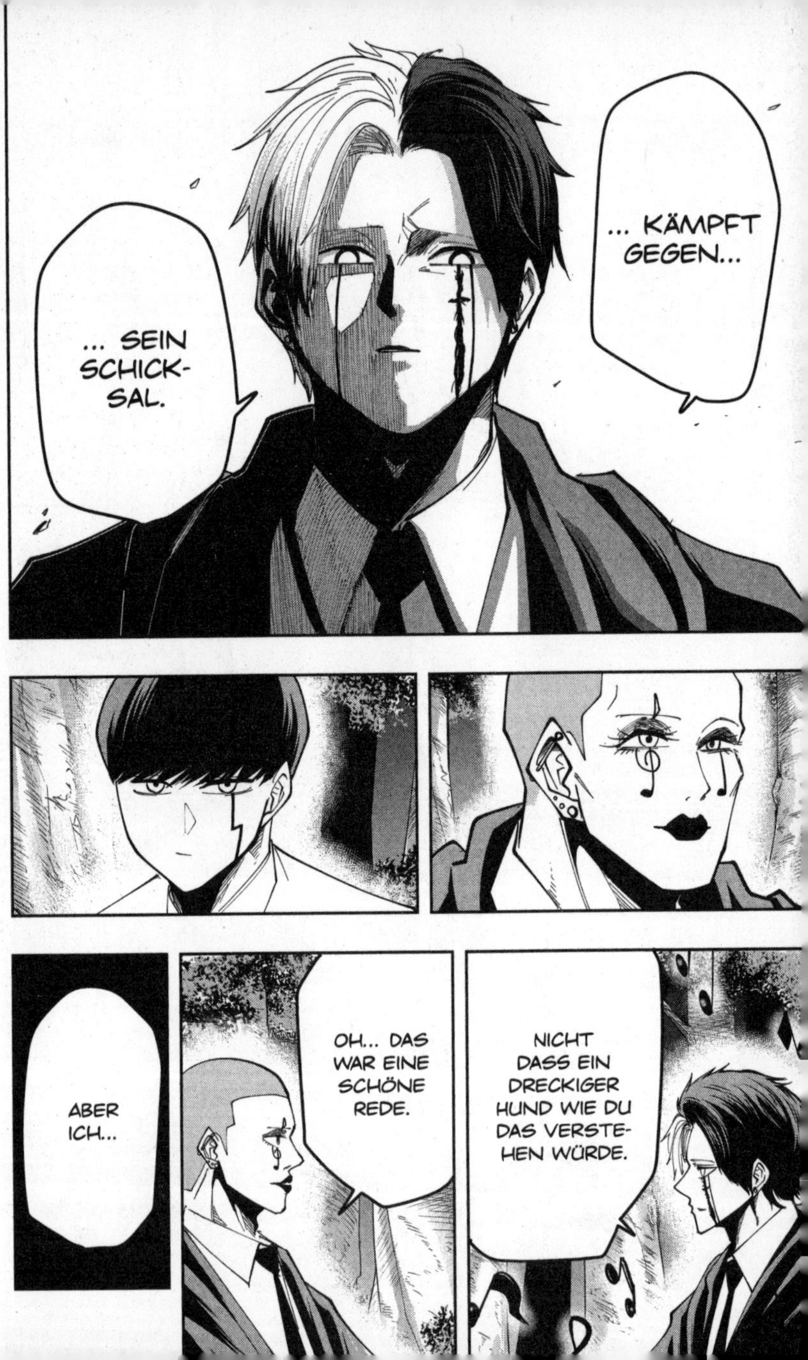
... KÄMPFT GEGEN...
... SEIN SCHICK-SAL.
NICHT DASS EIN DRECKIGER HUND WIE DU DAS VERSTE-HEN WÜRDE.
OH... DAS WAR EINE SCHÖNE REDE.
ABER ICH...

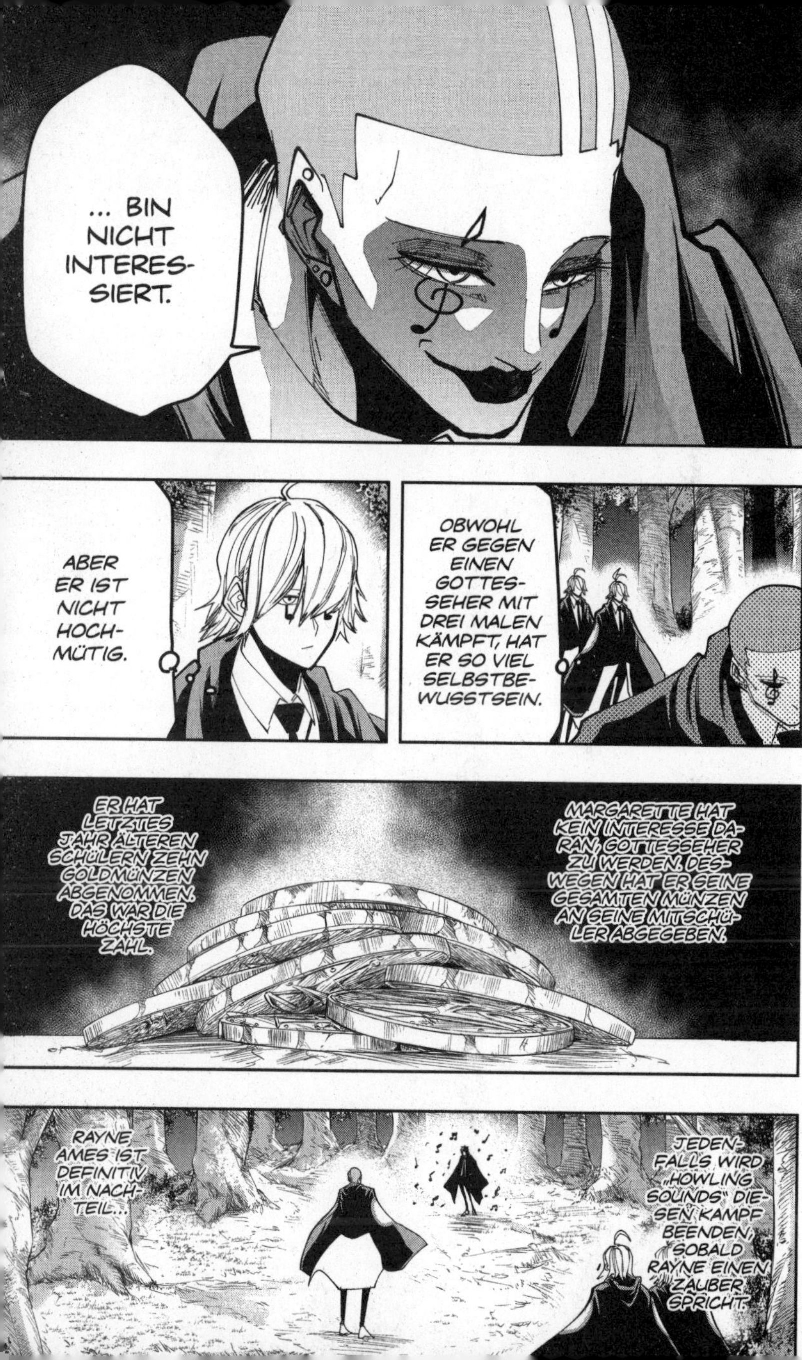
... BIN NICHT INTERESSIERT.
OBWOHL ER GEGEN EINEN GOTTESSEHER MIT DREI MALEN KÄMPFT, HAT ER SO VIEL SELBSTBEWUSSTSEIN.
ABER ER IST NICHT HOCHMÜTIG.
MARGARETTE HAT KEIN INTERESSE DARAN, GOTTESSEHER ZU WERDEN. DESWEGEN HAT ER SEINE GESAMTEN MÜNZEN AN SEINE MITSCHÜLER ABGEGEBEN.
ER HAT LETZTES JAHR ÄLTEREN SCHÜLERN ZEHN GOLDMÜNZEN ABGENOMMEN. DAS WAR DIE HÖCHSTE ZAHL.
JEDENFALLS WIRD „HOWLING SOUNDS" DIESEN KAMPF BEENDEN, SOBALD RAYNE EINEN ZAUBER SPRICHT.
RAYNE AMES IST DEFINITIV IM NACHTEIL ...

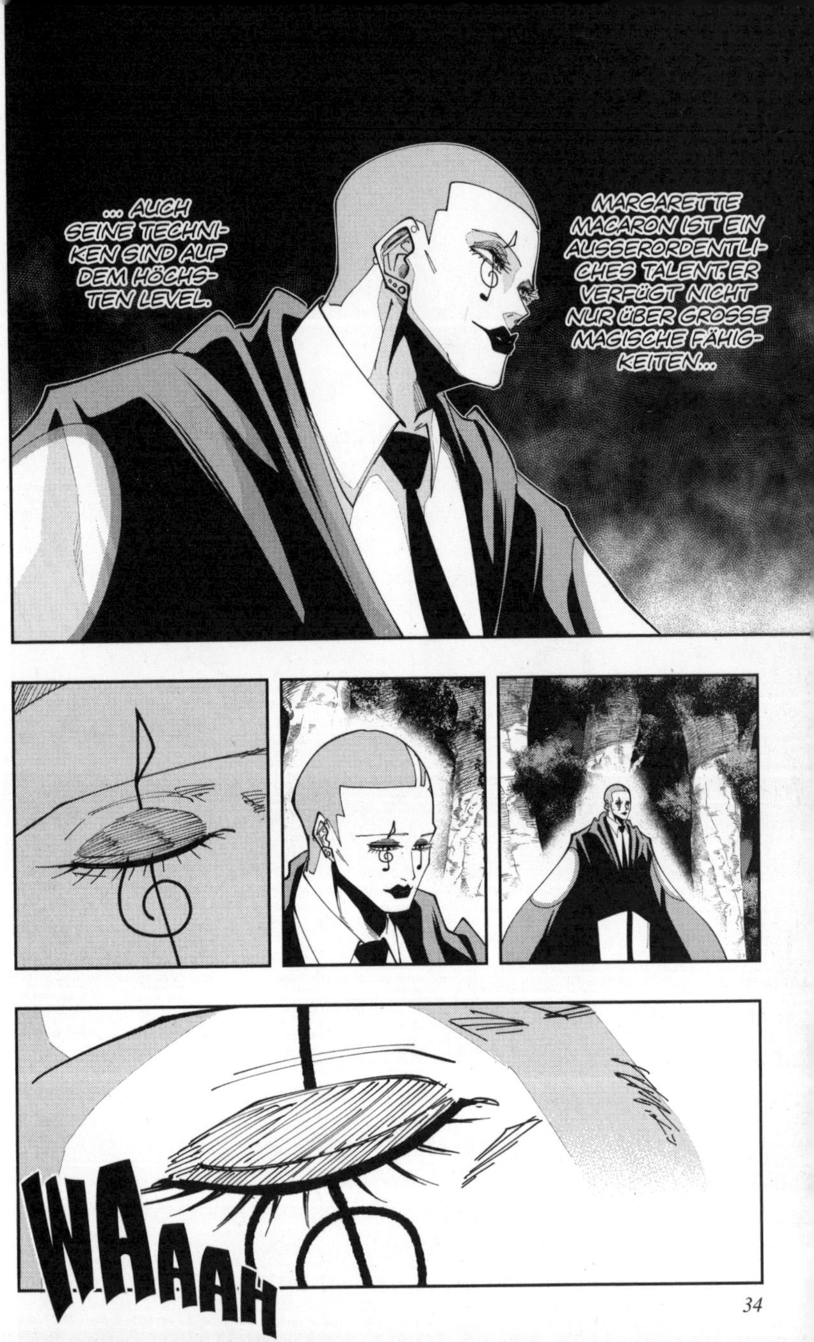
MARGARETTE MACARON IST EIN AUSSERORDENTLICHES TALENT. ER VERFÜGT NICHT NUR ÜBER GROSSE MAGISCHE FÄHIGKEITEN...
... AUCH SEINE TECHNIKEN SIND AUF DEM HÖCHSTEN LEVEL.
WAAAAH

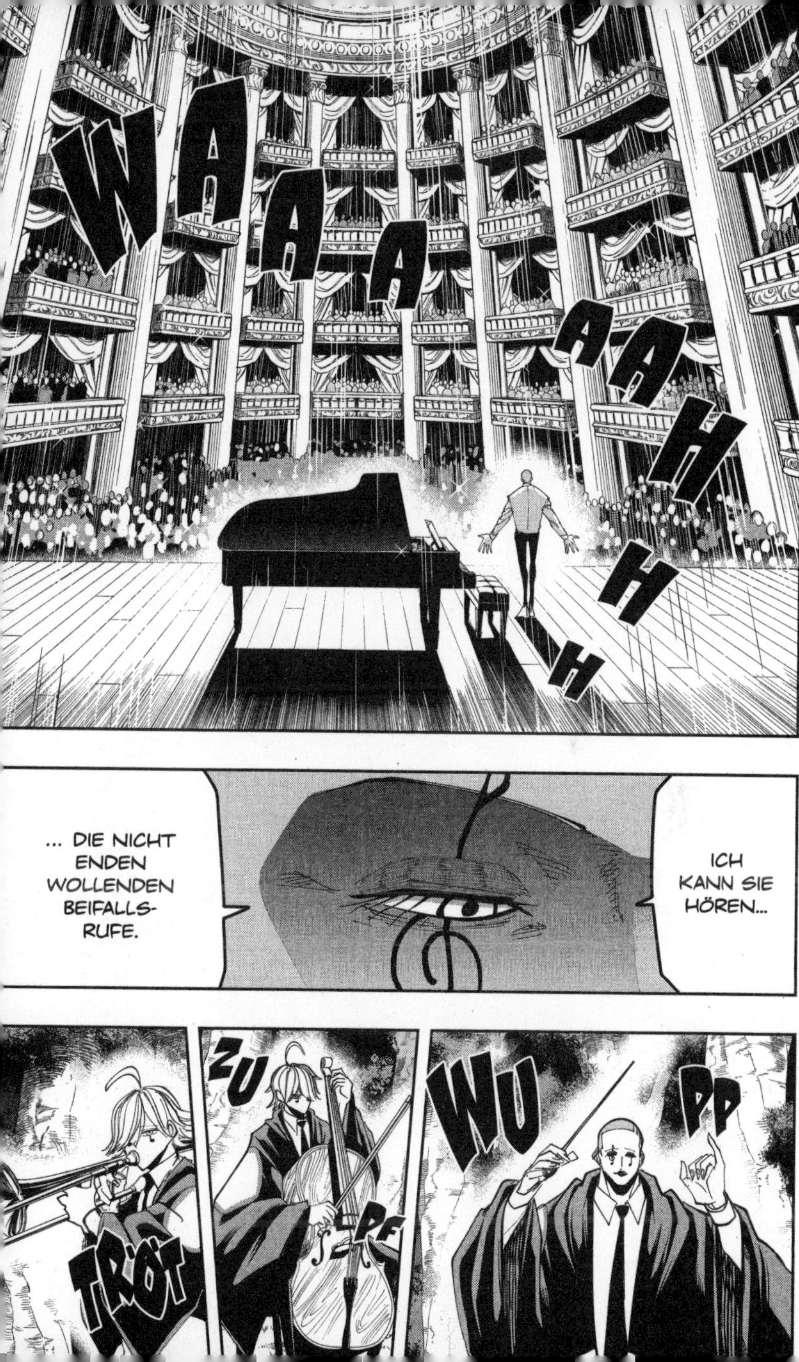
WAAAAAHHHH
ICH KANN SIE HÖREN...
... DIE NICHT ENDEN WOLLENDEN BEIFALLS-RUFE.
WUPP
ZUPF
TRÖT

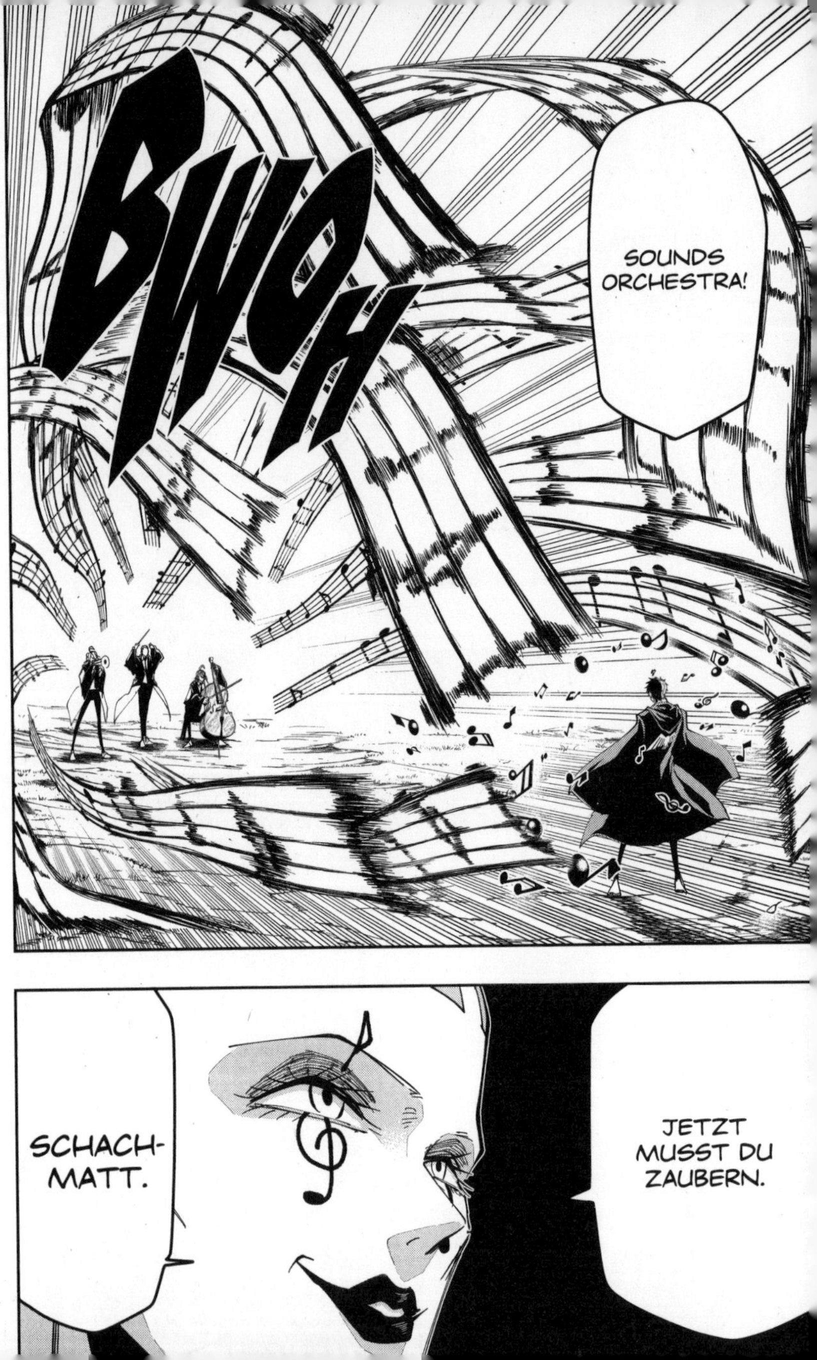
SOUNDS ORCHESTRA!
BWOH
JETZT MUSST DU ZAUBERN.
SCHACH-
MATT.

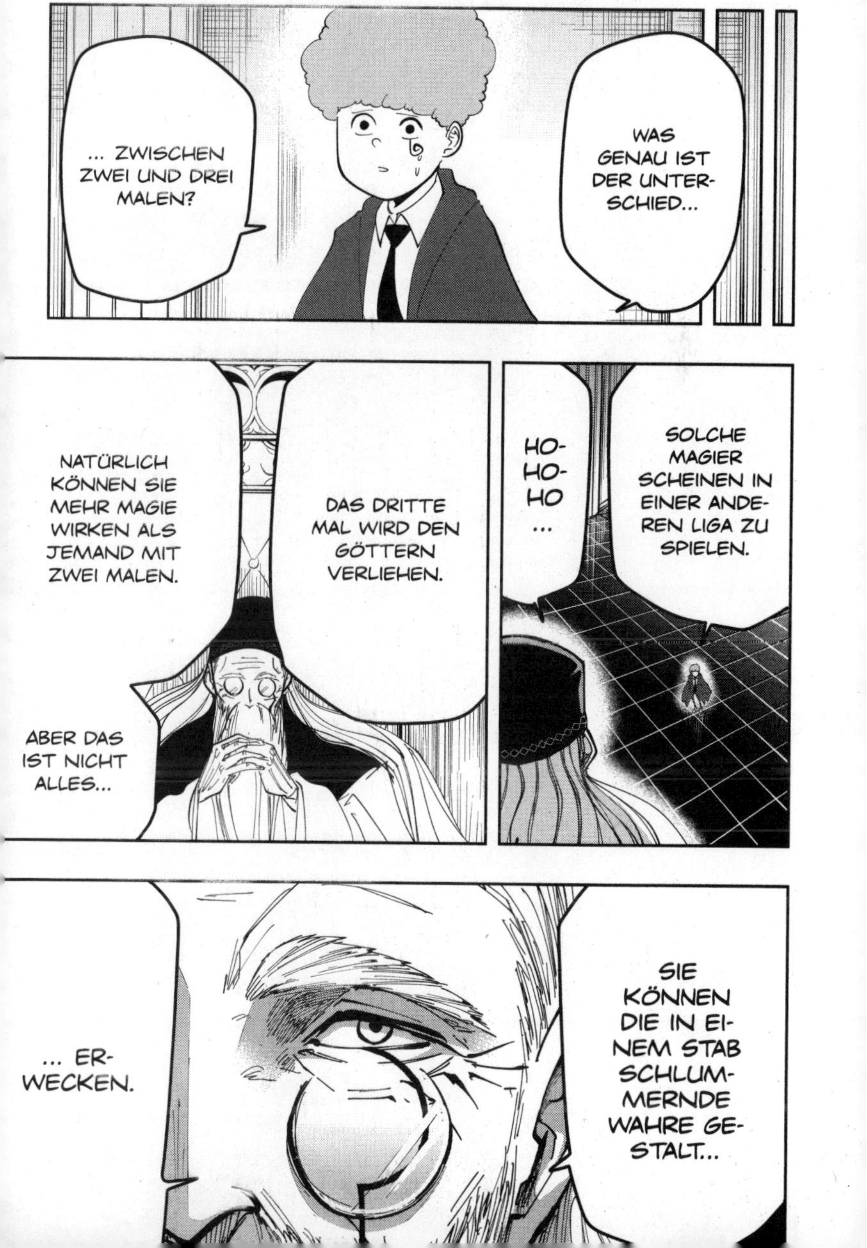
WAS GENAU IST DER UNTER-SCHIED...
... ZWISCHEN ZWEI UND DREI MALEN?
SOLCHE MAGIER SCHEINEN IN EINER ANDE-REN LIGA ZU SPIELEN.
HO-HO-HO ...
DAS DRITTE MAL WIRD DEN GÖTTERN VERLIEHEN.
NATÜRLICH KÖNNEN SIE MEHR MAGIE WIRKEN ALS JEMAND MIT ZWEI MALEN.
ABER DAS IST NICHT ALLES...
SIE KÖNNEN DIE IN EI-NEM STAB SCHLUM-MERNDE WAHRE GE-STALT...
... ER-WECKEN.

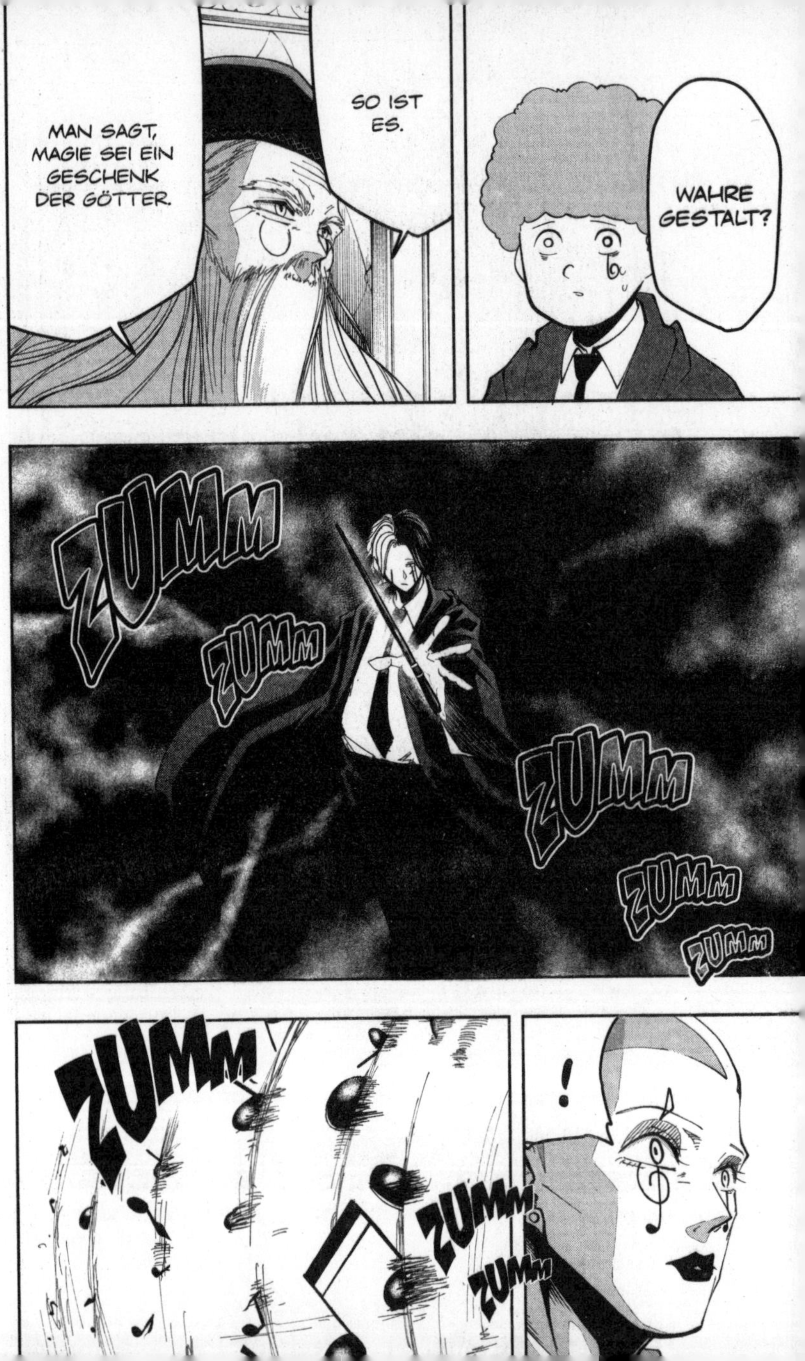
WAHRE GESTALT?
SO IST ES.
MAN SAGT, MAGIE SEI EIN GESCHENK DER GÖTTER.
ZUMM
ZUMM
ZUMM
ZUMM
ZUMM
!
ZUMM
ZUMM
ZUMM

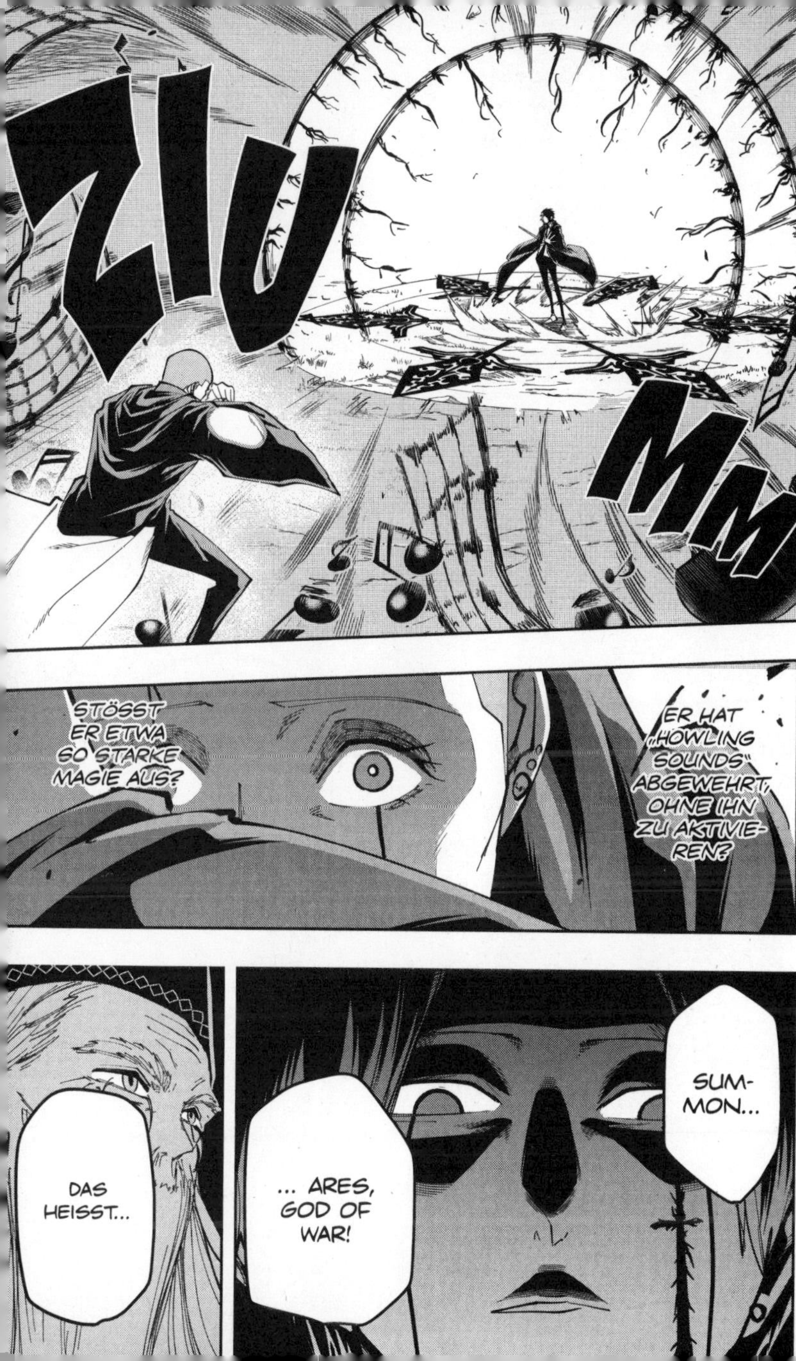

ZIIU
MM
ER HAT „HOWLING SOUNDS" ABGEWEHRT, OHNE IHN ZU AKTIVIE-REN?
STÖSST ER ETWA SO STARKE MAGIE AUS?
SUM-MON...
... ARES, GOD OF WAR!
DAS HEISST...

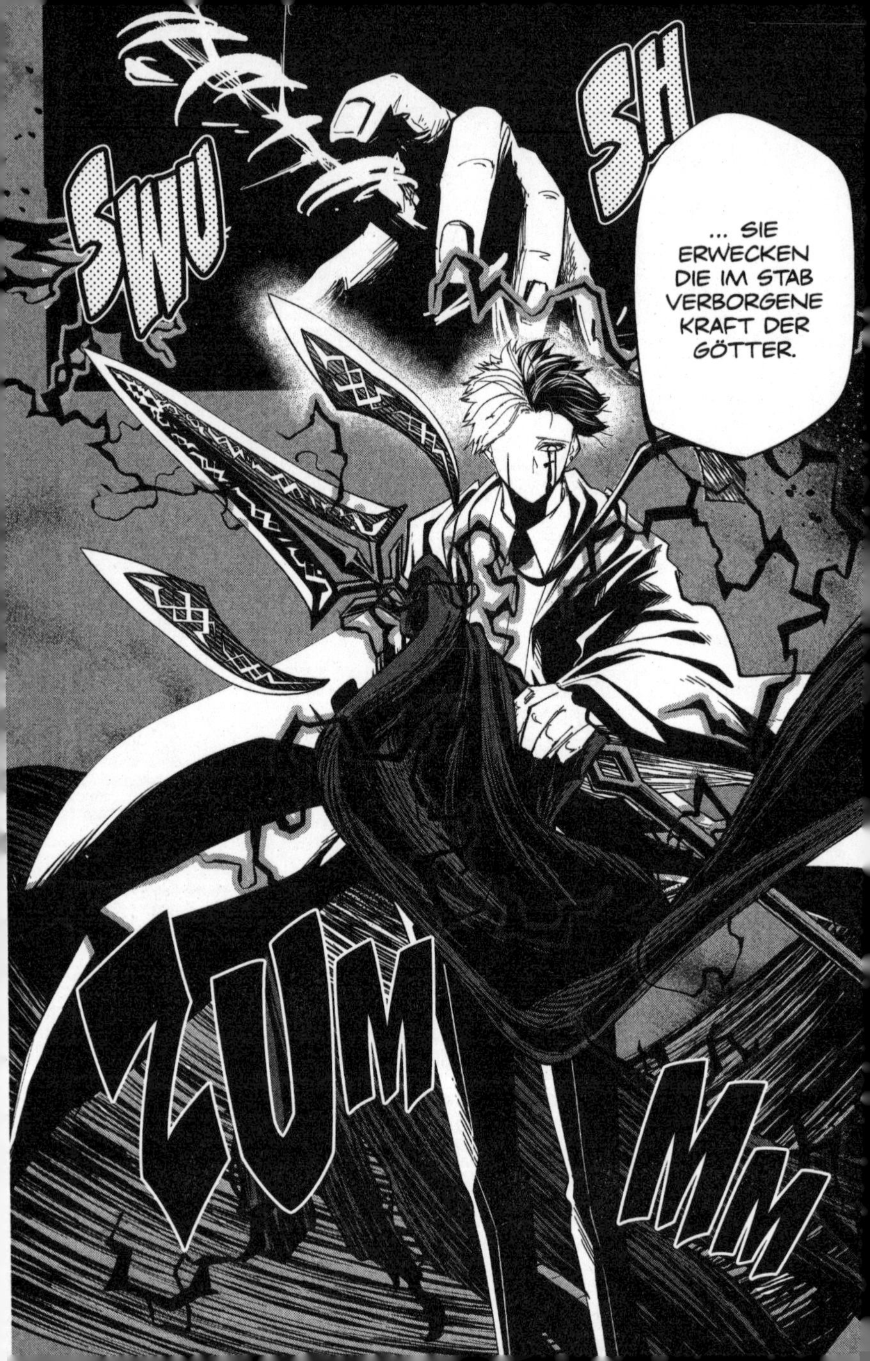
SH
... SIE ERWECKEN DIE IM STAB VERBORGENE KRAFT DER GÖTTER.
SWU
ZUM
MMM

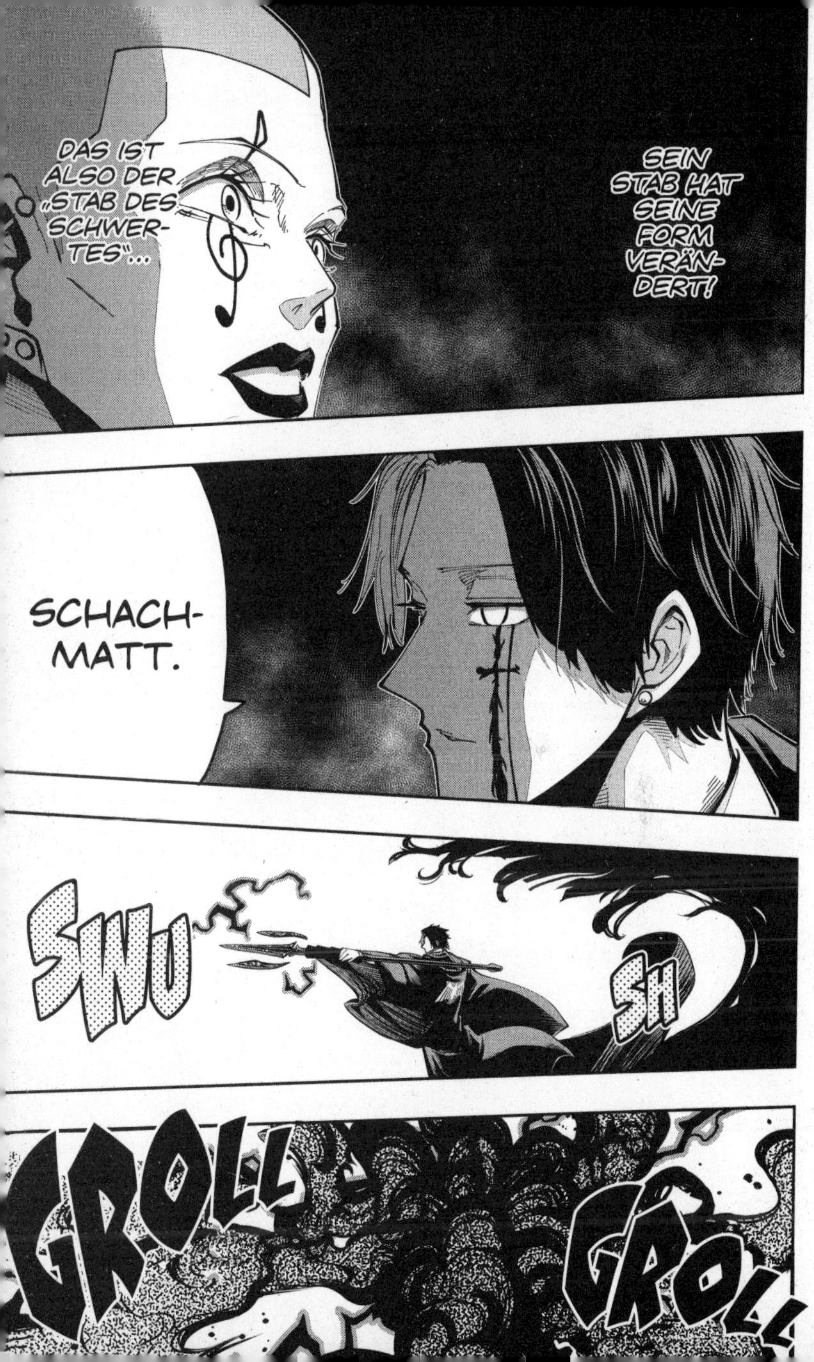
SEIN STAB HAT SEINE FORM VERÄNDERT!
DAS IST ALSO DER „STAB DES SCHWERTES“...
SCHACHMATT.
SWUSH
GROLL
GROLL

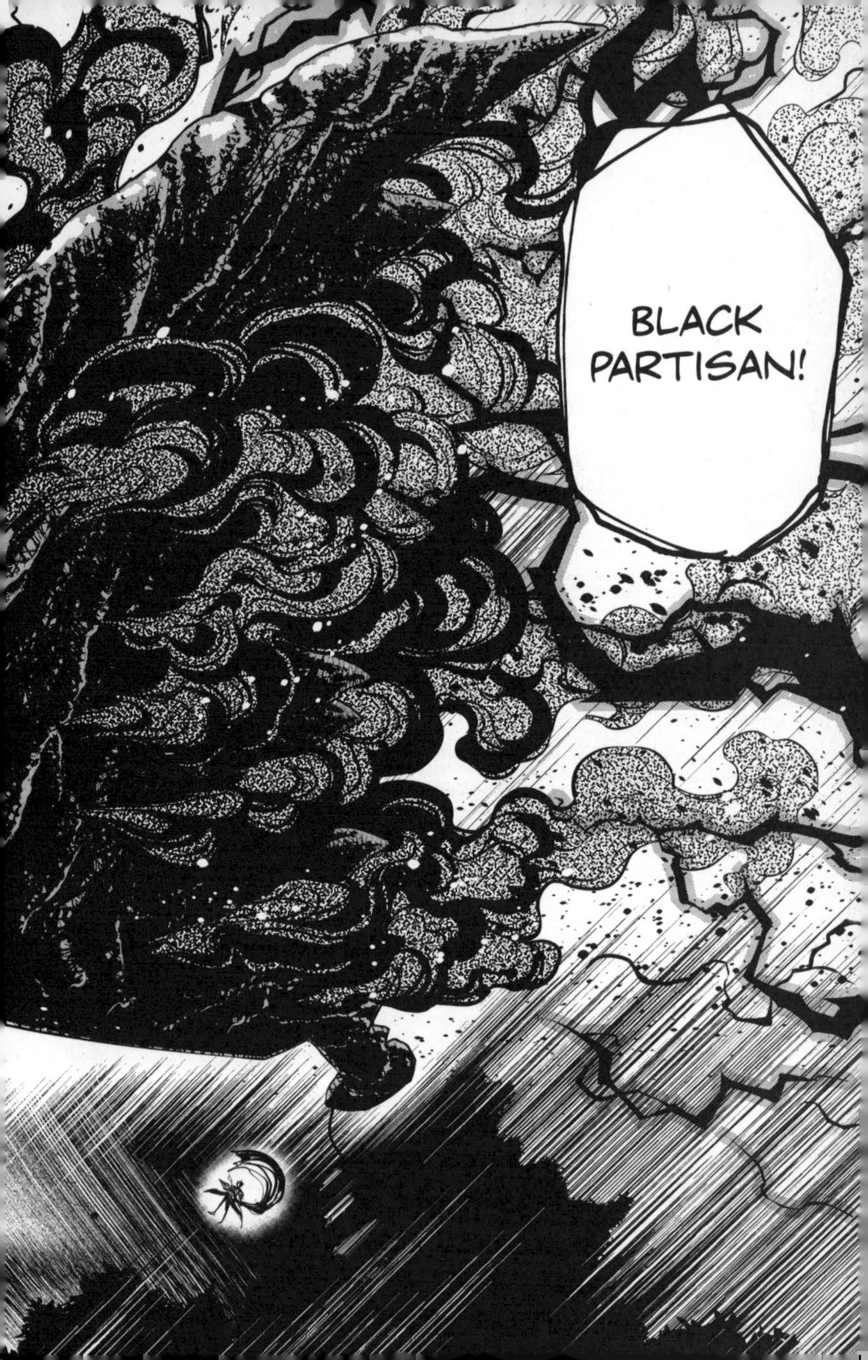
BLACK PARTISAN!

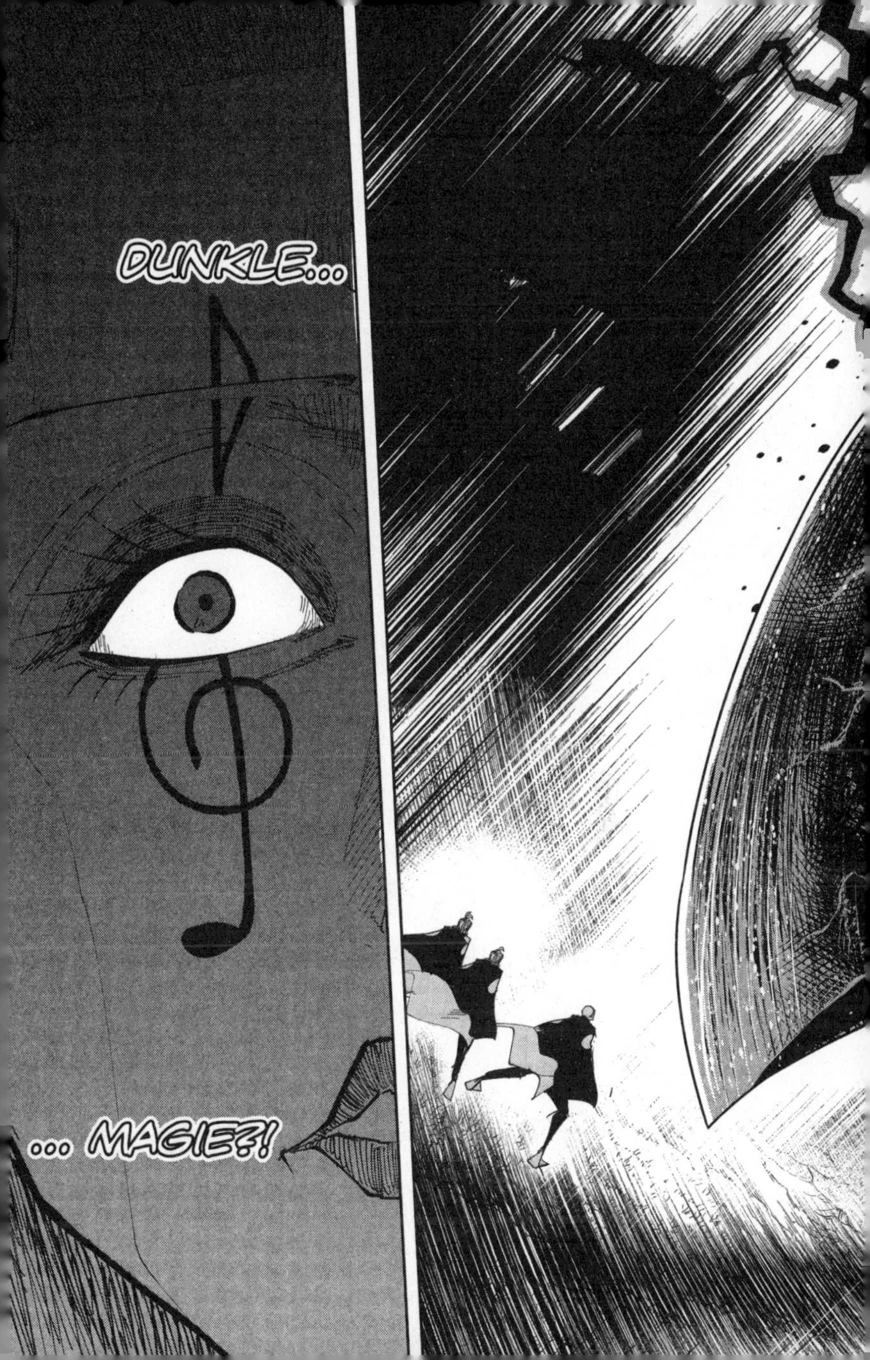
DUNKLE...
... MAGIE?!

Extra 1

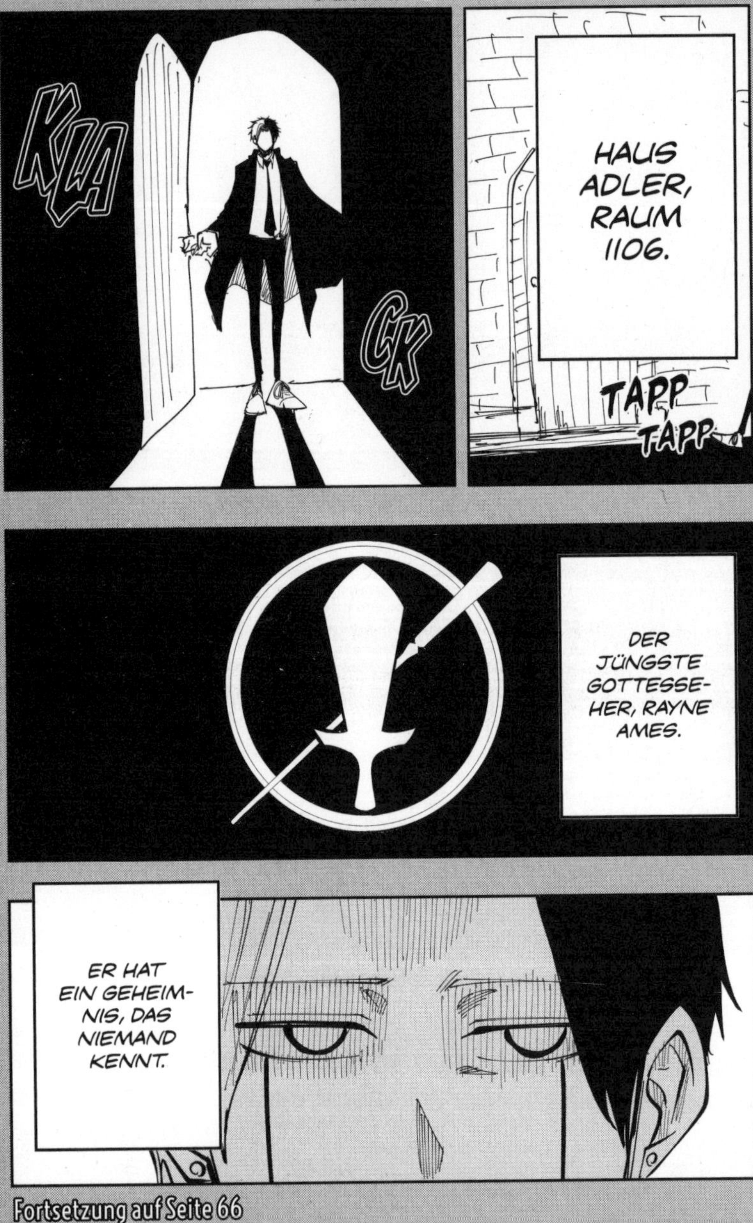

Fortsetzung auf Seite 66

47. Kapitel Mash Burnedead und die Auswahlprüfung

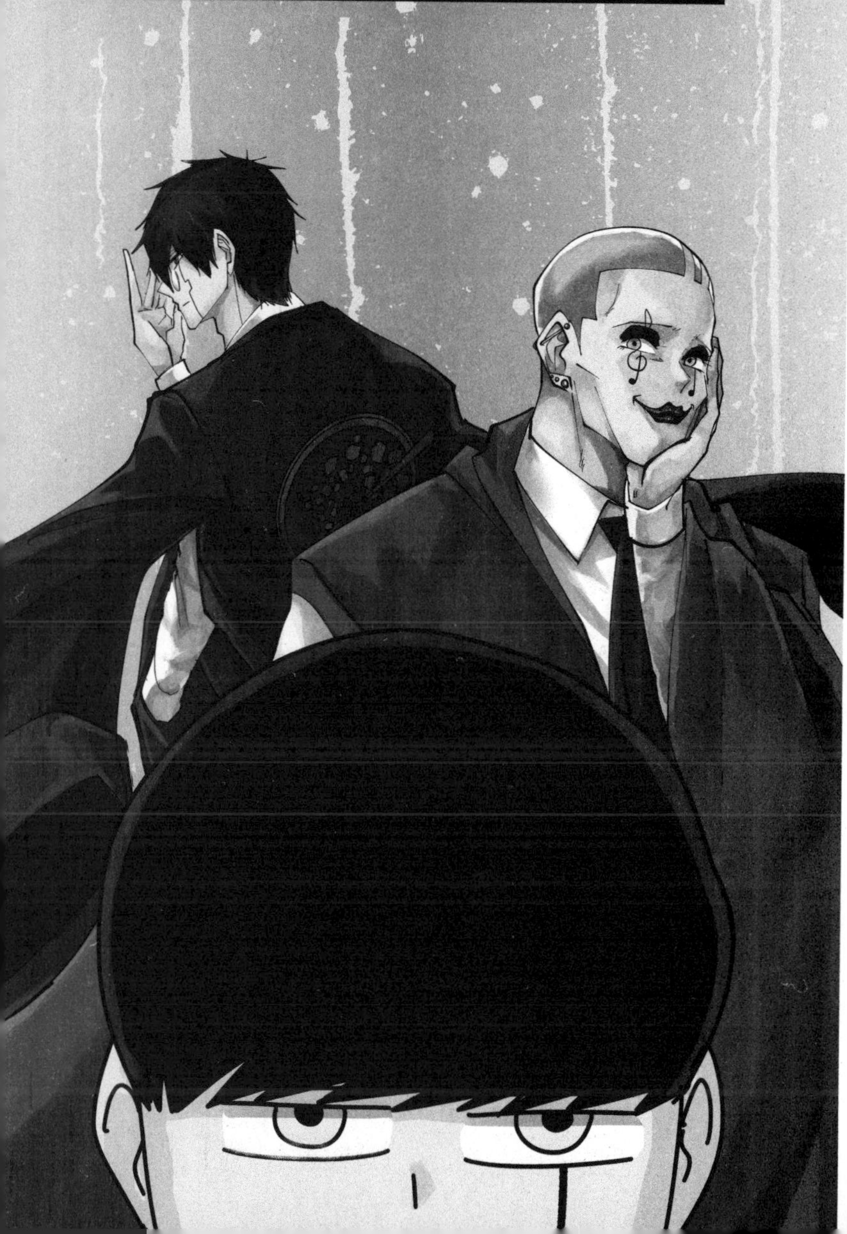

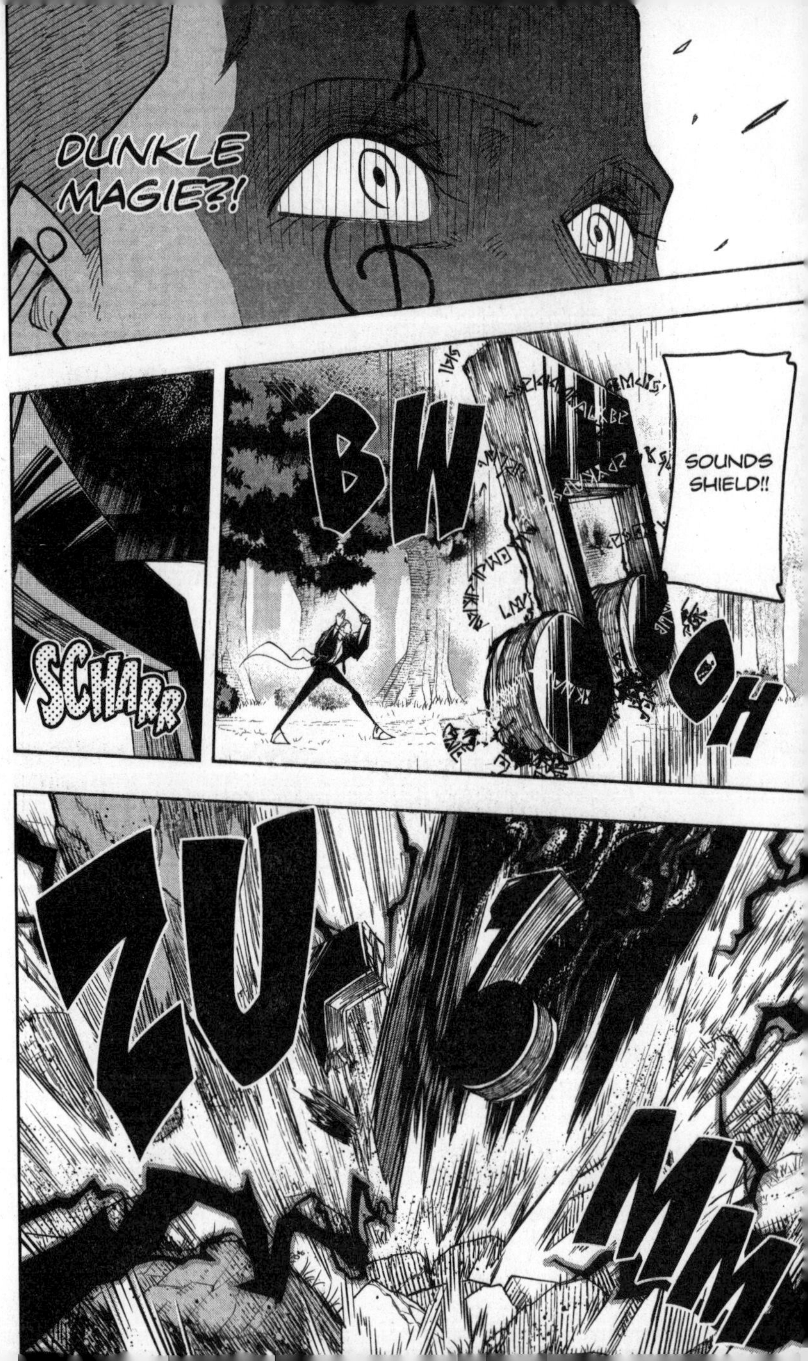
DUNKLE MAGIE?!
SOUNDS SHIELD!!
BW
OH
SCHARR
ZU
MM

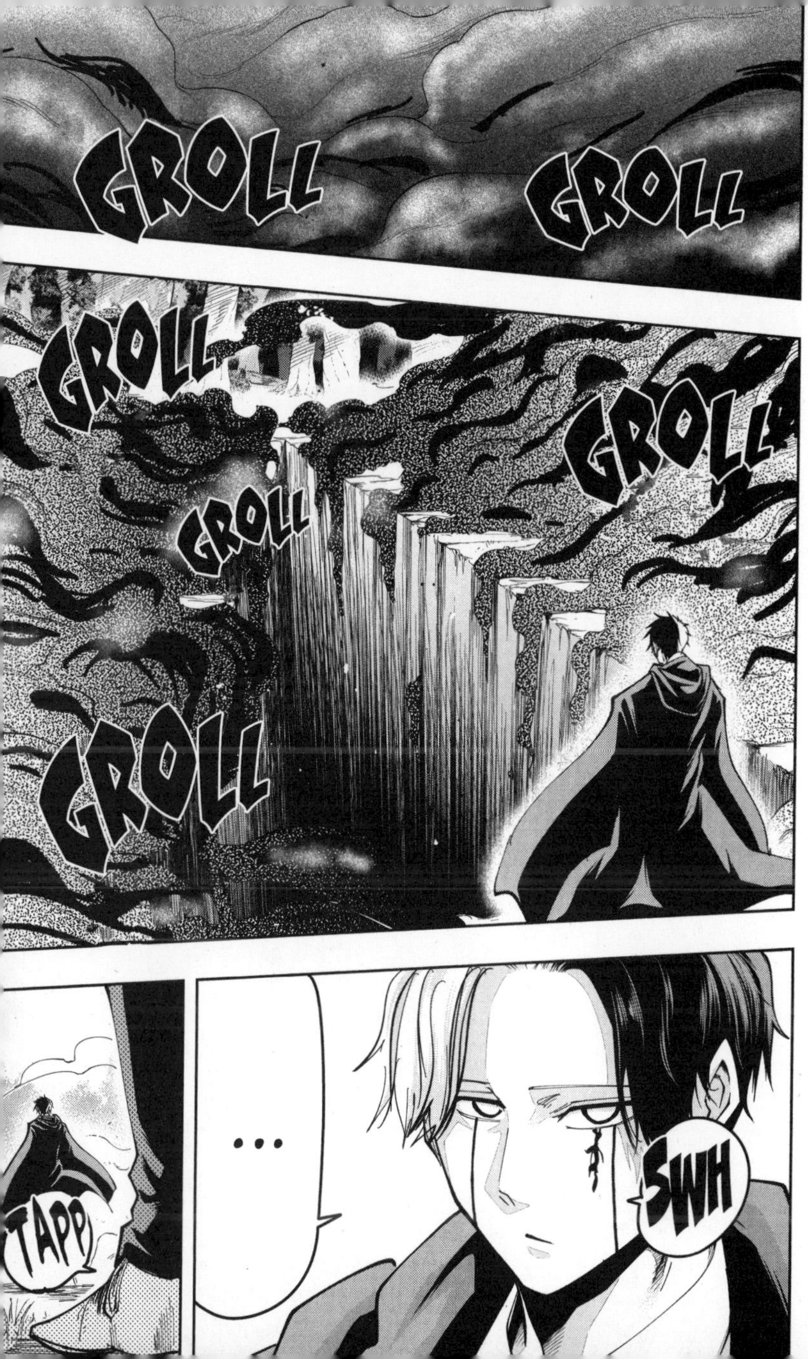
GROLL
GROLL
GROLL
GROLL
GROLL
GROLL
SWH
...
TAPP

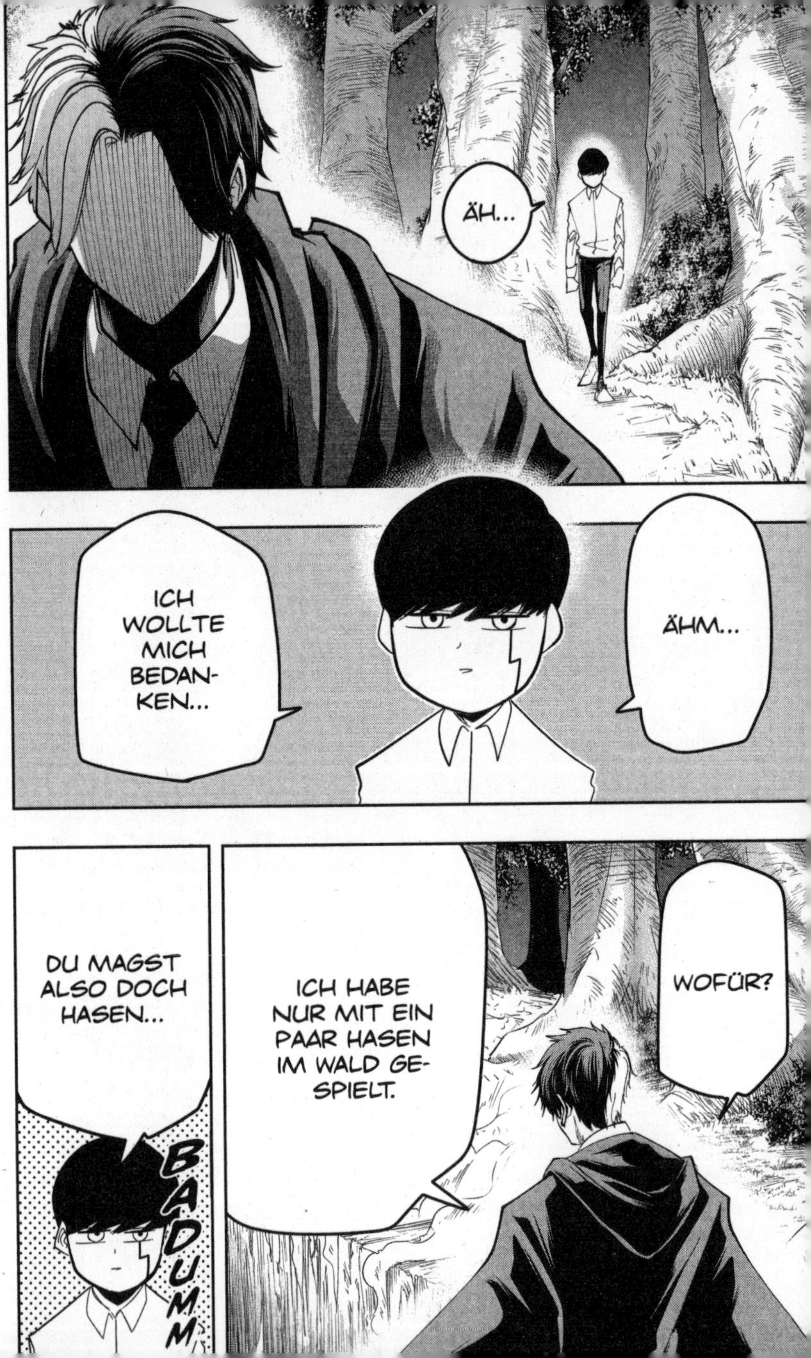
ÄH...
ÄHM...
ICH WOLLTE MICH BEDANKEN...
WOFÜR?
ICH HABE NUR MIT EIN PAAR HASEN IM WALD GESPIELT.
DU MAGST ALSO DOCH HASEN...
BADUMM

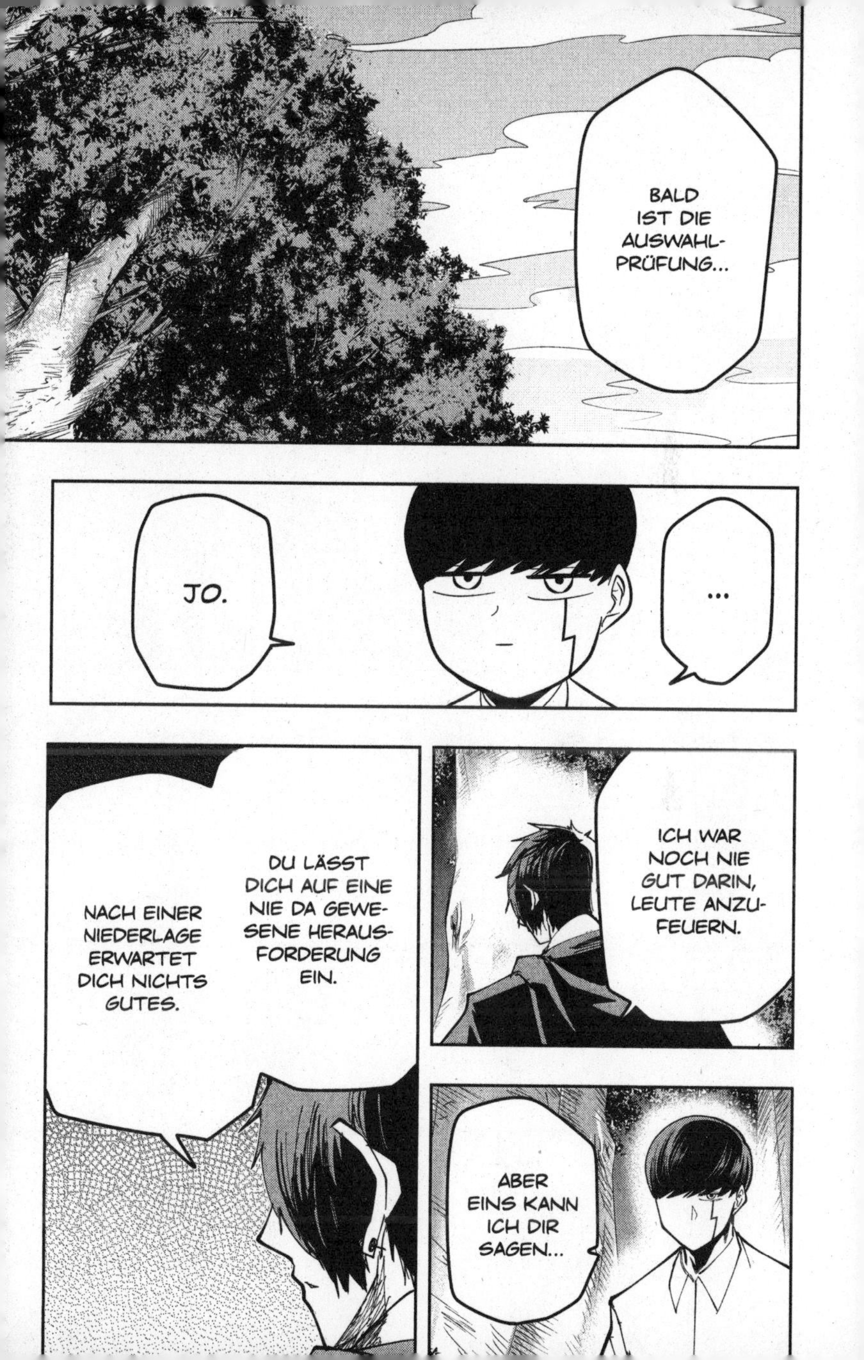
BALD IST DIE AUSWAHLPRÜFUNG...
...
JO.
ICH WAR NOCH NIE GUT DARIN, LEUTE ANZUFEUERN.
DU LÄSST DICH AUF EINE NIE DA GEWESENE HERAUSFORDERUNG EIN.
NACH EINER NIEDERLAGE ERWARTET DICH NICHTS GUTES.
ABER EINS KANN ICH DIR SAGEN...

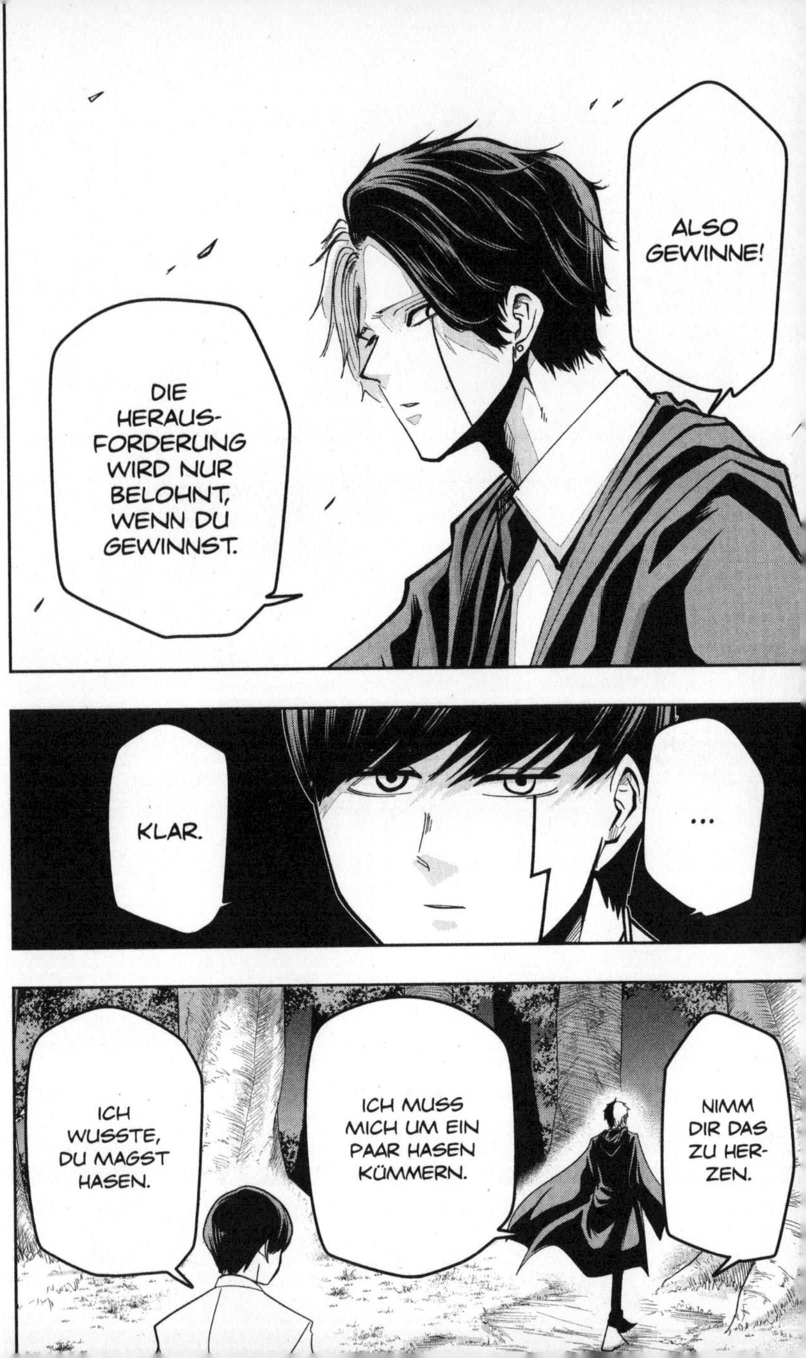

DIE HERAUS-FORDERUNG WIRD NUR BELOHNT, WENN DU GEWINNST.
ALSO GEWINNE!
...
KLAR.
NIMM DIR DAS ZU HER-ZEN.
ICH MUSS MICH UM EIN PAAR HASEN KÜMMERN.
ICH WUSSTE, DU MAGST HASEN.

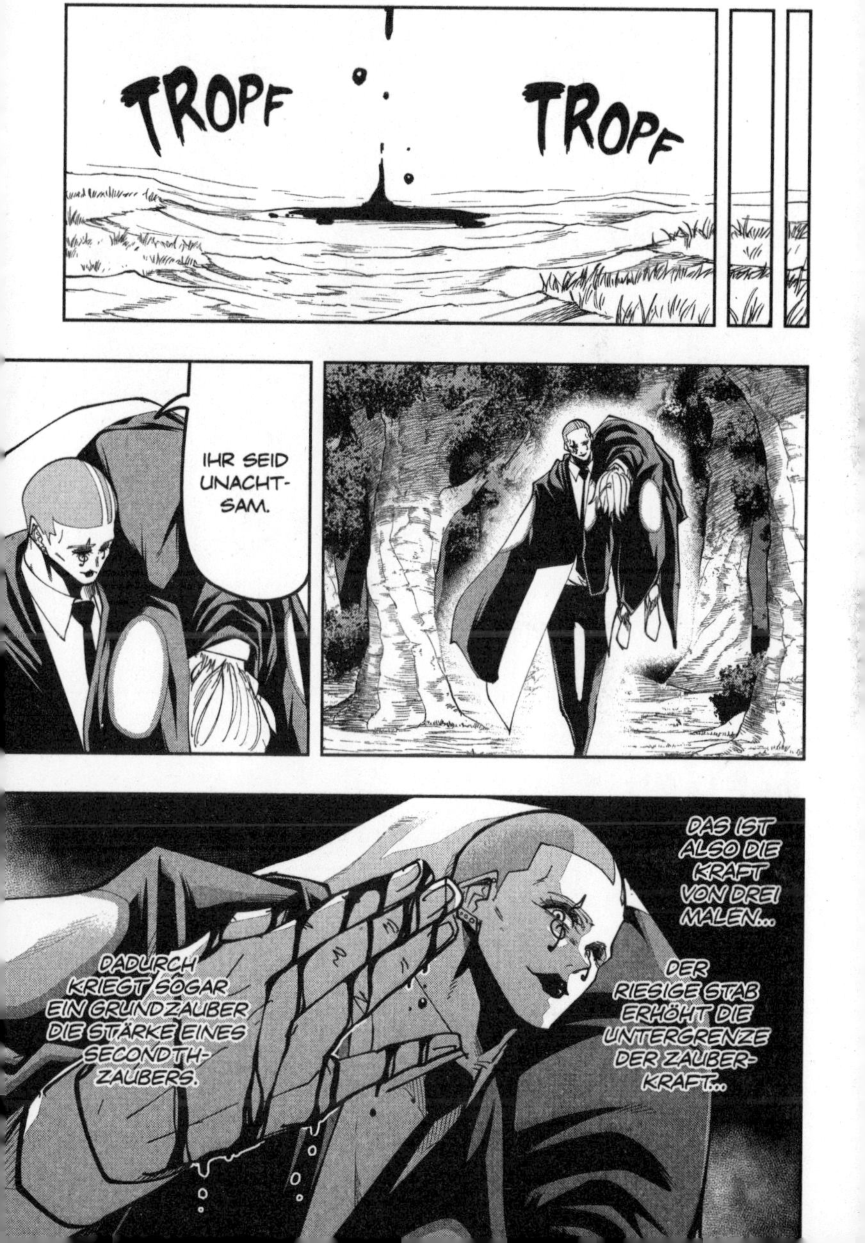
TROPF
TROPF
IHR SEID UNACHT-SAM.
DAS IST ALSO DIE KRAFT VON DREI MALEN...
DER RIESIGE STAB ERHÖHT DIE UNTERGRENZE DER ZAUBER-KRAFT...
DADURCH KRIEGT SOGAR EIN GRUNDZAUBER DIE STÄRKE EINES SECONDTH-ZAUBERS.

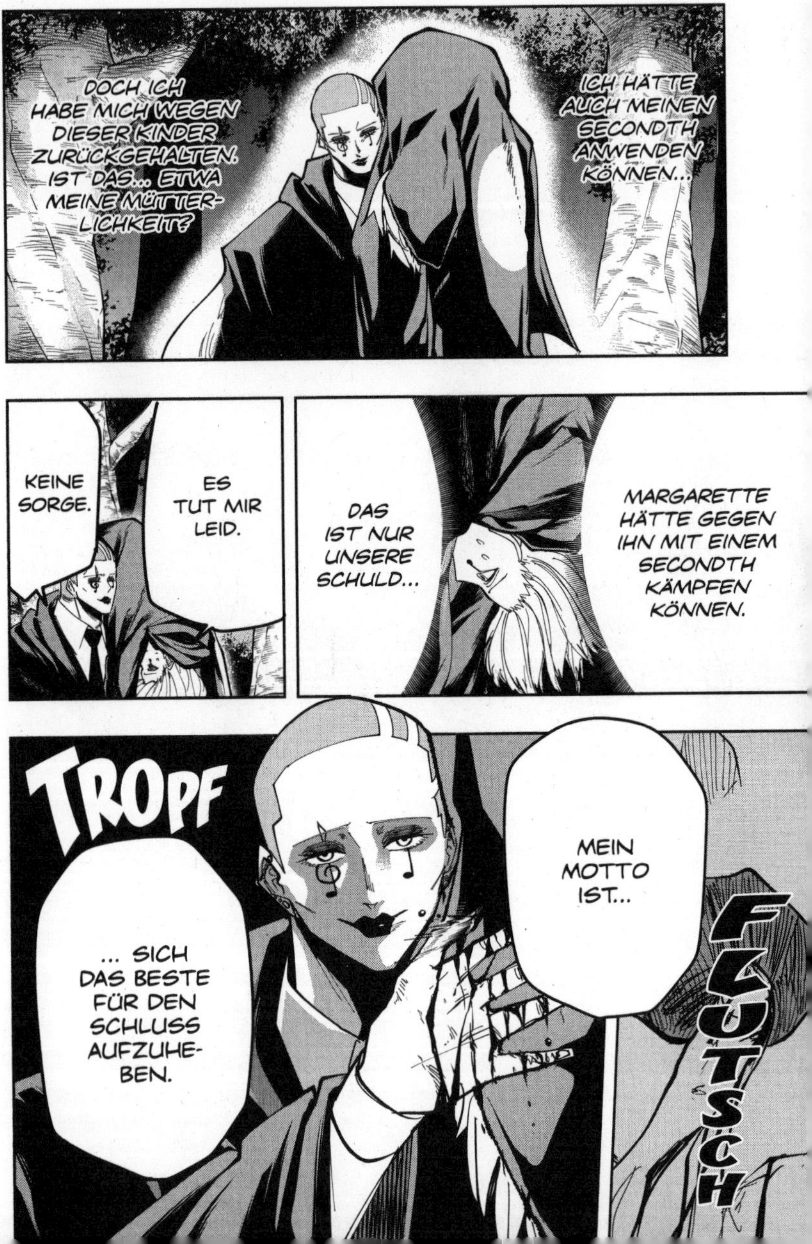
ICH HÄTTE AUCH MEINEN SECONDTH ANWENDEN KÖNNEN...
DOCH ICH HABE MICH WEGEN DIESER KINDER ZURÜCKGEHALTEN. IST DAS... ETWA MEINE MÜTTER-LICHKEIT?
MARGARETTE HÄTTE GEGEN IHN MIT EINEM SECONDTH KÄMPFEN KÖNNEN.
DAS IST NUR UNSERE SCHULD...
ES TUT MIR LEID.
KEINE SORGE.
FLUTSCH
TROPF
MEIN MOTTO IST...
... SICH DAS BESTE FÜR DEN SCHLUSS AUFZUHE-BEN.

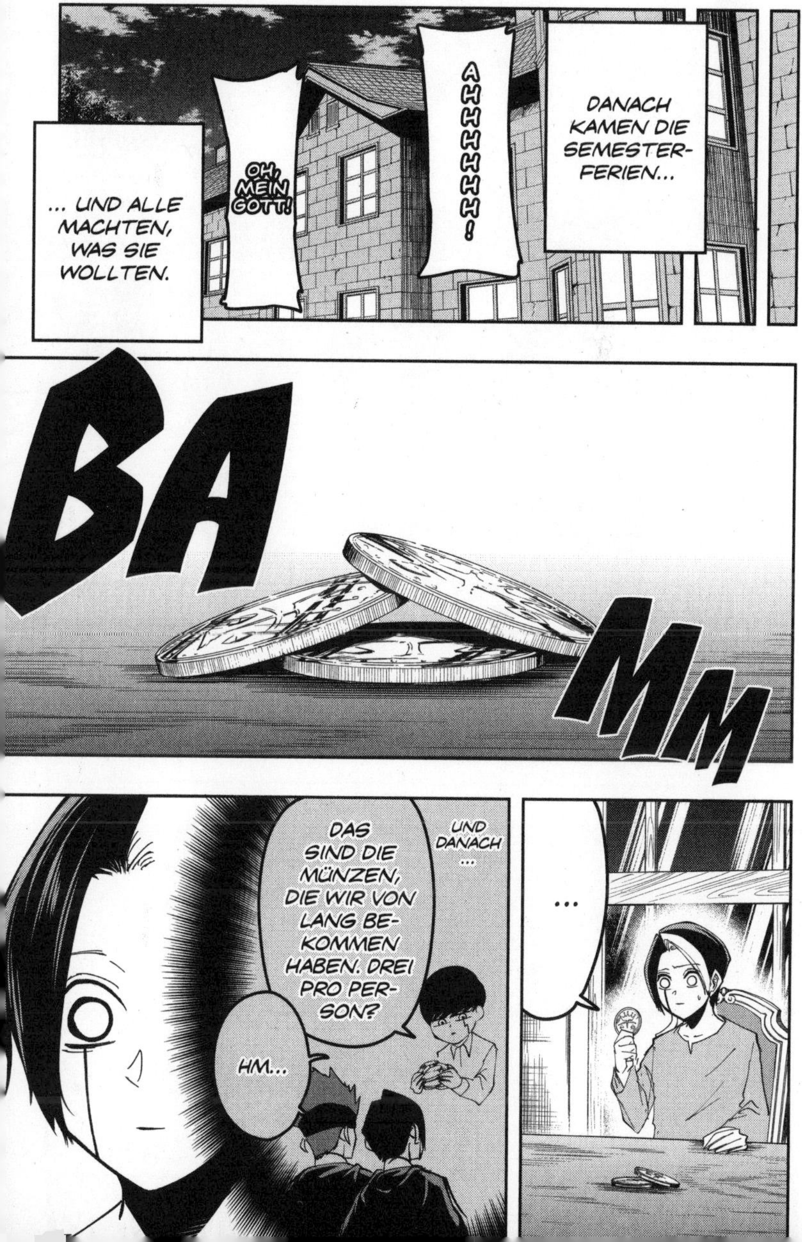
DANACH KAMEN DIE SEMESTER-FERIEN...
AHHHHHHH!
OH, MEIN GOTT!
... UND ALLE MACHTEN, WAS SIE WOLLTEN.
BAMM
...
UND DANACH ...
DAS SIND DIE MÜNZEN, DIE WIR VON LANG BE-KOMMEN HABEN. DREI PRO PER-SON?
HM...

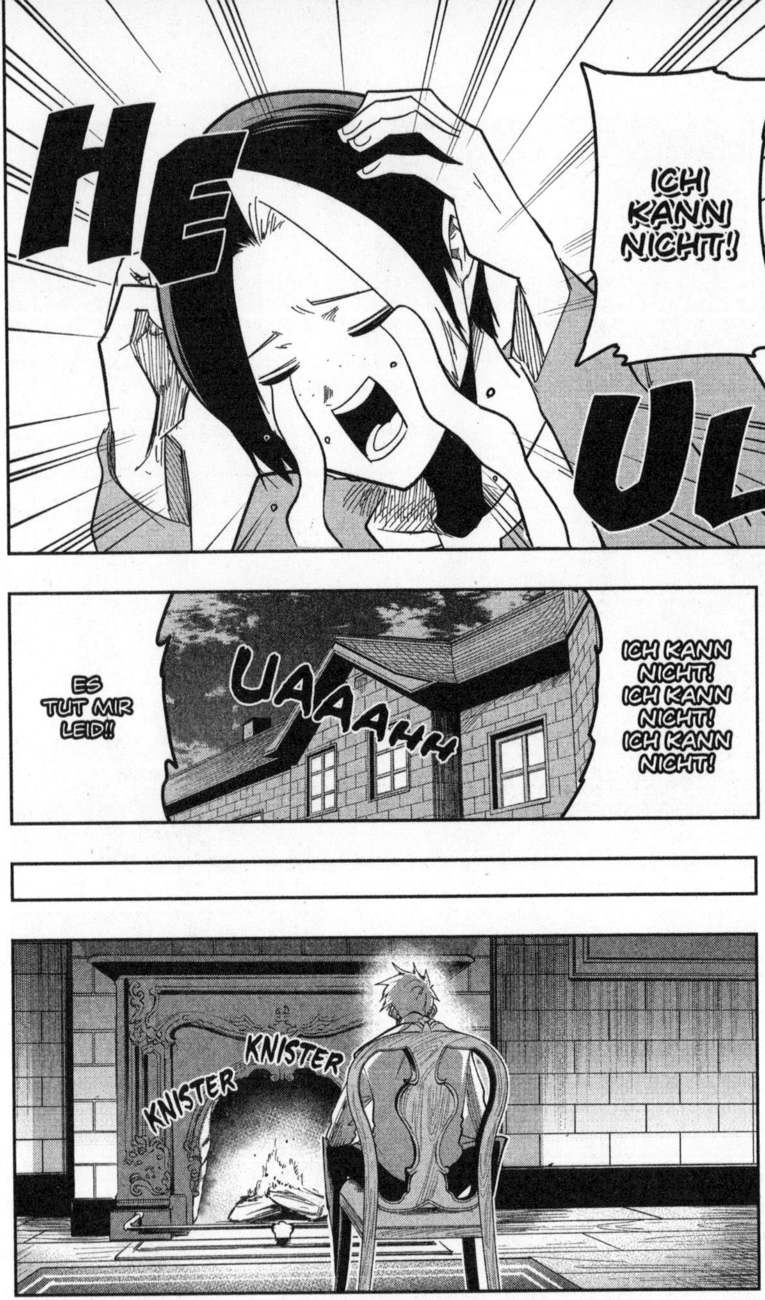
ICH KANN NICHT!
HE UL
ICH KANN NICHT! ICH KANN NICHT! ICH KANN NICHT!
UAAAAHH
ES TUT MIR LEID!!
KNISTER KNISTER

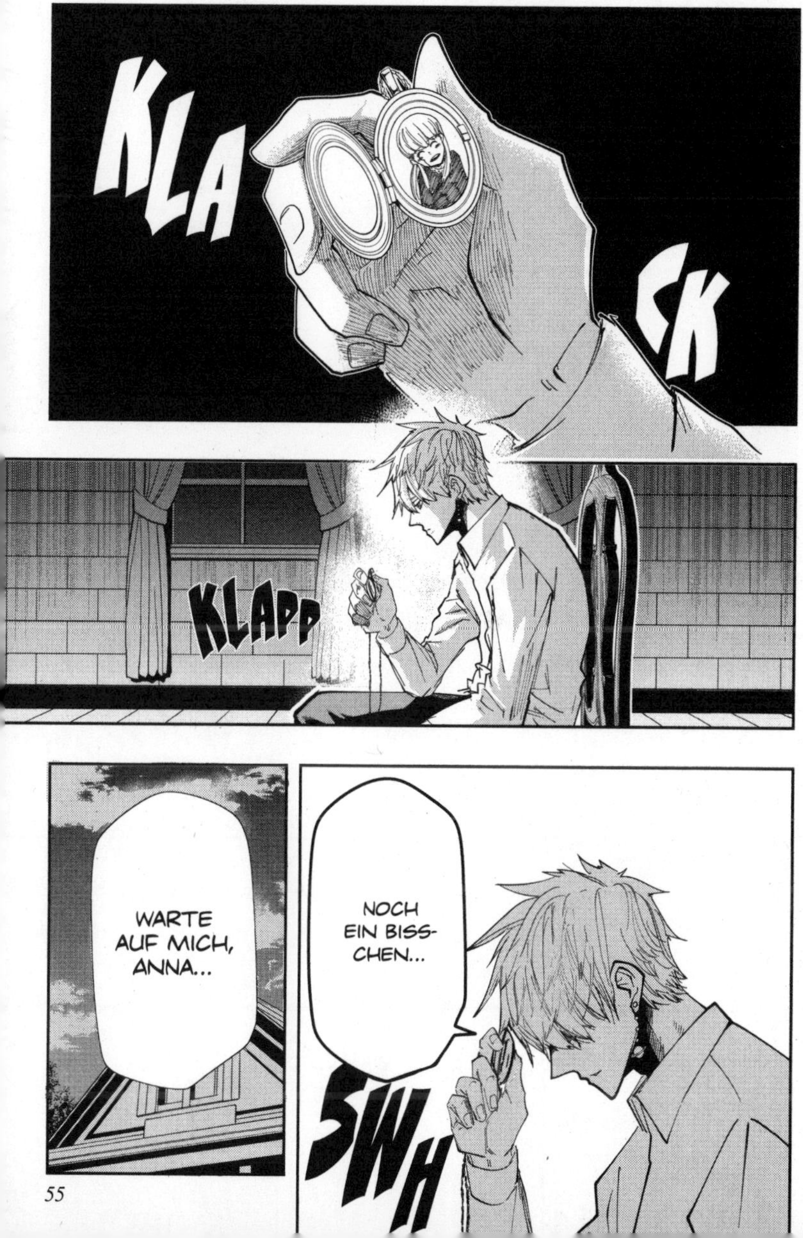
KLA
CK
KLAPP
NOCH EIN BISS- CHEN...
SWH
WARTE AUF MICH, ANNA...

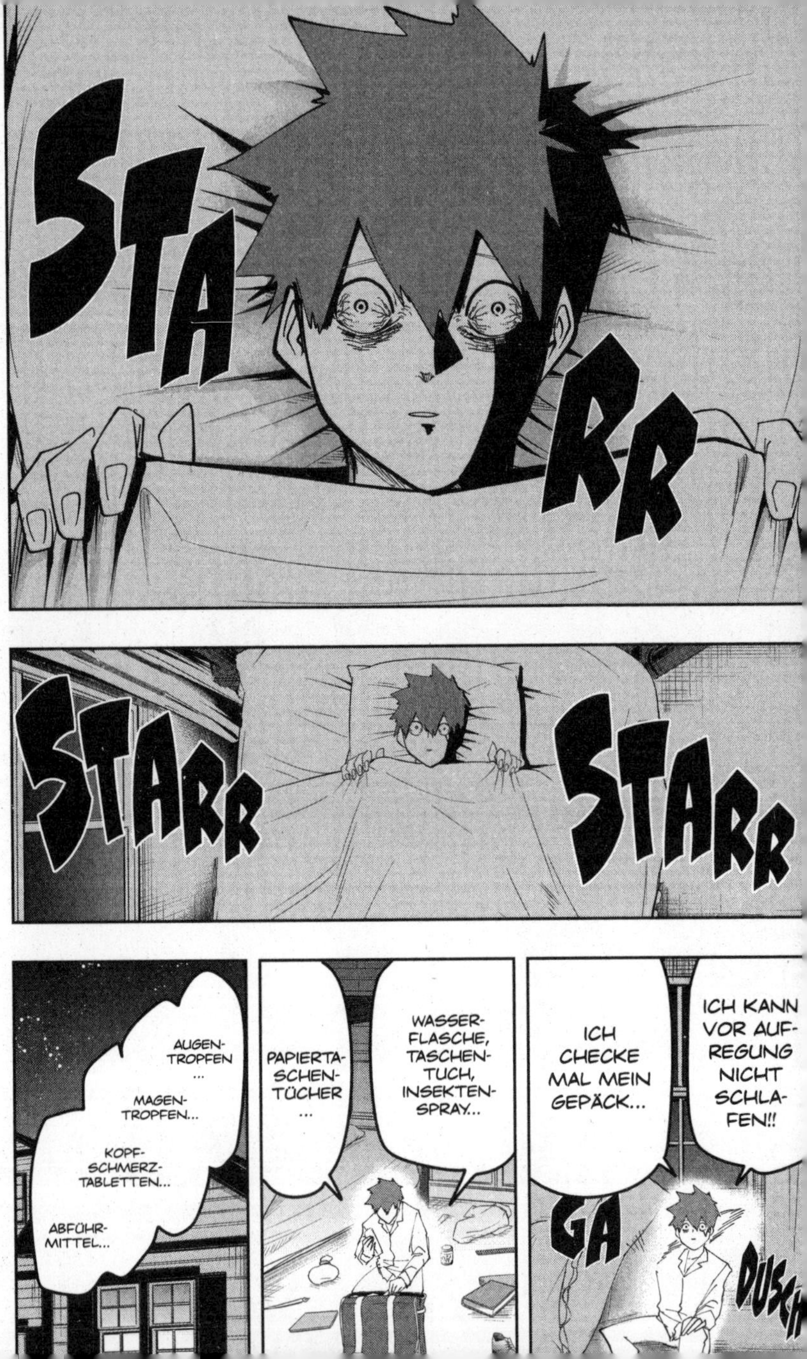
STARR
STARR
STARR
ICH KANN VOR AUFREGUNG NICHT SCHLAFEN!!
ICH CHECKE MAL MEIN GEPÄCK...
GA
DUSCH
WASSERFLASCHE, TASCHENTUCH, INSEKTENSPRAY...
PAPIERTASCHENTÜCHER ...
AUGENTROPFEN ...
MAGENTROPFEN...
KOPFSCHMERZTABLETTEN...
ABFÜHRMITTEL...

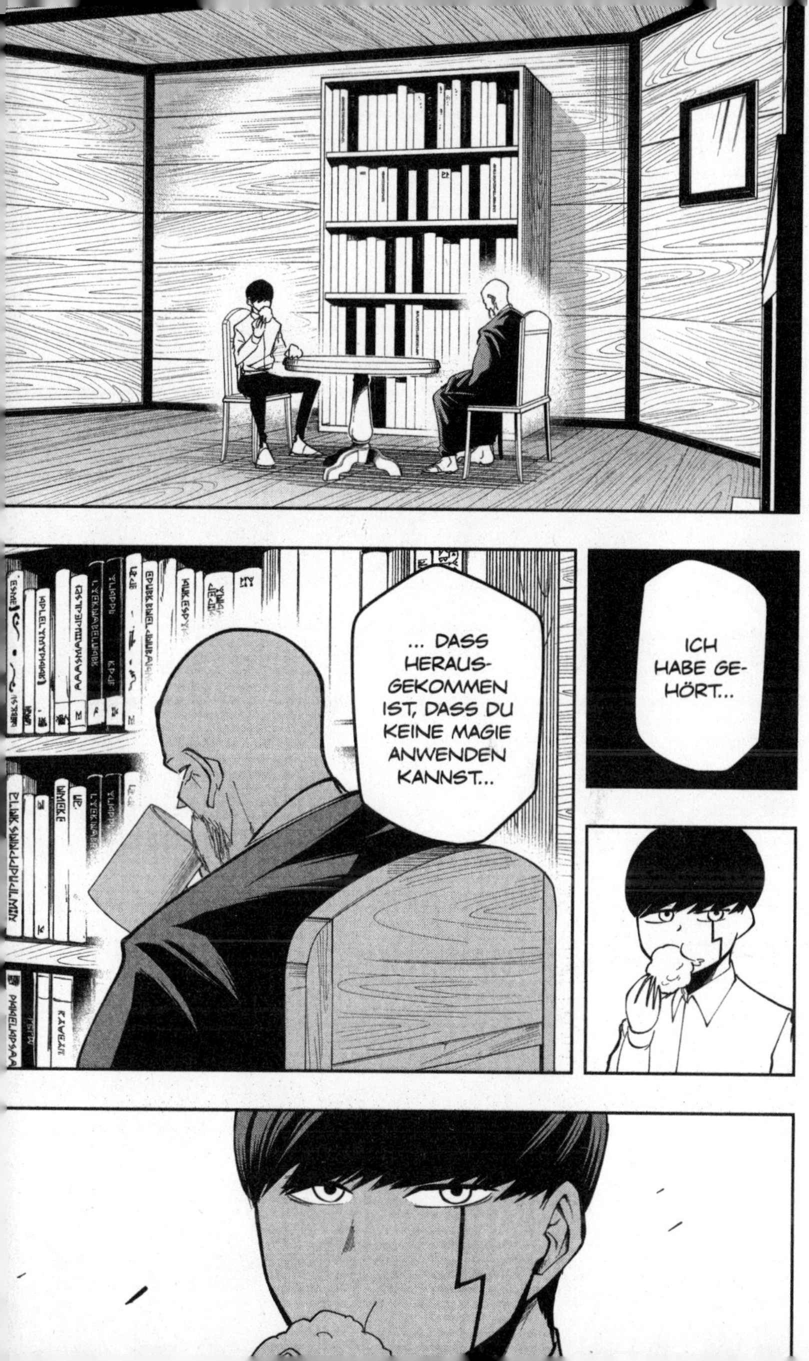
ICH HABE GE-HÖRT...
... DASS HERAUS-GEKOMMEN IST, DASS DU KEINE MAGIE ANWENDEN KANNST...

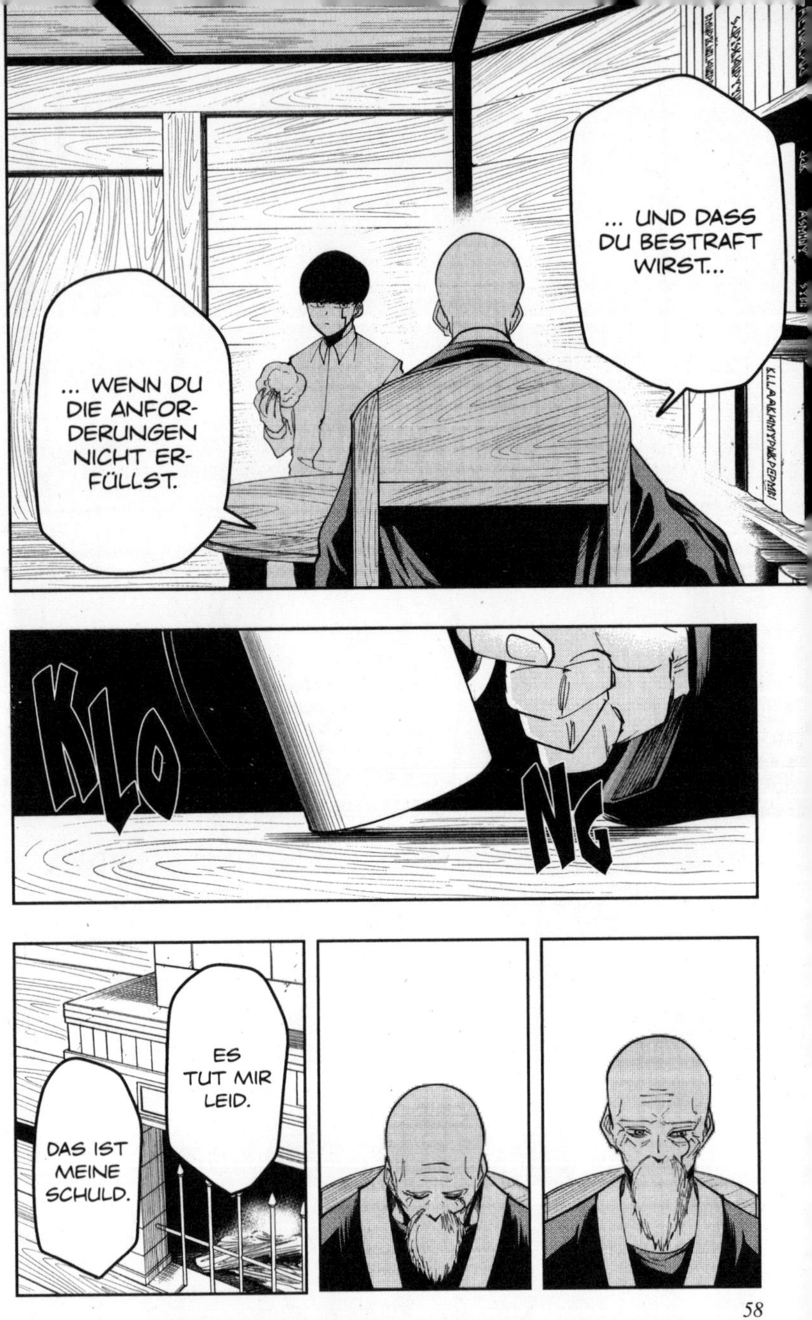
... UND DASS DU BESTRAFT WIRST...
... WENN DU DIE ANFORDERUNGEN NICHT ERFÜLLST.
KLONG
ES TUT MIR LEID.
DAS IST MEINE SCHULD.

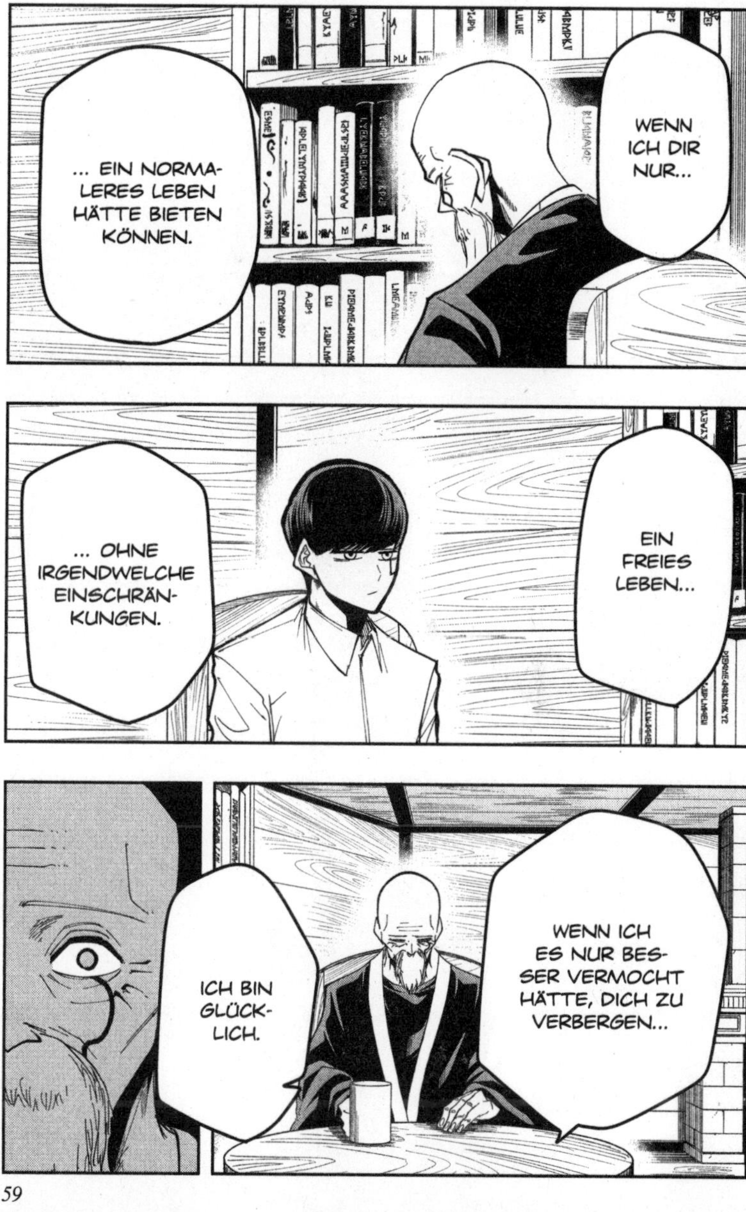
WENN ICH DIR NUR...
... EIN NORMALERES LEBEN HÄTTE BIETEN KÖNNEN.
EIN FREIES LEBEN...
... OHNE IRGENDWELCHE EINSCHRÄNKUNGEN.
WENN ICH ES NUR BESSER VERMOCHT HÄTTE, DICH ZU VERBERGEN...
ICH BIN GLÜCKLICH.

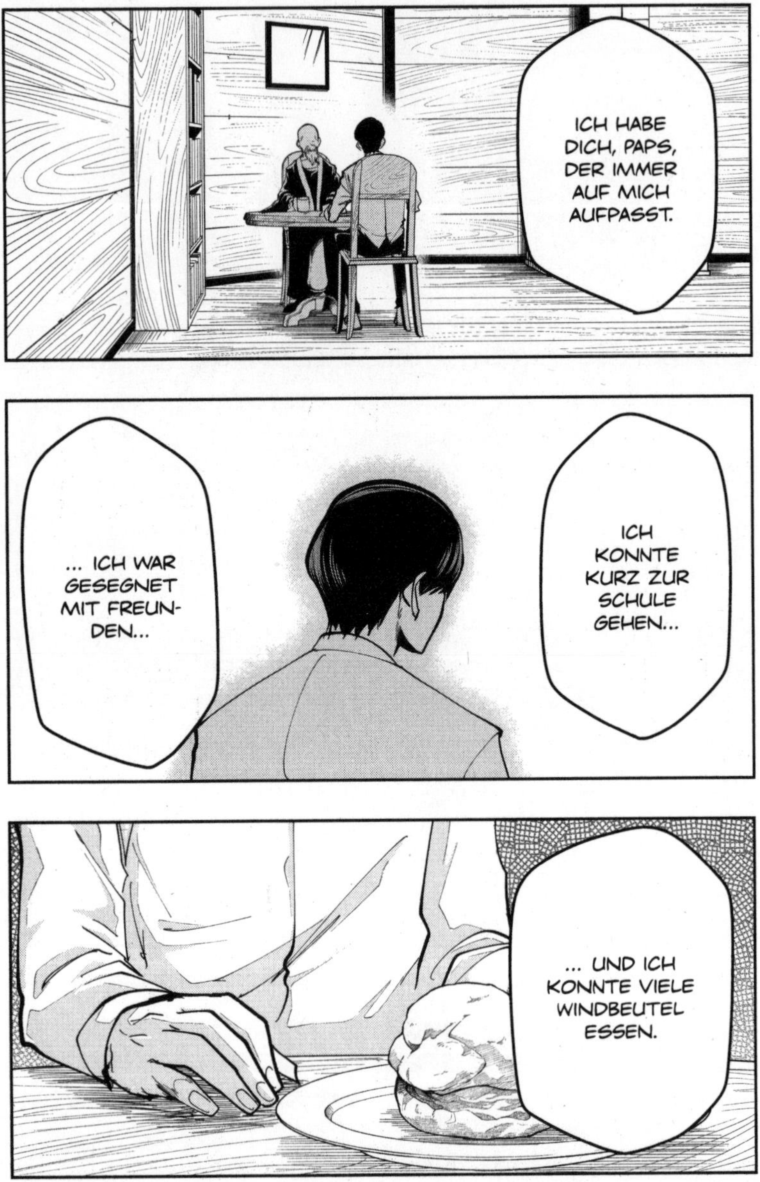
ICH HABE DICH, PAPS, DER IMMER AUF MICH AUFPASST.
ICH KONNTE KURZ ZUR SCHULE GEHEN...
... ICH WAR GESEGNET MIT FREUN-DEN...
... UND ICH KONNTE VIELE WINDBEUTEL ESSEN.

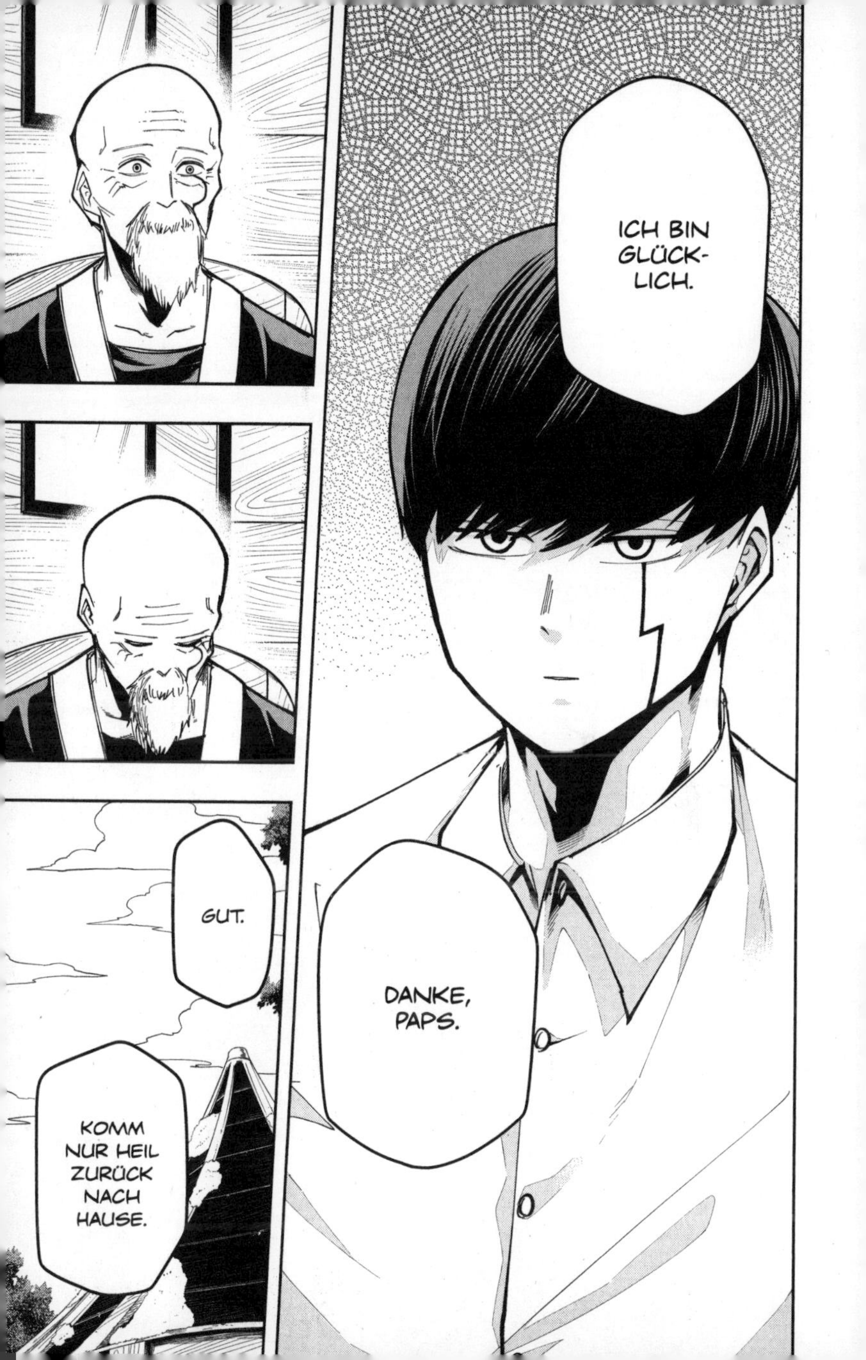
ICH BIN GLÜCK-LICH.
DANKE, PAPS.
GUT.
KOMM NUR HEIL ZURÜCK NACH HAUSE.

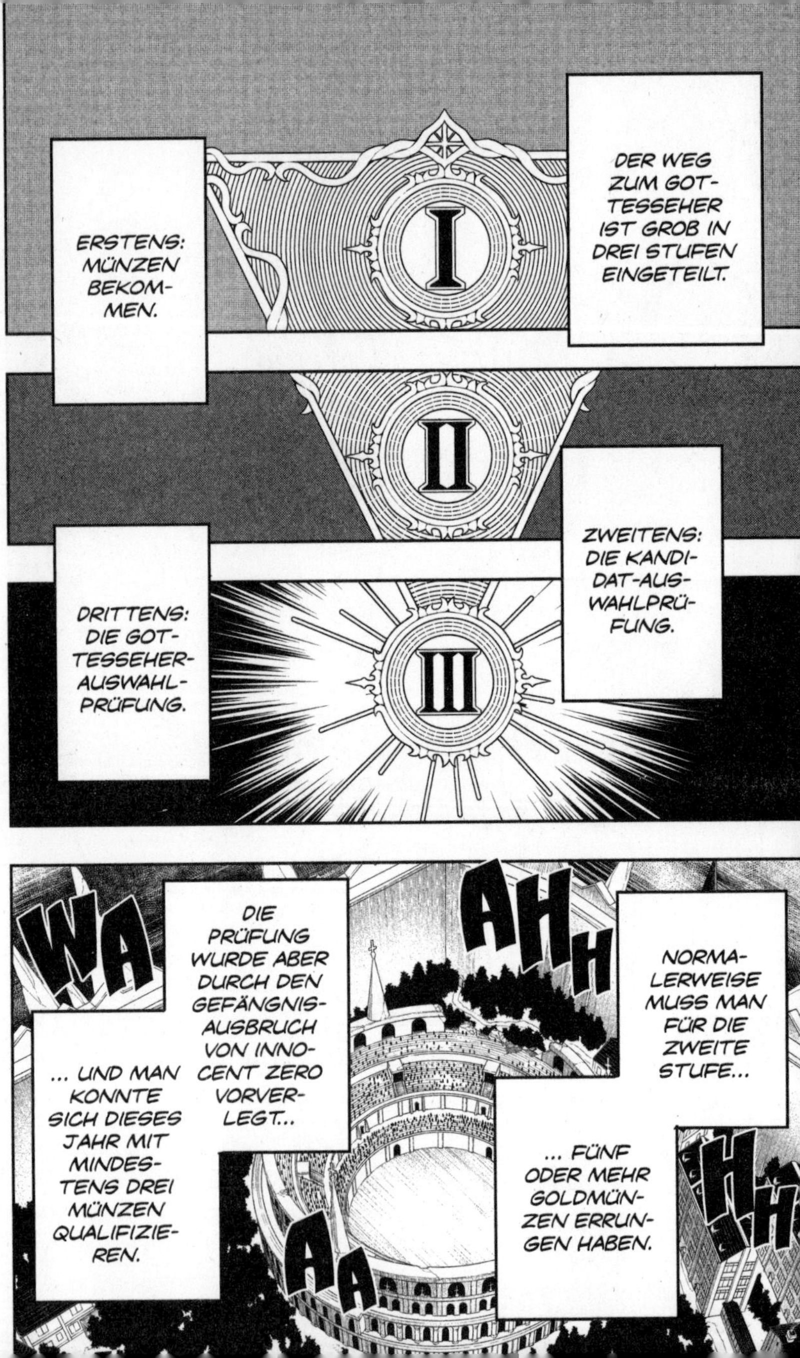
DER WEG ZUM GOTTESSEHER IST GROB IN DREI STUFEN EINGETEILT.
I
ERSTENS: MÜNZEN BEKOMMEN.
II
ZWEITENS: DIE KANDIDAT-AUSWAHLPRÜFUNG.
III
DRITTENS: DIE GOTTESSEHER-AUSWAHLPRÜFUNG.
NORMALERWEISE MUSS MAN FÜR DIE ZWEITE STUFE...
... FÜNF ODER MEHR GOLDMÜNZEN ERRUNGEN HABEN.
DIE PRÜFUNG WURDE ABER DURCH DEN GEFÄNGNISAUSBRUCH VON INNOCENT ZERO VORVERLEGT...
... UND MAN KONNTE SICH DIESES JAHR MIT MINDESTENS DREI MÜNZEN QUALIFIZIEREN.
WA
AHH
HHH
AA

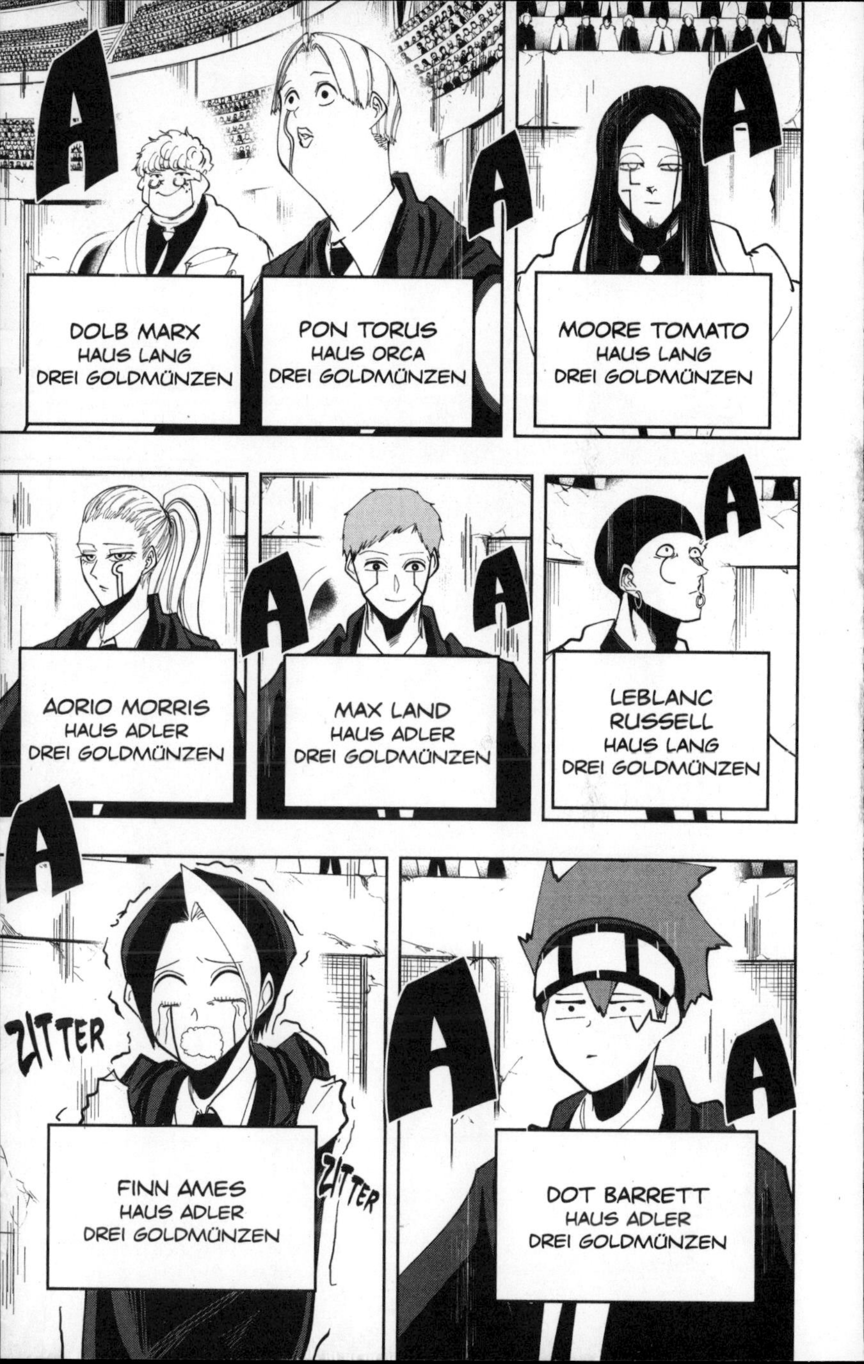

A
DOLB MARX
HAUS LANG
DREI GOLDMÜNZEN
PON TORUS
HAUS ORCA
DREI GOLDMÜNZEN
A
A
A
MOORE TOMATO
HAUS LANG
DREI GOLDMÜNZEN
AORIO MORRIS
HAUS ADLER
DREI GOLDMÜNZEN
A
A
MAX LAND
HAUS ADLER
DREI GOLDMÜNZEN
A
LEBLANC
RUSSELL
HAUS LANG
DREI GOLDMÜNZEN
A
ZITTER
FINN AMES
HAUS ADLER
DREI GOLDMÜNZEN
ZITTER
A
A
DOT BARRETT
HAUS ADLER
DREI GOLDMÜNZEN

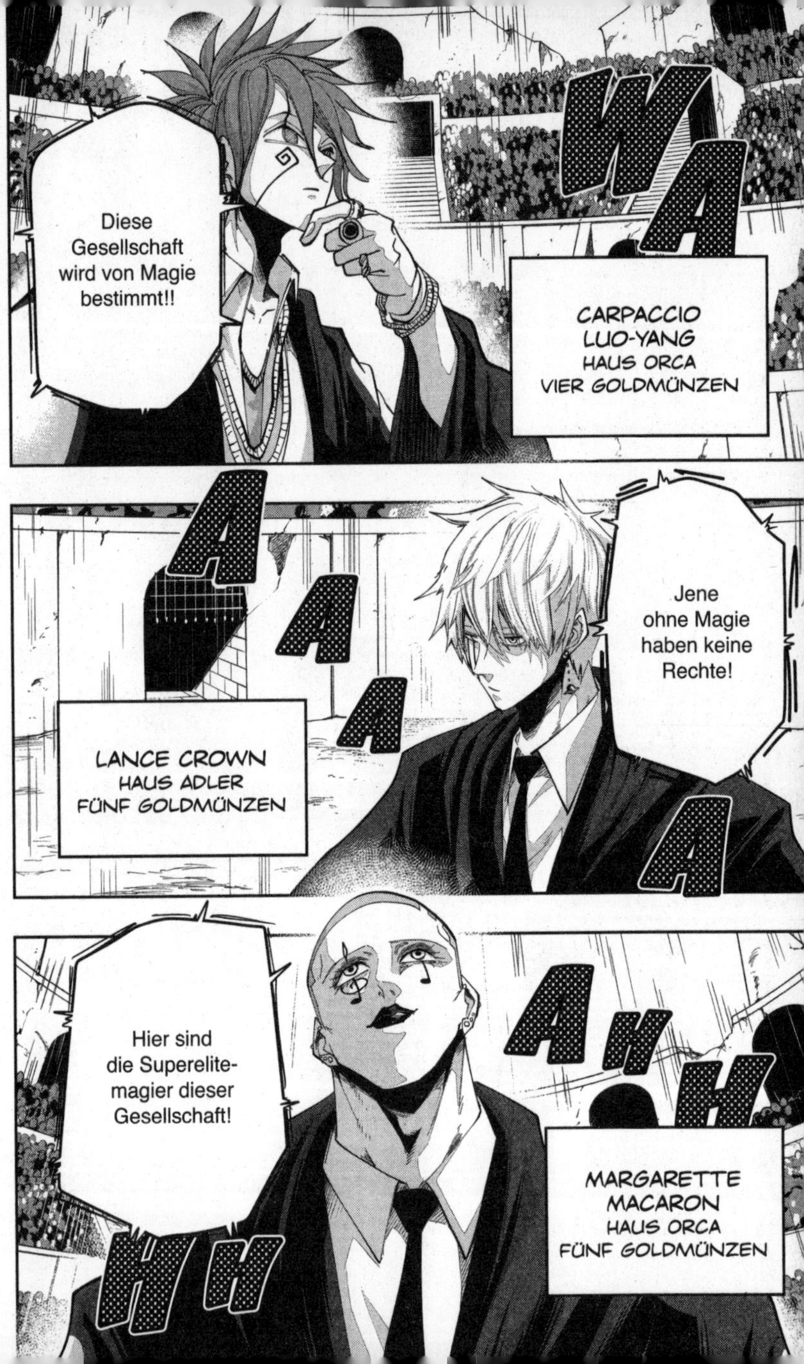

WA
CARPACCIO LUO-YANG HAUS ORCA VIER GOLDMÜNZEN
Diese Gesellschaft wird von Magie bestimmt!!
AAAA
Jene ohne Magie haben keine Rechte!
LANCE CROWN HAUS ADLER FÜNF GOLDMÜNZEN
AHH
MARGARETTE MACARON HAUS ORCA FÜNF GOLDMÜNZEN
Hier sind die Superelite-magier dieser Gesellschaft!
HH

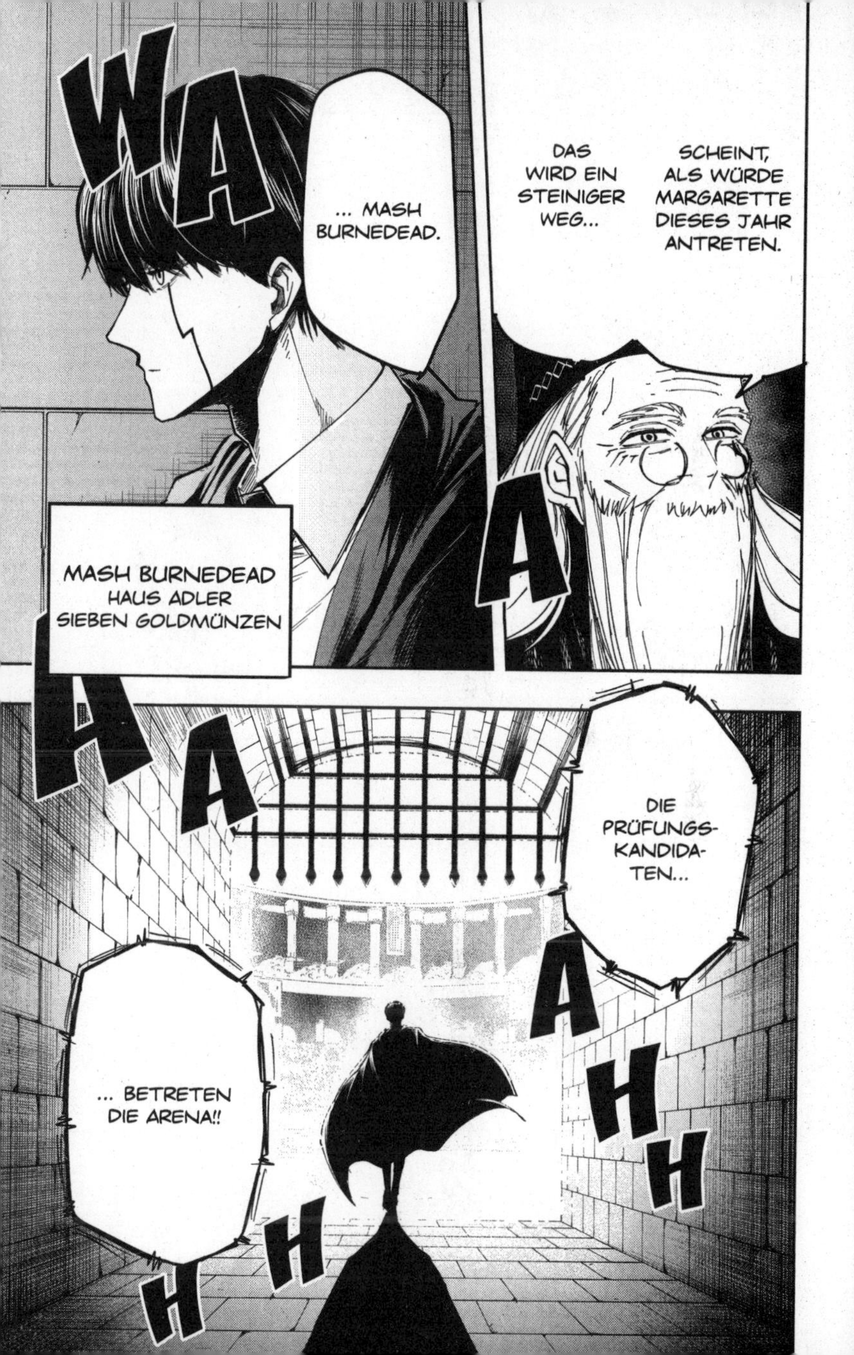
SCHEINT, ALS WÜRDE MARGARETTE DIESES JAHR ANTRETEN.
DAS WIRD EIN STEINIGER WEG...
... MASH BURNEDEAD.
MASH BURNEDEAD HAUS ADLER SIEBEN GOLDMÜNZEN
WAAAAAAHHHH
DIE PRÜFUNGS-KANDIDATEN...
... BETRETEN DIE ARENA!!

Extra ②

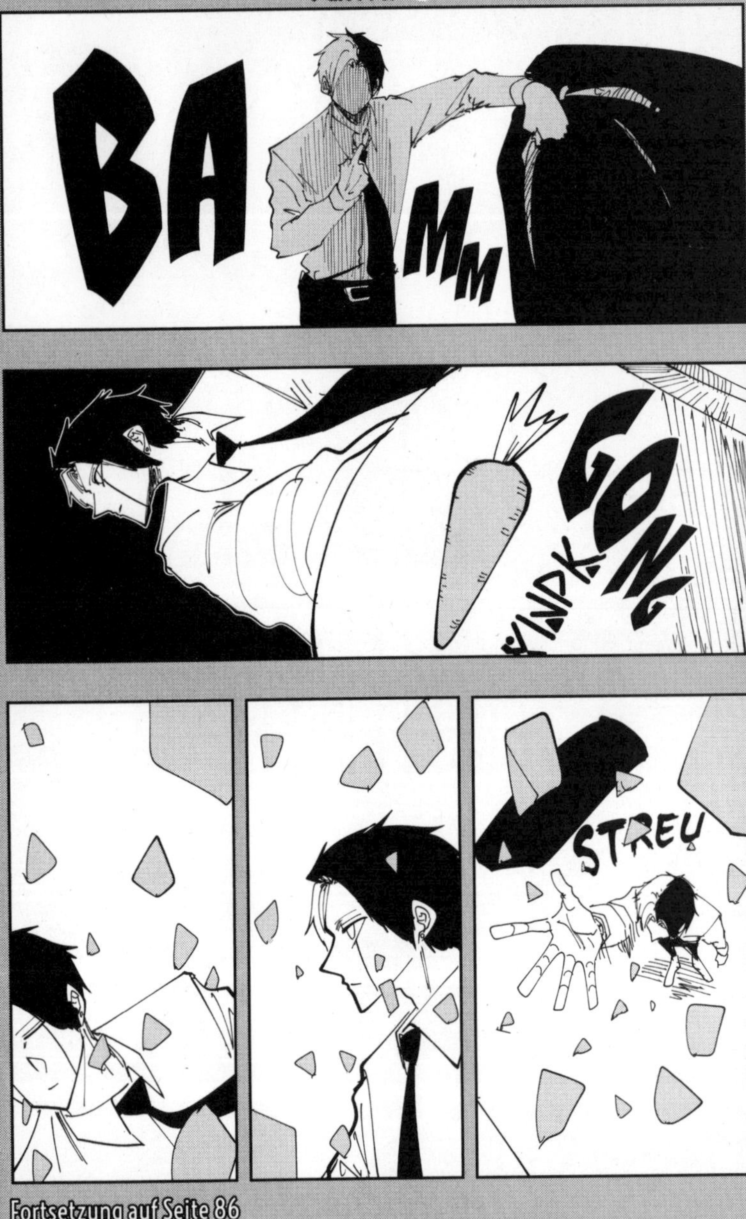

Fortsetzung auf Seite 86

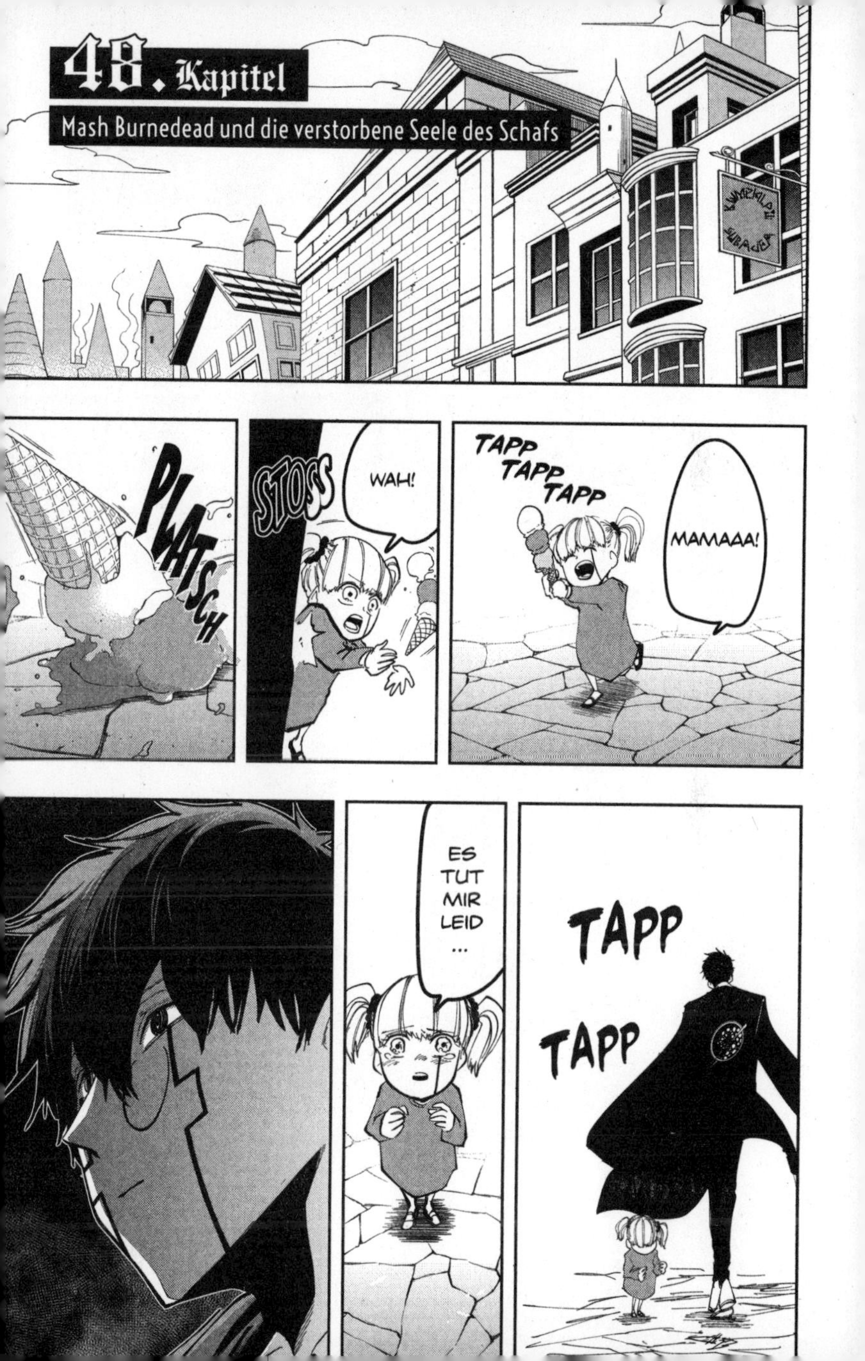

48. Kapitel
Mash Burnedead und die verstorbene Seele des Schafs
TAPP TAPP TAPP
MAMAAA!
STOSS
WAH!
PLATSCH
TAPP
TAPP
ES TUT MIR LEID …

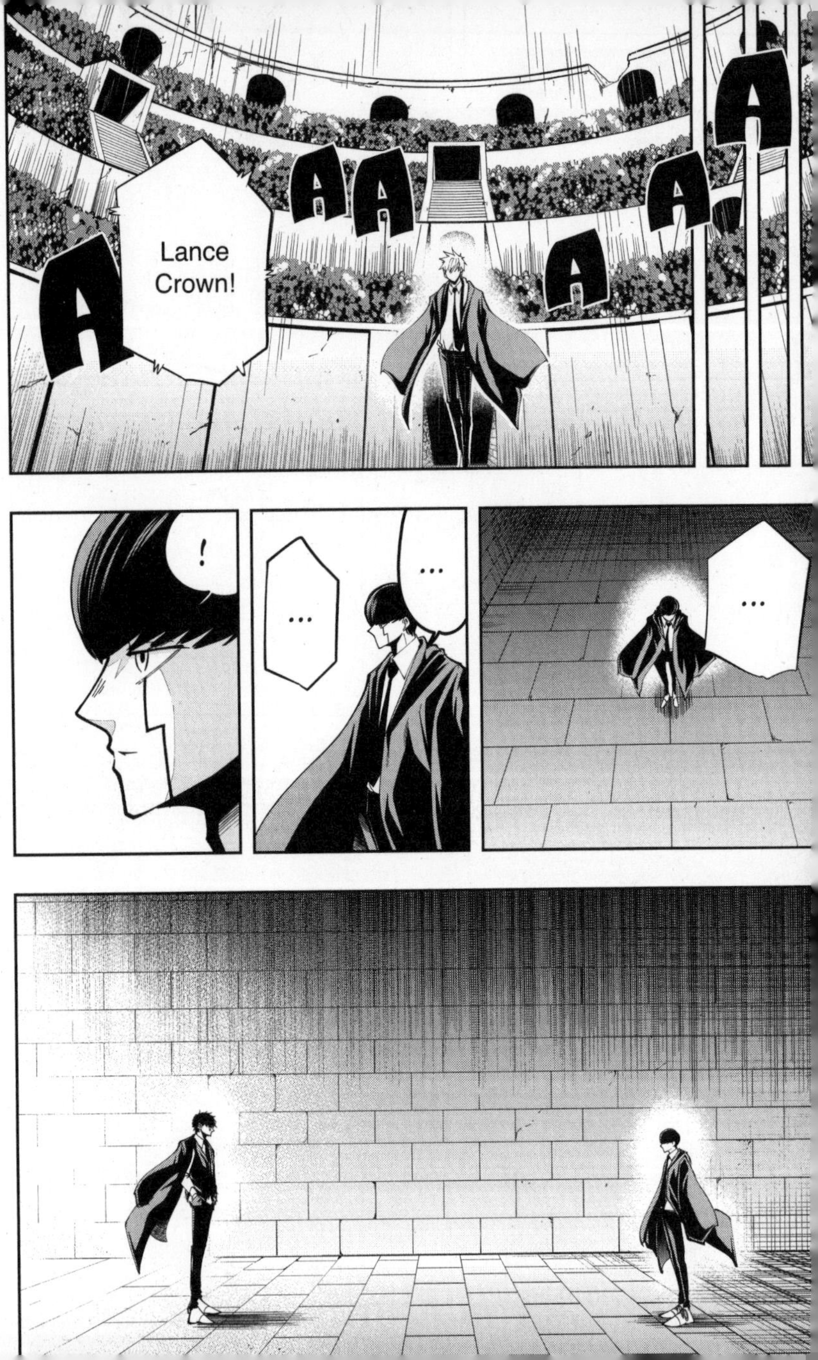
AAAAAAA
Lance Crown!
...
...
...
!

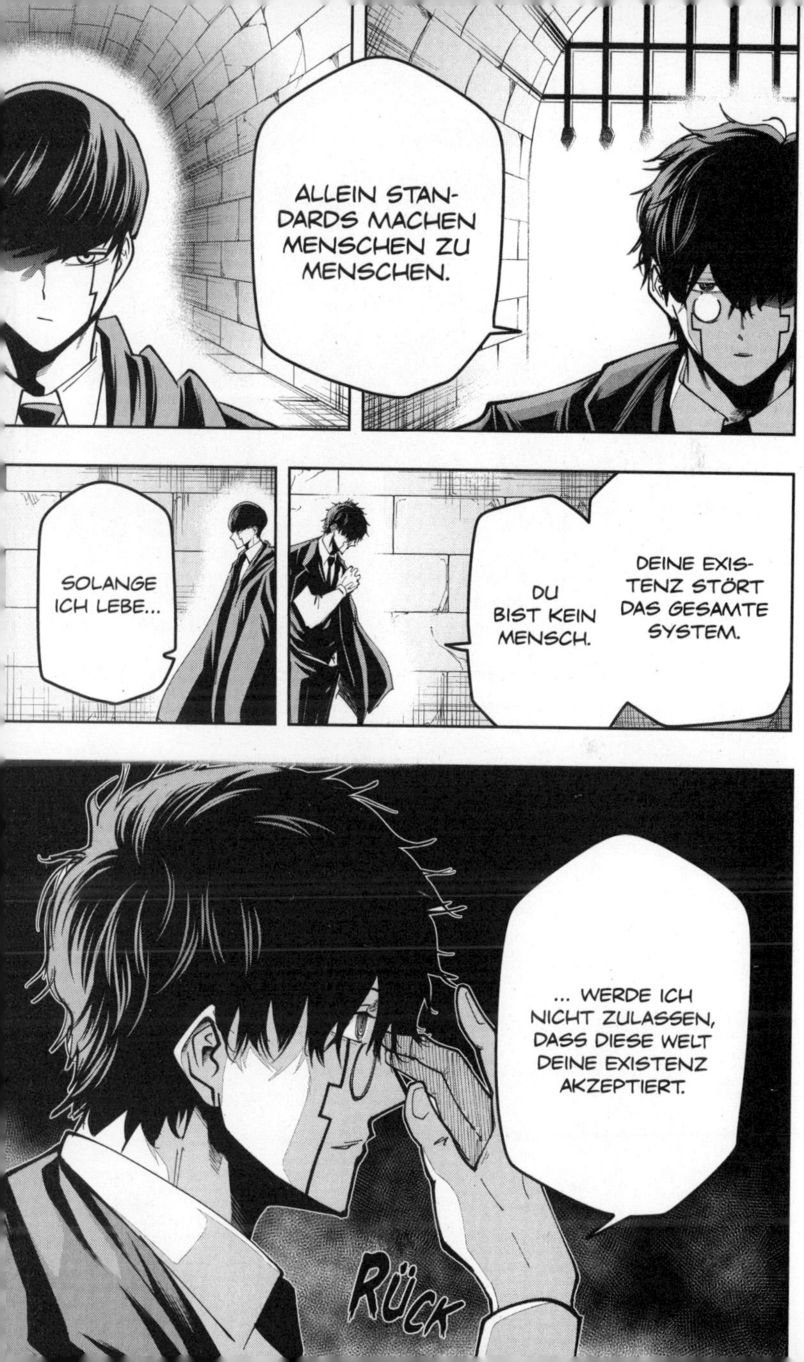
ALLEIN STANDARDS MACHEN MENSCHEN ZU MENSCHEN.
DEINE EXISTENZ STÖRT DAS GESAMTE SYSTEM.
DU BIST KEIN MENSCH.
SOLANGE ICH LEBE...
... WERDE ICH NICHT ZULASSEN, DASS DIESE WELT DEINE EXISTENZ AKZEPTIERT.
RÜCK

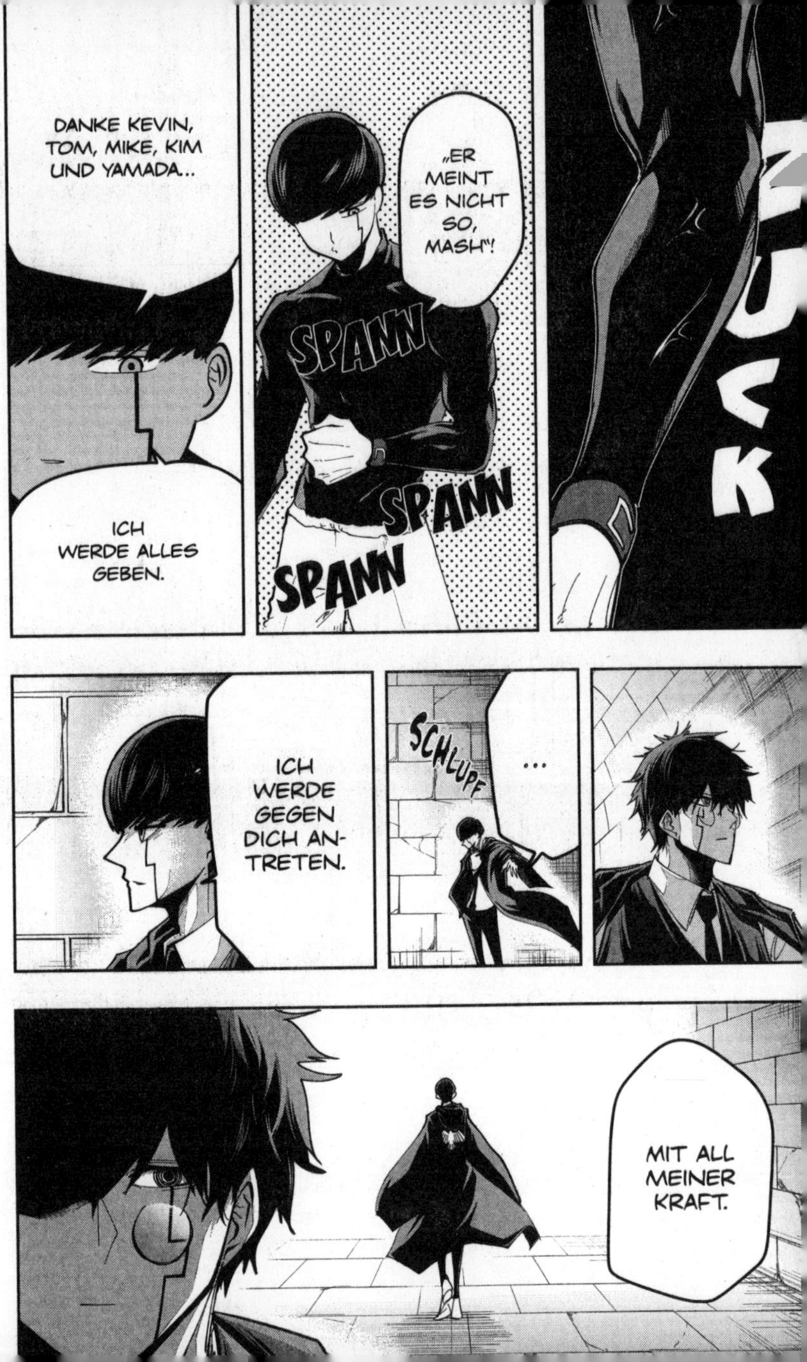
„ER MEINT ES NICHT SO, MASH"!
SPANN
SPANN
SPANN
DANKE KEVIN, TOM, MIKE, KIM UND YAMADA...
ICH WERDE ALLES GEBEN.
...
SCHLUPF
ICH WERDE GEGEN DICH AN-TRETEN.
MIT ALL MEINER KRAFT.

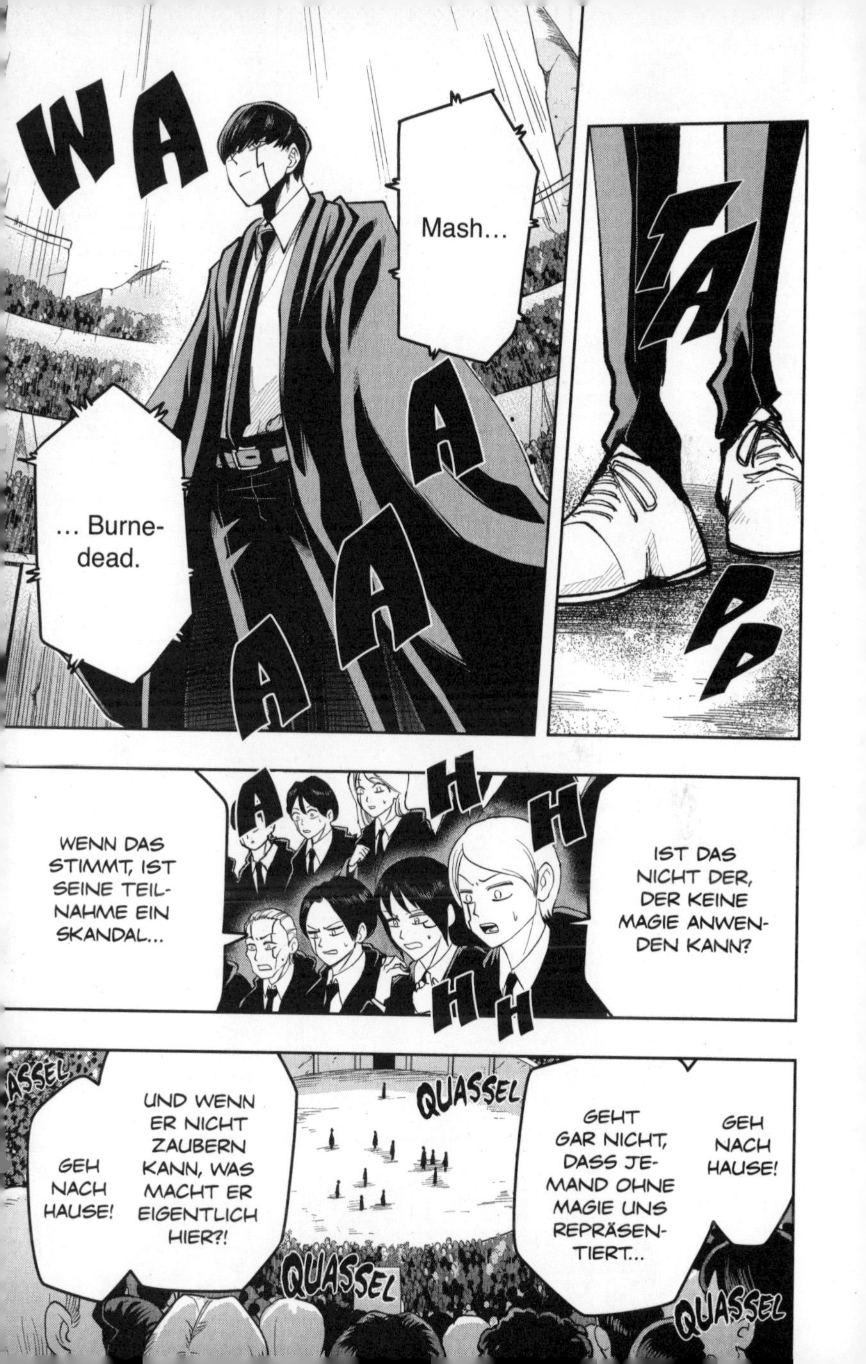

TAPP
Mash…
WAAAAAA
… Burne-dead.
AHHHHH
IST DAS NICHT DER, DER KEINE MAGIE ANWENDEN KANN?
WENN DAS STIMMT, IST SEINE TEILNAHME EIN SKANDAL…
GEH NACH HAUSE!
GEHT GAR NICHT, DASS JEMAND OHNE MAGIE UNS REPRÄSENTIERT…
QUASSEL
UND WENN ER NICHT ZAUBERN KANN, WAS MACHT ER EIGENTLICH HIER?!
GEH NACH HAUSE!
QUASSEL
QUASSEL
ASSEL

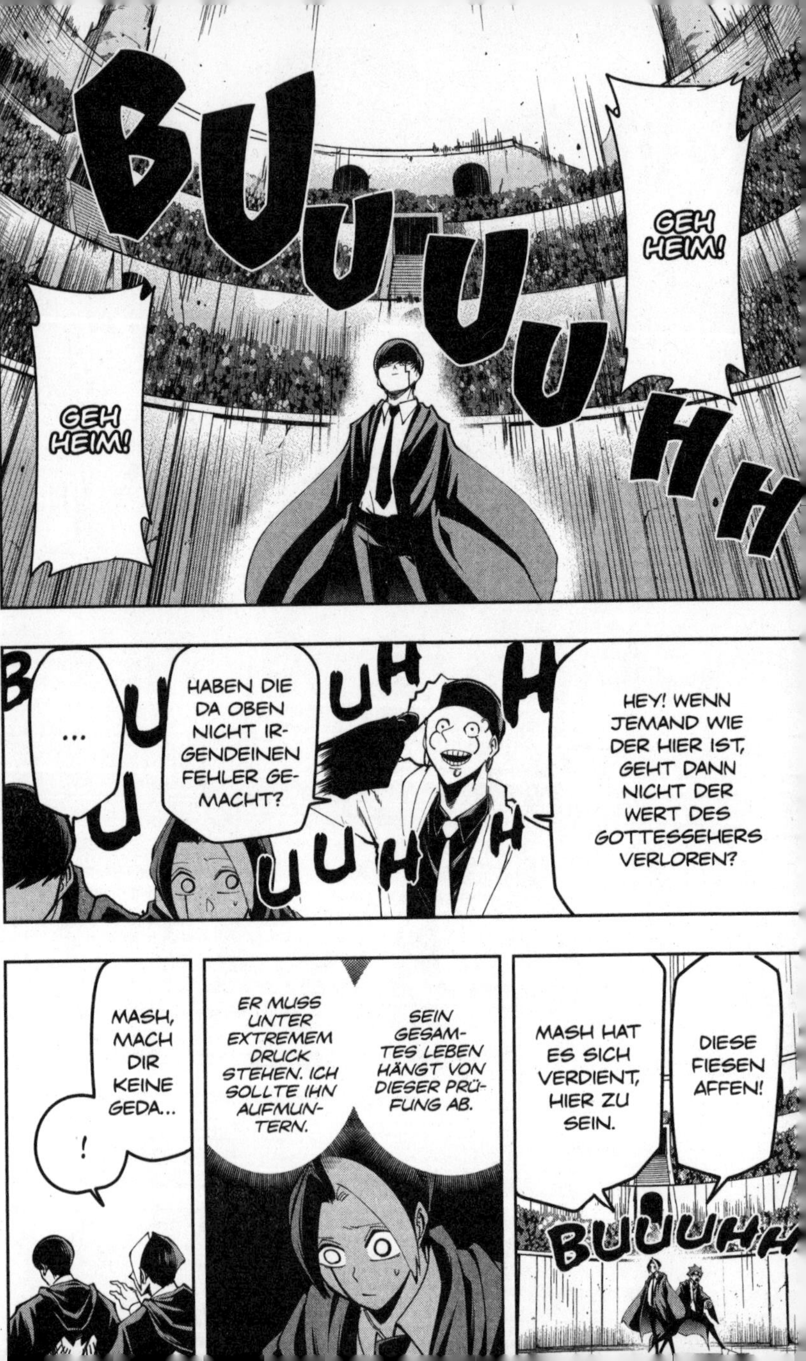
BUUUUUHHH
GEH HEIM!
GEH HEIM!
HEY! WENN JEMAND WIE DER HIER IST, GEHT DANN NICHT DER WERT DES GOTTESSEHERS VERLOREN?
HABEN DIE DA OBEN NICHT IRGENDEINEN FEHLER GEMACHT?
...
BUUUUH UUH
DIESE FIESEN AFFEN!
MASH HAT ES SICH VERDIENT, HIER ZU SEIN.
BUUUHH
SEIN GESAMTES LEBEN HÄNGT VON DIESER PRÜFUNG AB.
ER MUSS UNTER EXTREMEM DRUCK STEHEN. ICH SOLLTE IHN AUFMUNTERN.
MASH, MACH DIR KEINE GEDA...
!

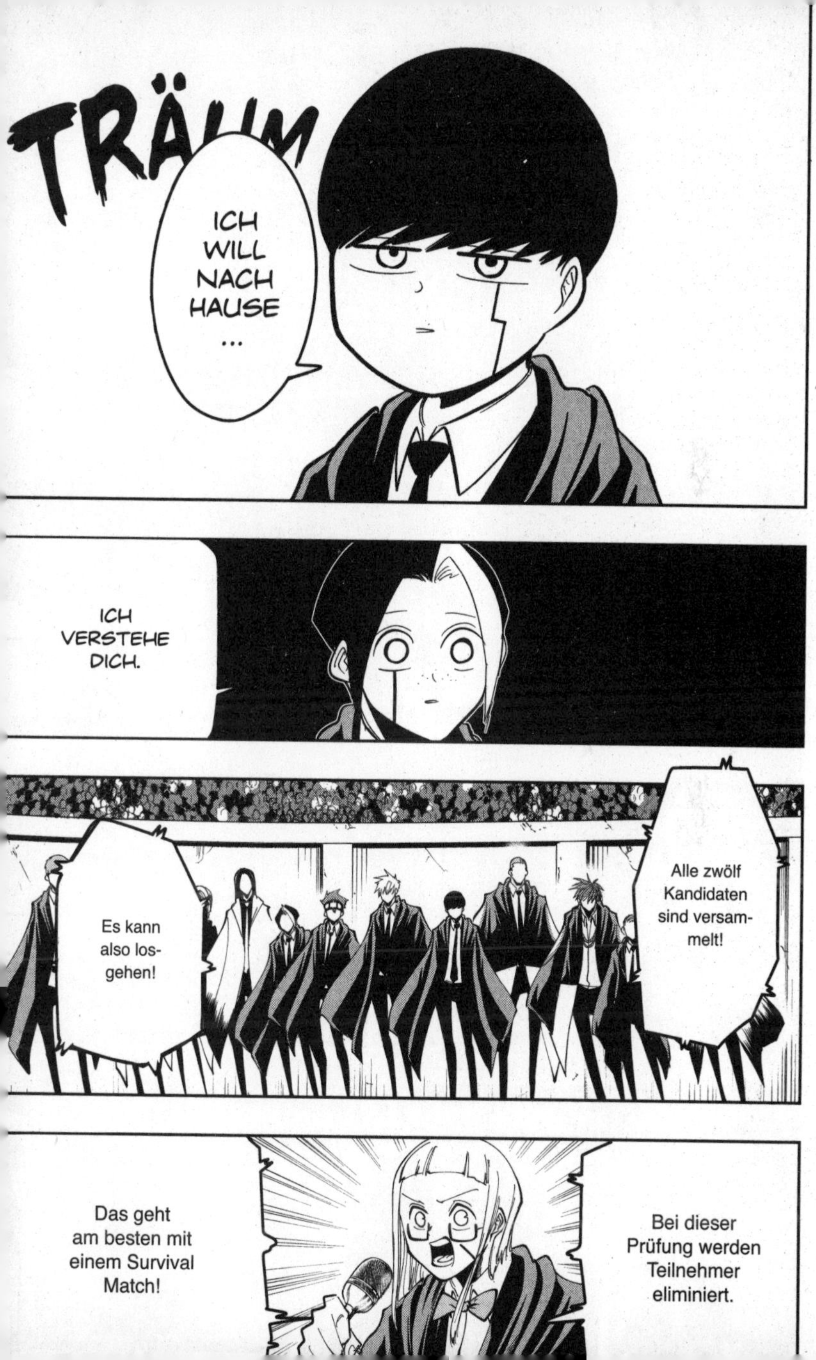
TRÄUM
ICH WILL NACH HAUSE ...
ICH VERSTEHE DICH.
Alle zwölf Kandidaten sind versammelt!
Es kann also losgehen!
Bei dieser Prüfung werden Teilnehmer eliminiert.
Das geht am besten mit einem Survival Match!

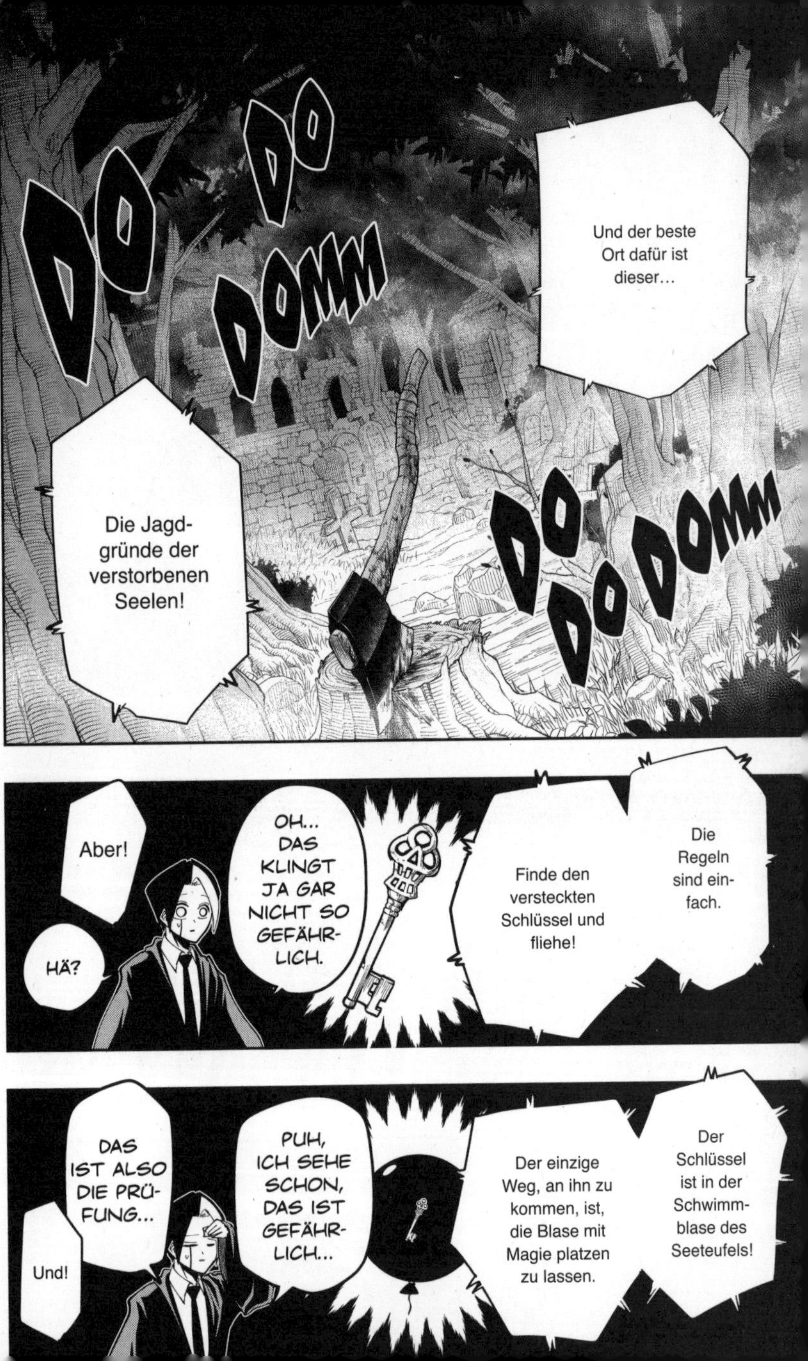
Und der beste Ort dafür ist dieser…
DO DO DOMM
Die Jagdgründe der verstorbenen Seelen!
DO DO DOMM
Die Regeln sind einfach.
Finde den versteckten Schlüssel und fliehe!
OH… DAS KLINGT JA GAR NICHT SO GEFÄHRLICH.
Aber!
HÄ?
Der Schlüssel ist in der Schwimmblase des Seeteufels!
Der einzige Weg, an ihn zu kommen, ist, die Blase mit Magie platzen zu lassen.
PUH, ICH SEHE SCHON, DAS IST GEFÄHRLICH…
DAS IST ALSO DIE PRÜFUNG…
Und!

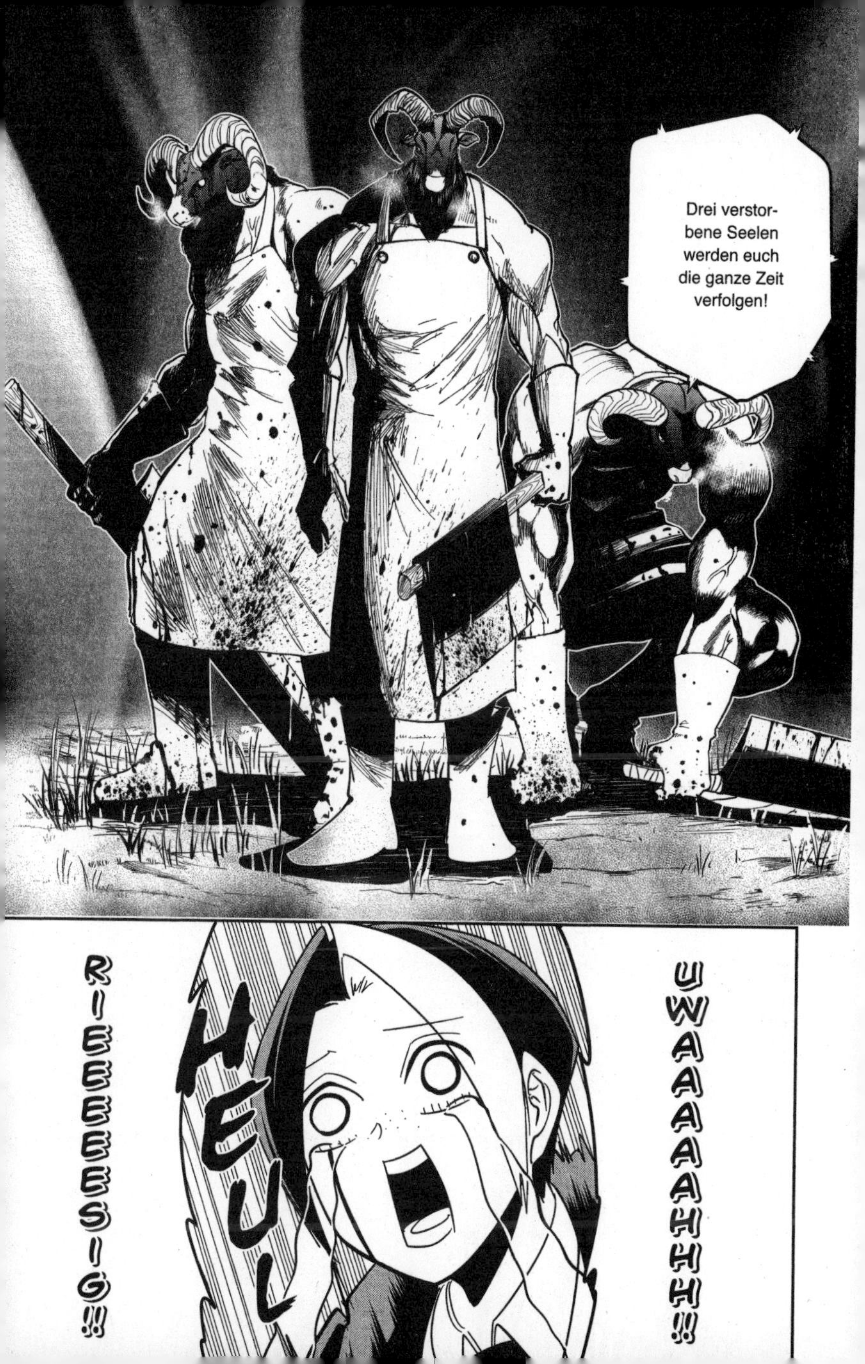

Drei verstorbene Seelen werden euch die ganze Zeit verfolgen!
UWAAAAAAAHHH!!
HEUL
RIEEEEESIG!!

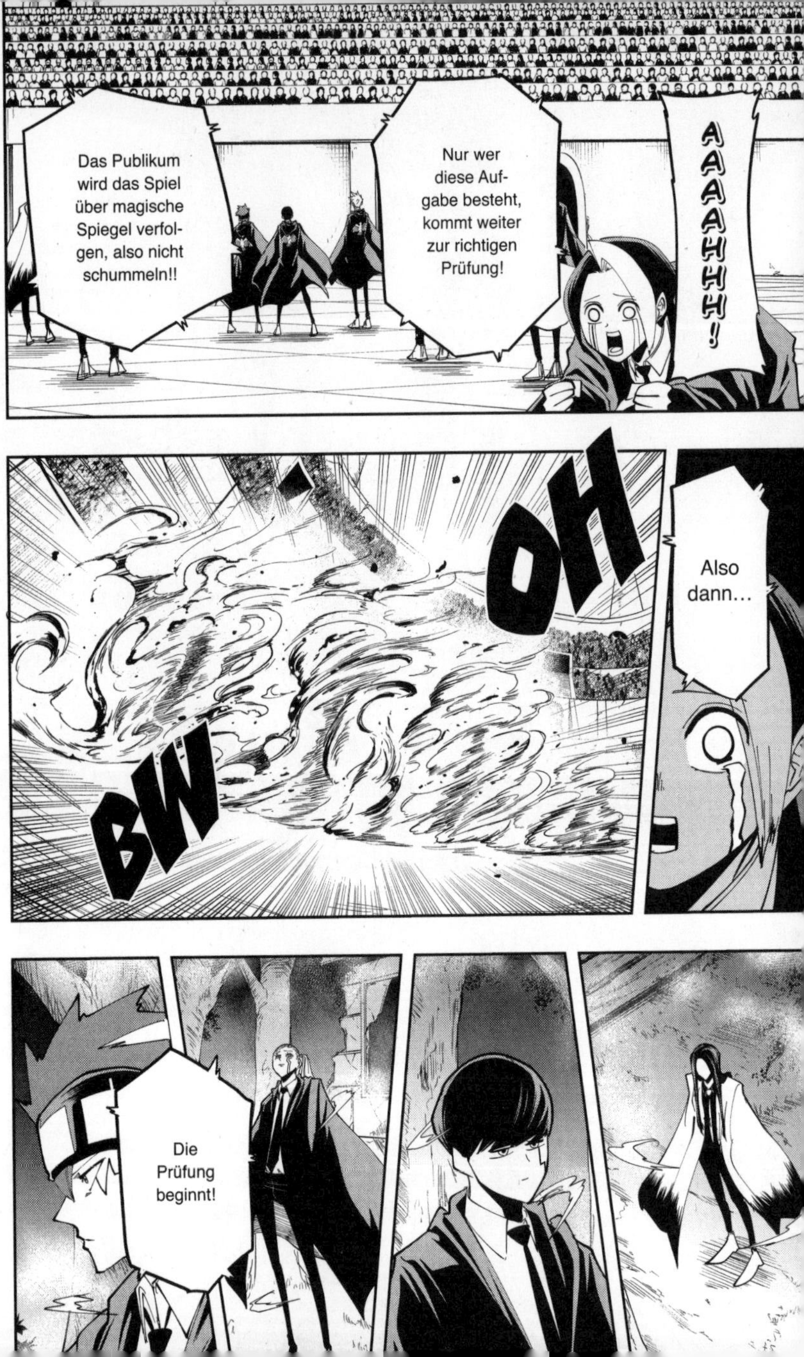
AAAAHHH!
Nur wer diese Aufgabe besteht, kommt weiter zur richtigen Prüfung!
Das Publikum wird das Spiel über magische Spiegel verfolgen, also nicht schummeln!!
Also dann…
OH
BW
Die Prüfung beginnt!

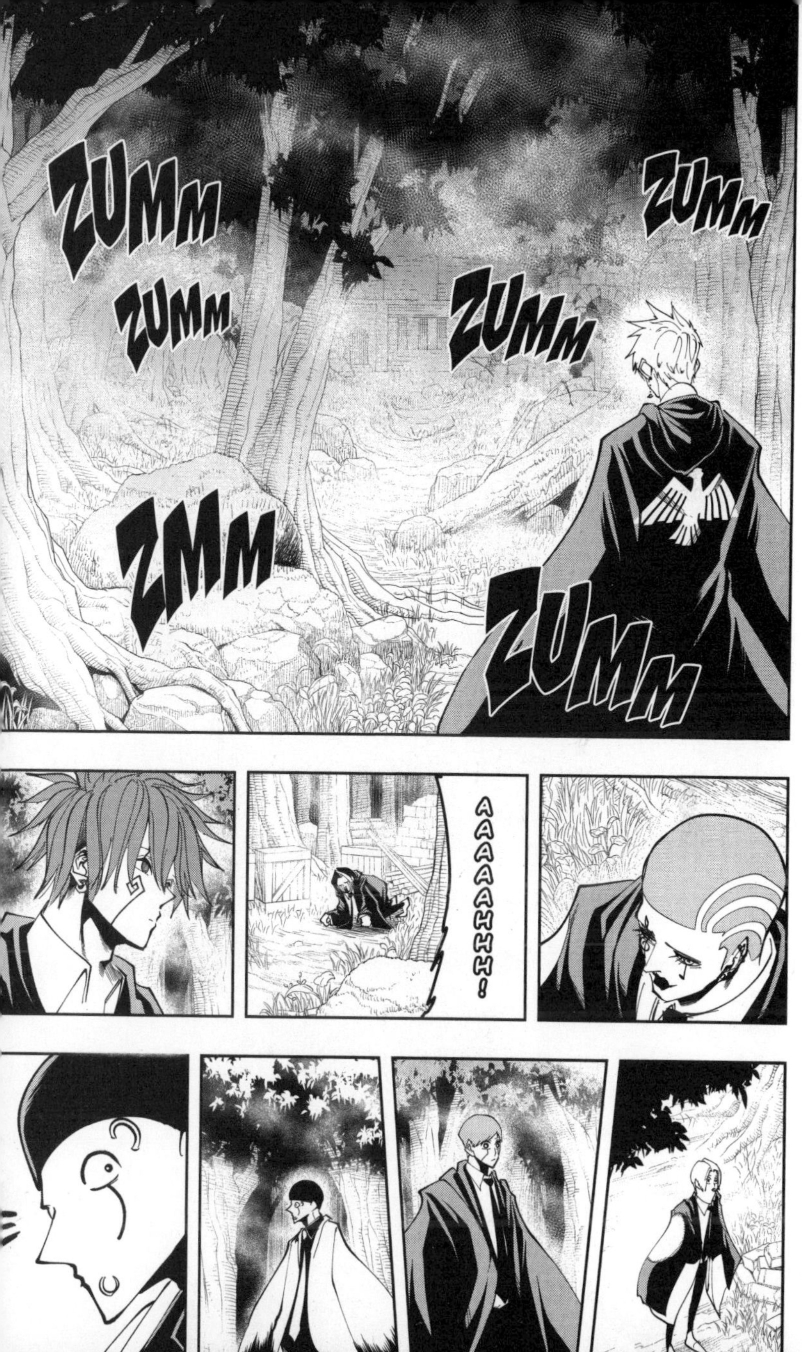
ZUMM
ZUMM
ZUMM
ZUMM
ZMM
ZUMM
AAAAAAHHH!

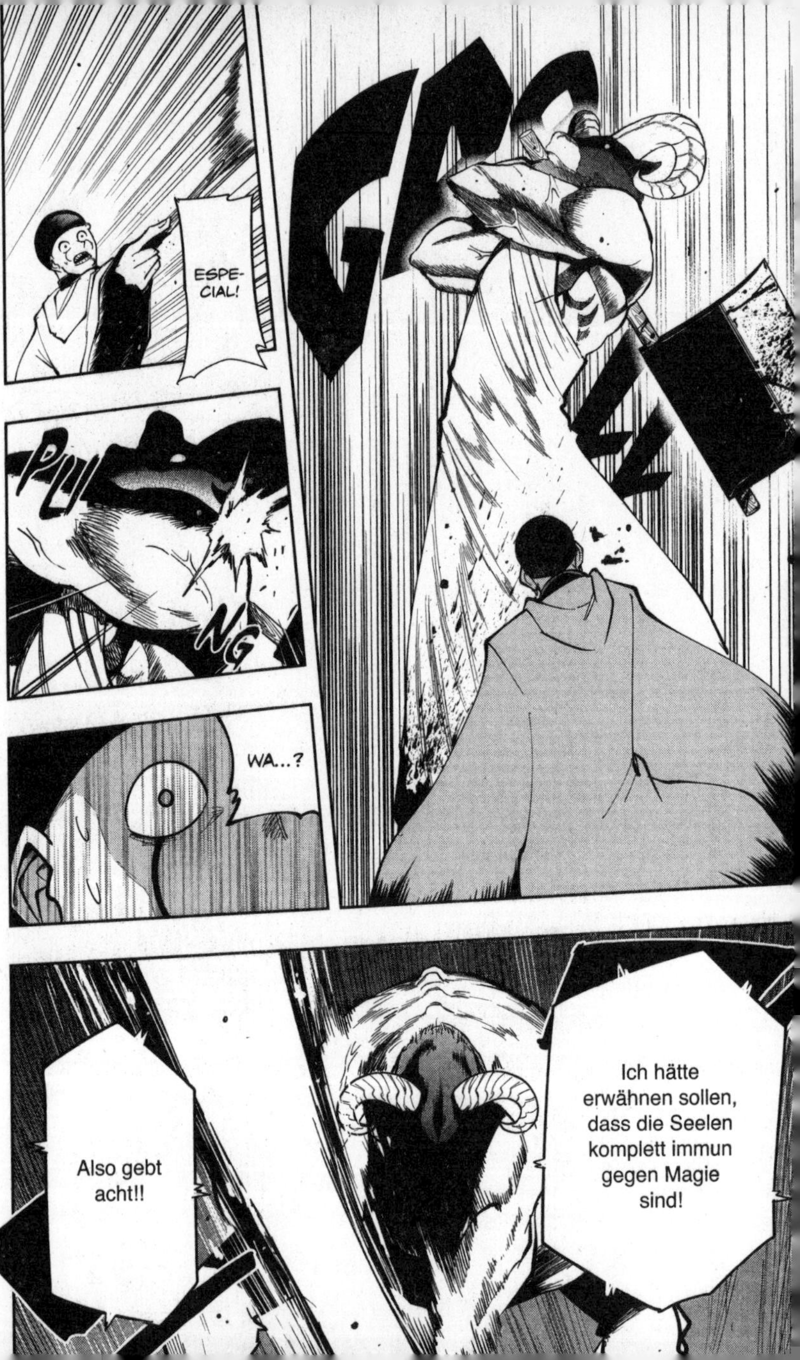
ESPE-CIAL!
WA...?
Ich hätte erwähnen sollen, dass die Seelen komplett immun gegen Magie sind!
Also gebt acht!!

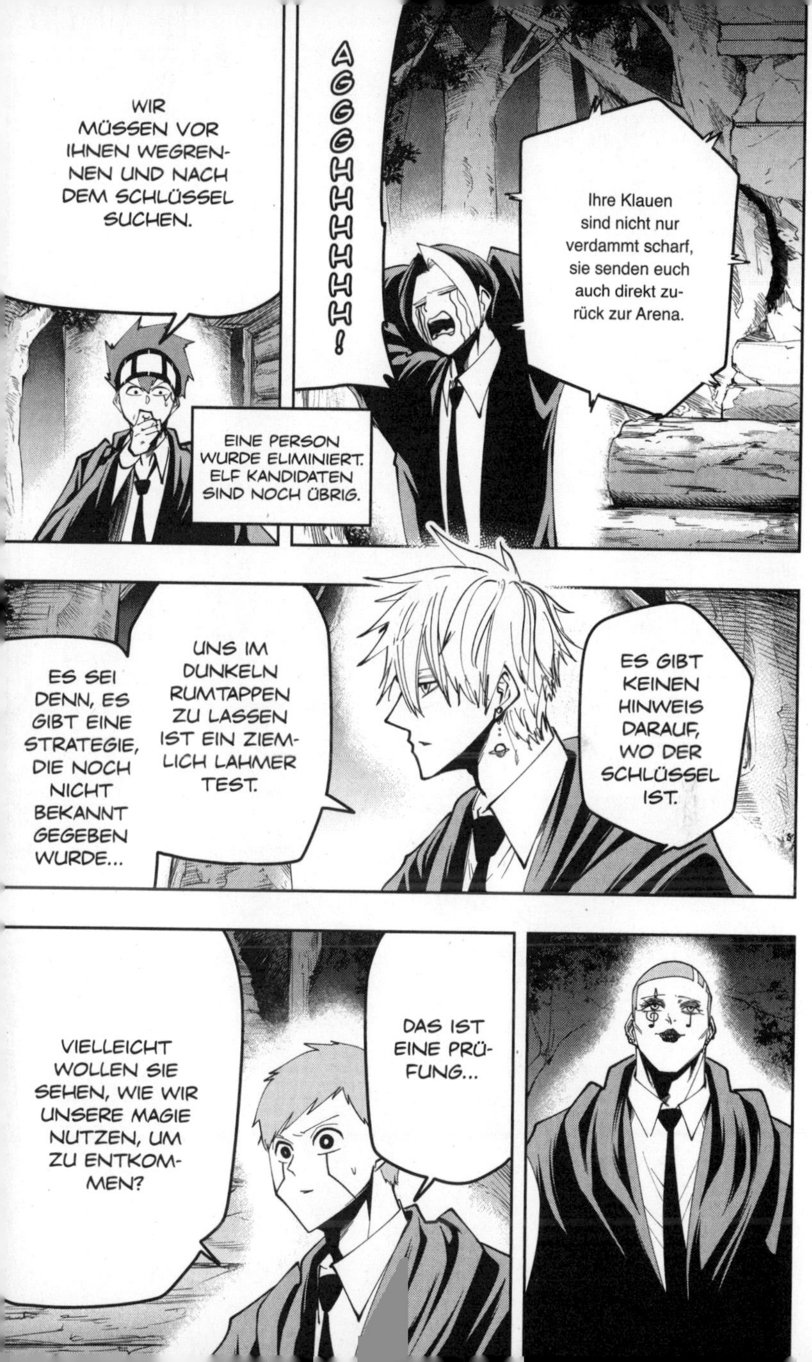
Ihre Klauen sind nicht nur verdammt scharf, sie senden euch auch direkt zurück zur Arena.
AGGGHHHHHHH!
EINE PERSON WURDE ELIMINIERT. ELF KANDIDATEN SIND NOCH ÜBRIG.
WIR MÜSSEN VOR IHNEN WEGRENNEN UND NACH DEM SCHLÜSSEL SUCHEN.
ES GIBT KEINEN HINWEIS DARAUF, WO DER SCHLÜSSEL IST.
UNS IM DUNKELN RUMTAPPEN ZU LASSEN IST EIN ZIEMLICH LAHMER TEST.
ES SEI DENN, ES GIBT EINE STRATEGIE, DIE NOCH NICHT BEKANNT GEGEBEN WURDE...
DAS IST EINE PRÜFUNG...
VIELLEICHT WOLLEN SIE SEHEN, WIE WIR UNSERE MAGIE NUTZEN, UM ZU ENTKOMMEN?

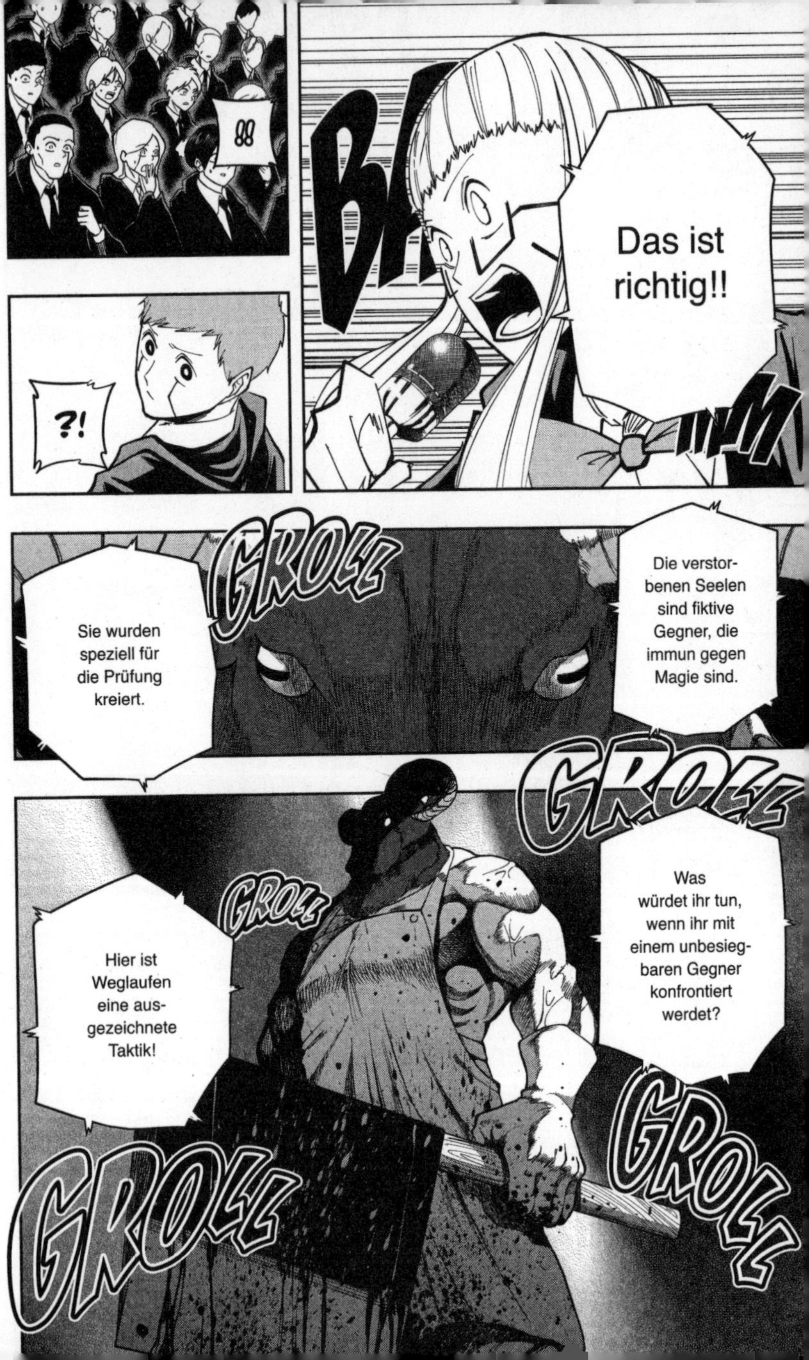
Das ist richtig!!
!!
?!
Die verstorbenen Seelen sind fiktive Gegner, die immun gegen Magie sind.
Sie wurden speziell für die Prüfung kreiert.
GROLL
GROLL
Was würdet ihr tun, wenn ihr mit einem unbesiegbaren Gegner konfrontiert werdet?
Hier ist Weglaufen eine ausgezeichnete Taktik!
GROLL
GROLL
GROLL

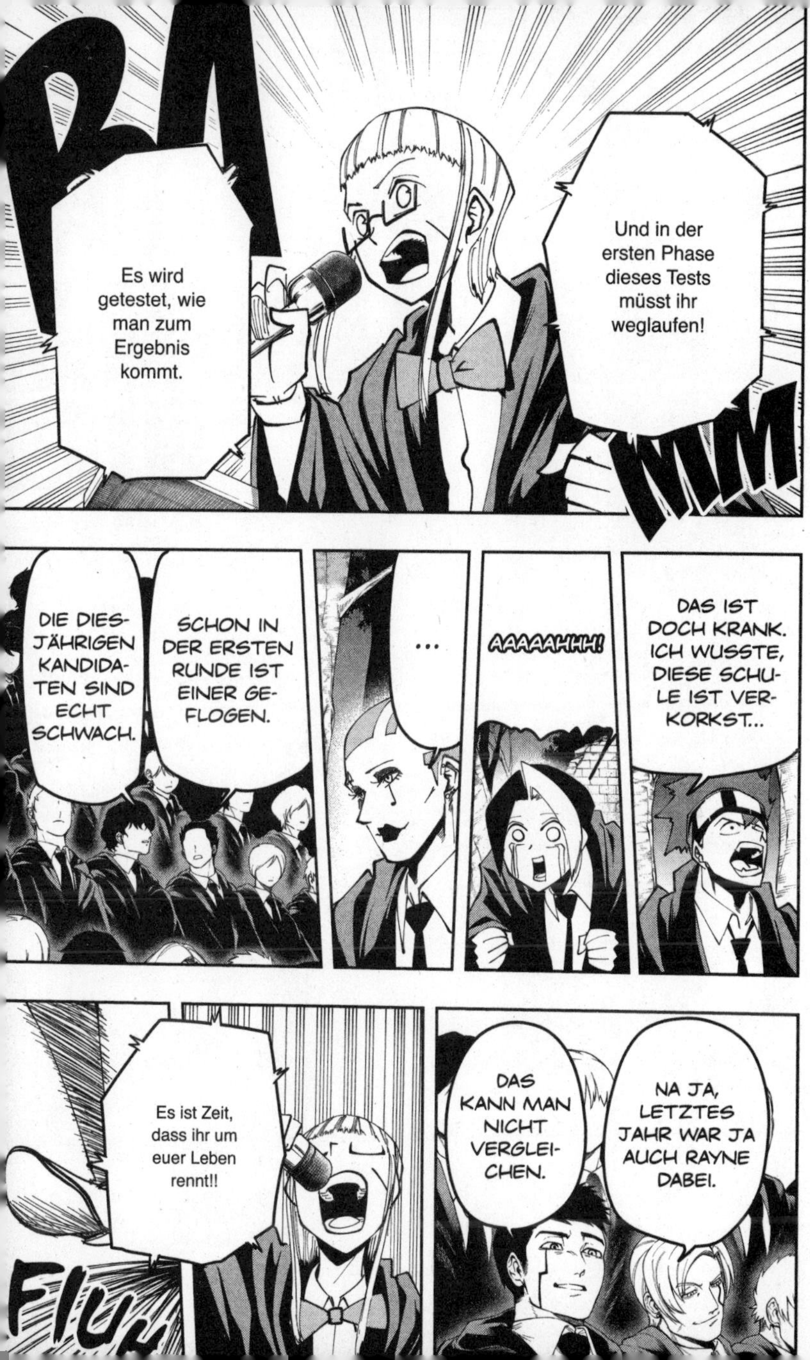
BA
Es wird getestet, wie man zum Ergebnis kommt.
Und in der ersten Phase dieses Tests müsst ihr weglaufen!
MM
DIE DIESJÄHRIGEN KANDIDATEN SIND ECHT SCHWACH.
SCHON IN DER ERSTEN RUNDE IST EINER GEFLOGEN.
...
AAAAAHHH!
DAS IST DOCH KRANK. ICH WUSSTE, DIESE SCHULE IST VERKORKST...
Es ist Zeit, dass ihr um euer Leben rennt!!
FLU
DAS KANN MAN NICHT VERGLEICHEN.
NA JA, LETZTES JAHR WAR JA AUCH RAYNE DABEI.

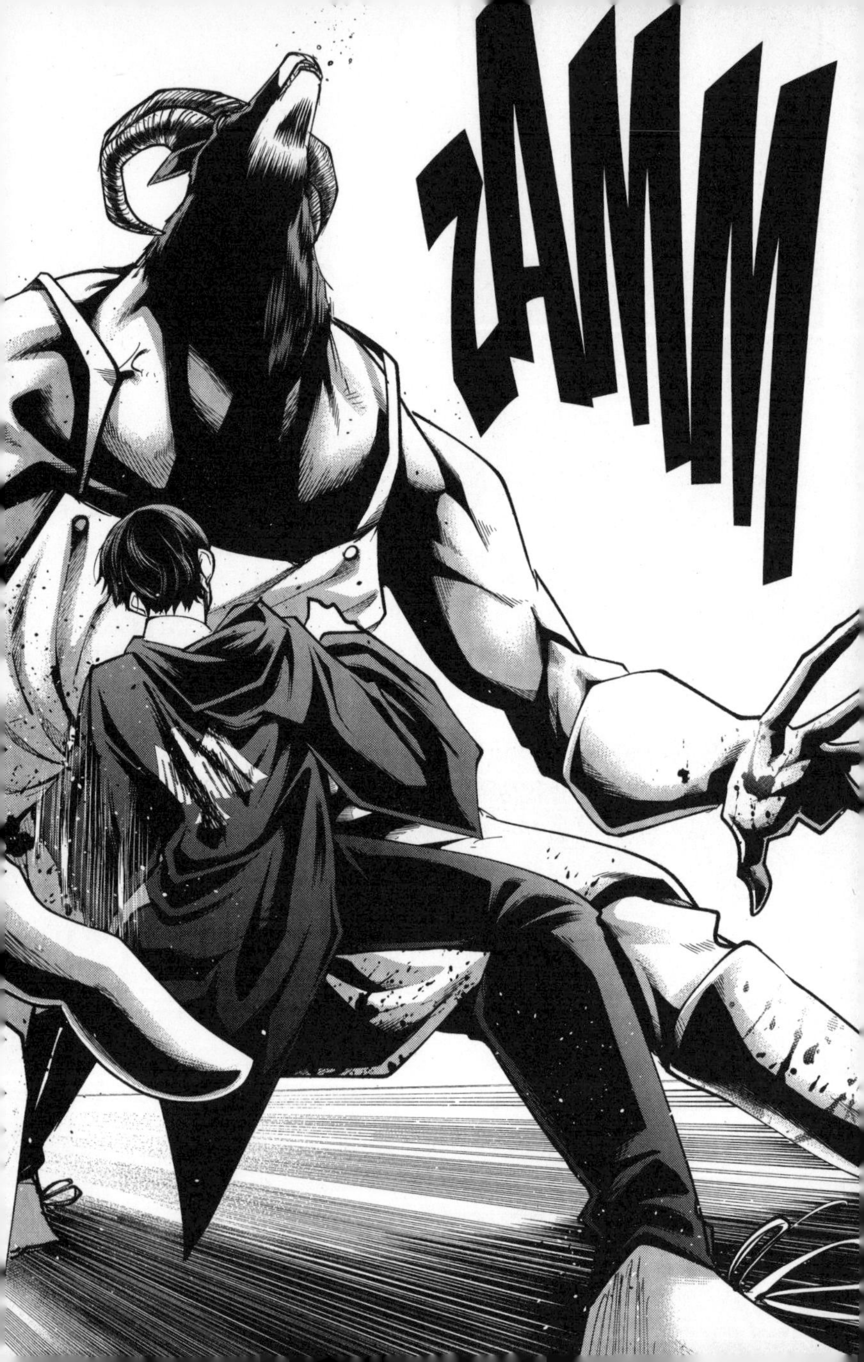
ZAMM

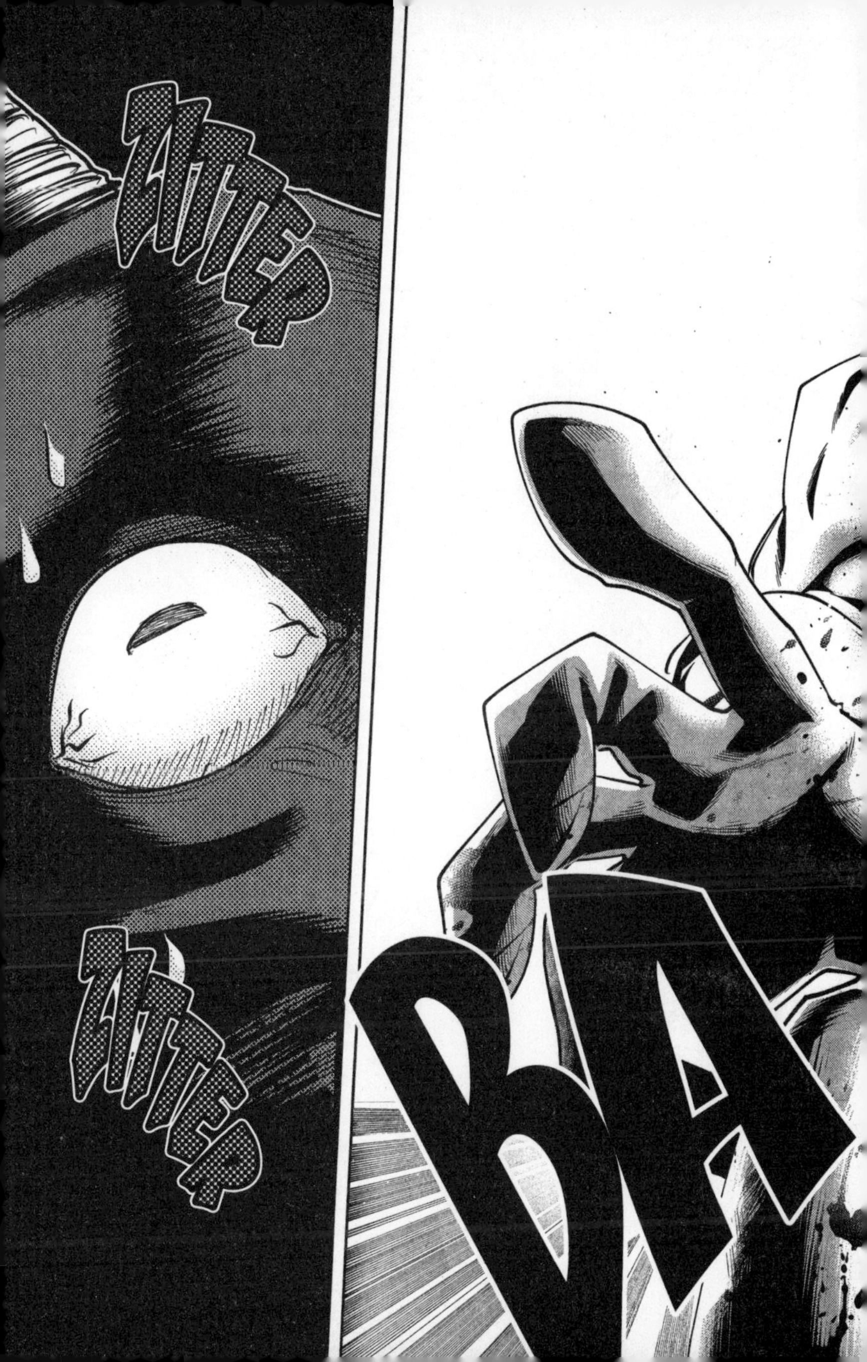
ZITTER
ZITTER

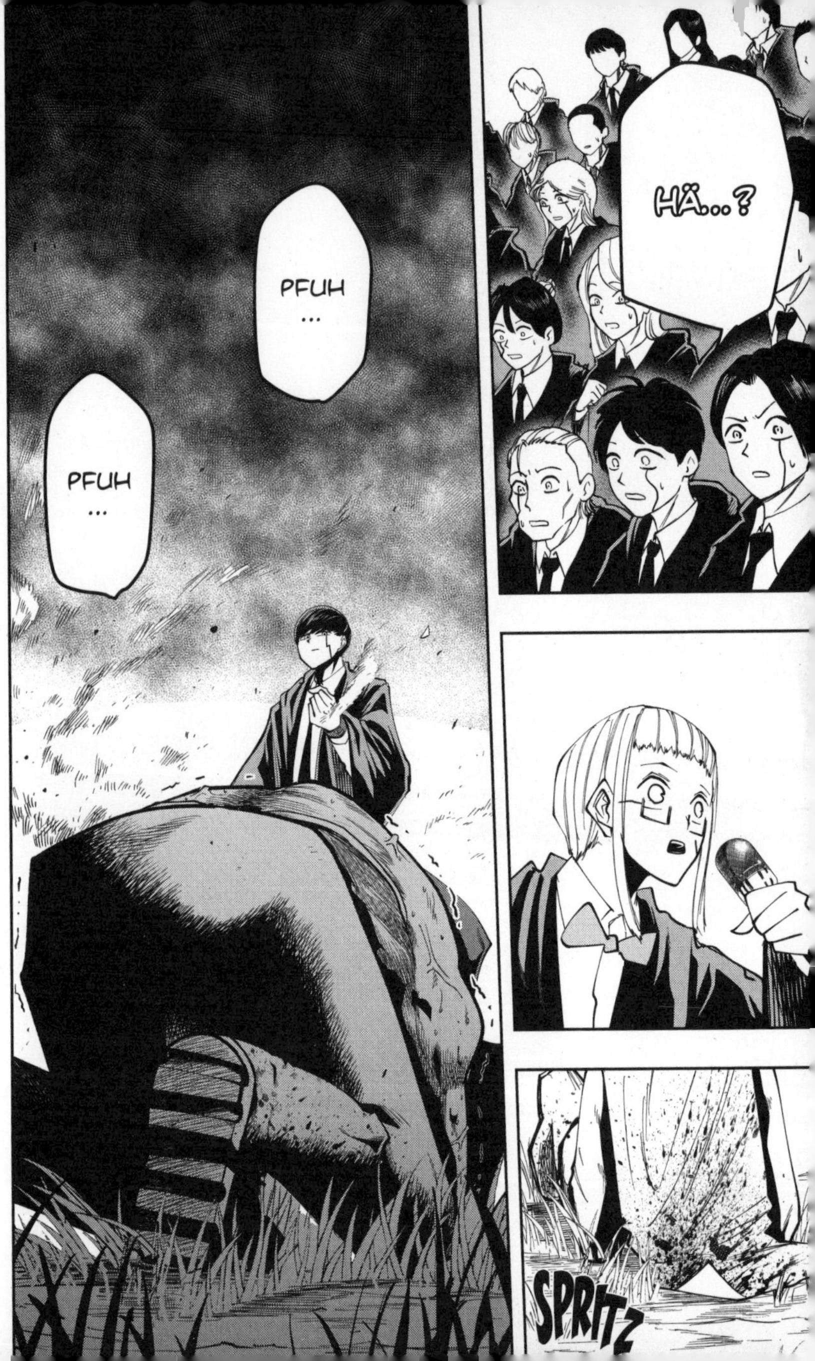
HÄ...?
SPRITZ
PFUH ...
PFUH ...

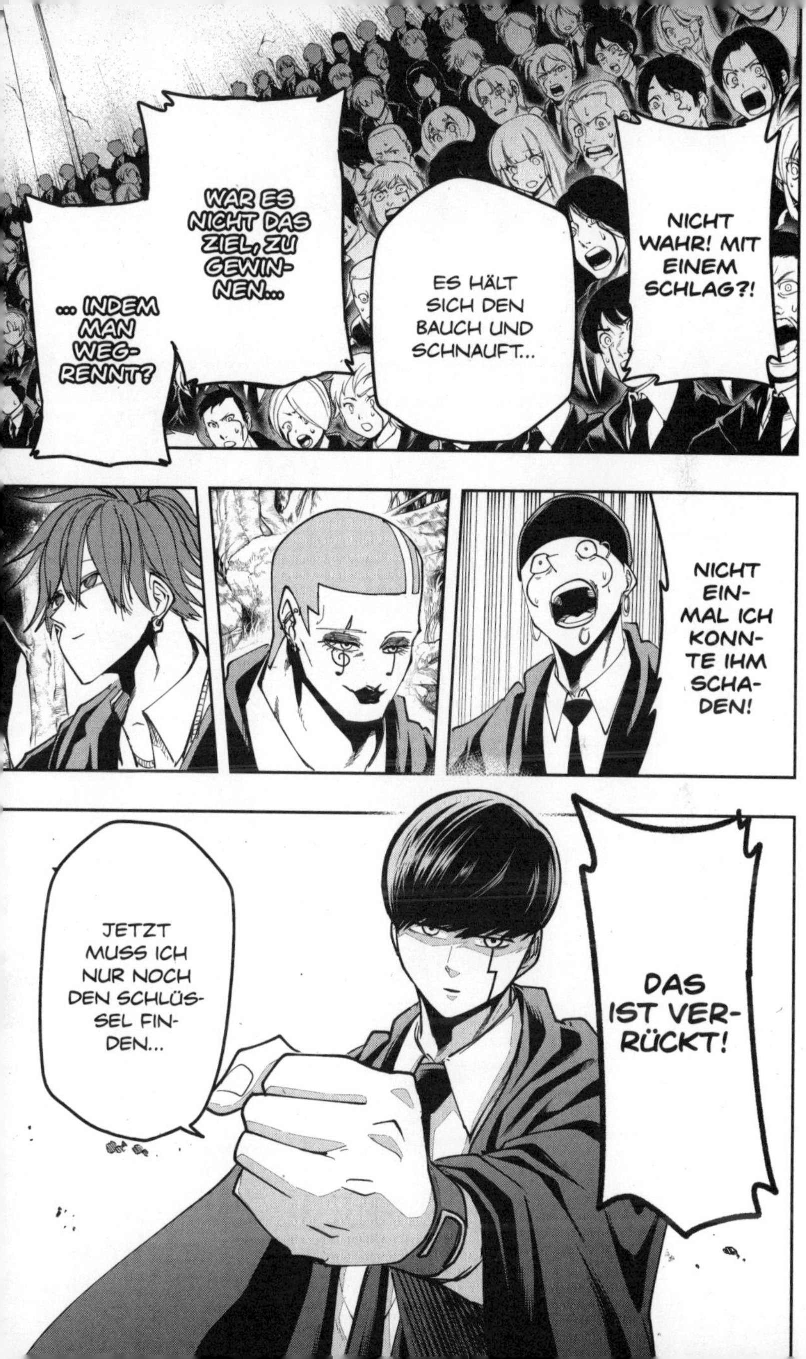
NICHT WAHR! MIT EINEM SCHLAG?!
ES HÄLT SICH DEN BAUCH UND SCHNAUFT...
WAR ES NICHT DAS ZIEL, ZU GEWINNEN...
... INDEM MAN WEGRENNT?
NICHT EINMAL ICH KONNTE IHM SCHADEN!
DAS IST VERRÜCKT!
JETZT MUSS ICH NUR NOCH DEN SCHLÜSSEL FINDEN...

Extra ③

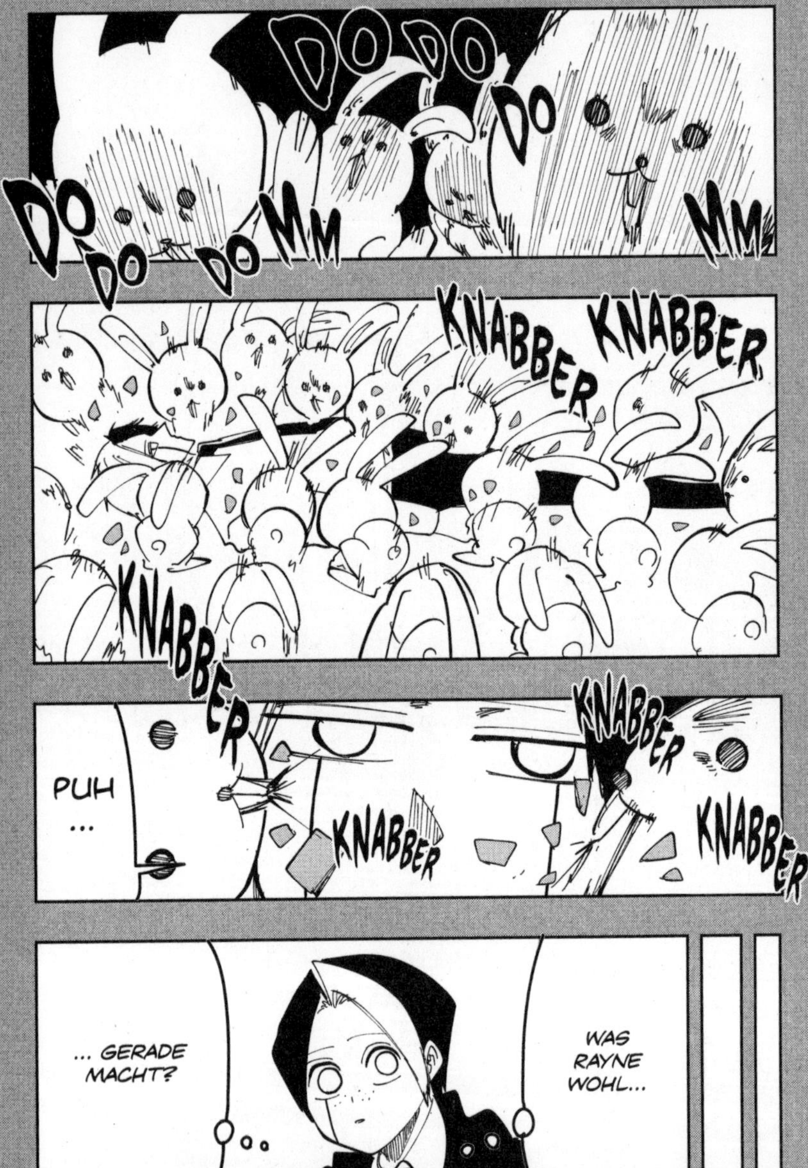

Ende des Extras

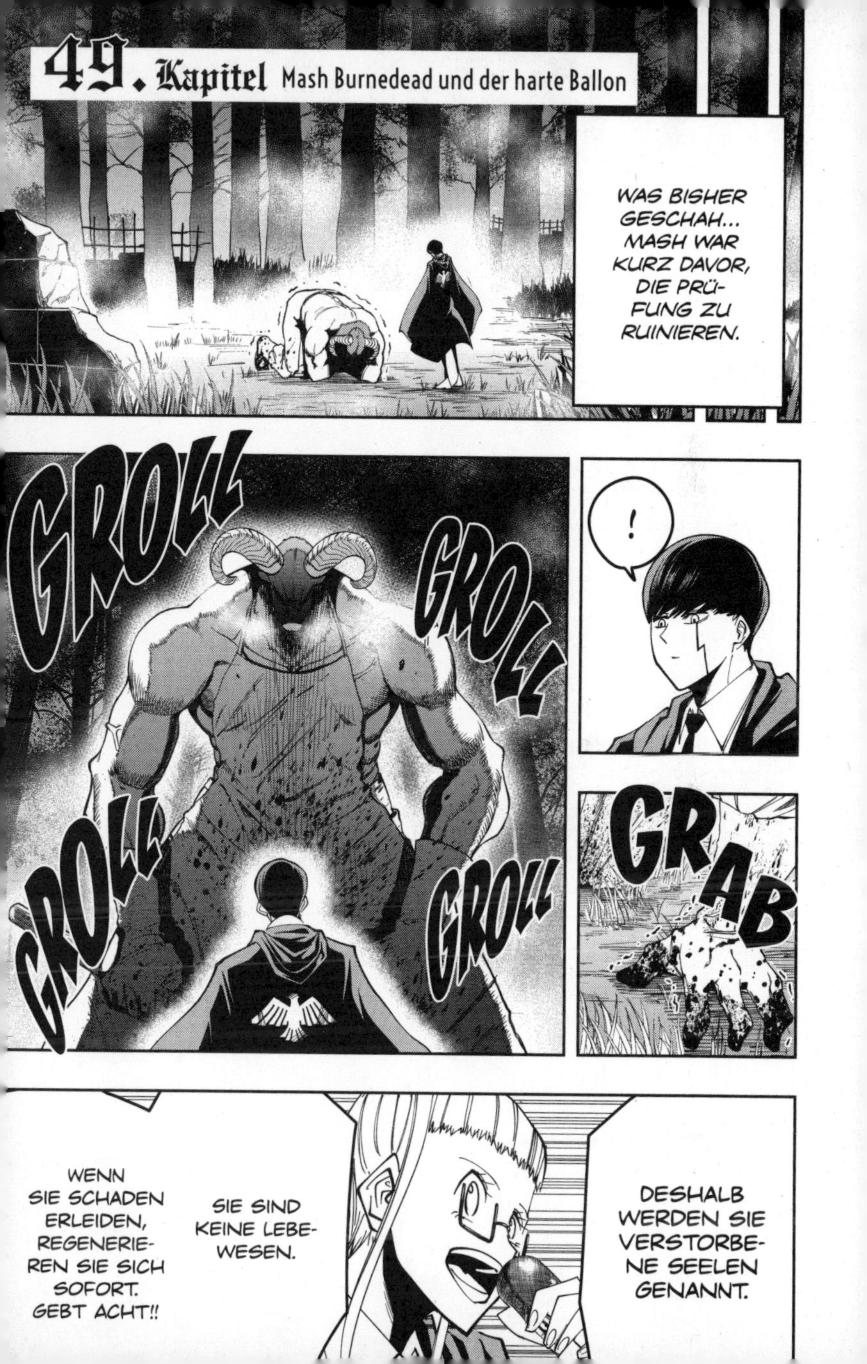
49. Kapitel Mash Burnedead und der harte Ballon
WAS BISHER GESCHAH... MASH WAR KURZ DAVOR, DIE PRÜFUNG ZU RUINIEREN.
!
GROLL
GROLL
GROLL
GROLL
GRAB
DESHALB WERDEN SIE VERSTORBENE SEELEN GENANNT.
SIE SIND KEINE LEBEWESEN.
WENN SIE SCHADEN ERLEIDEN, REGENERIEREN SIE SICH SOFORT. GEBT ACHT!!

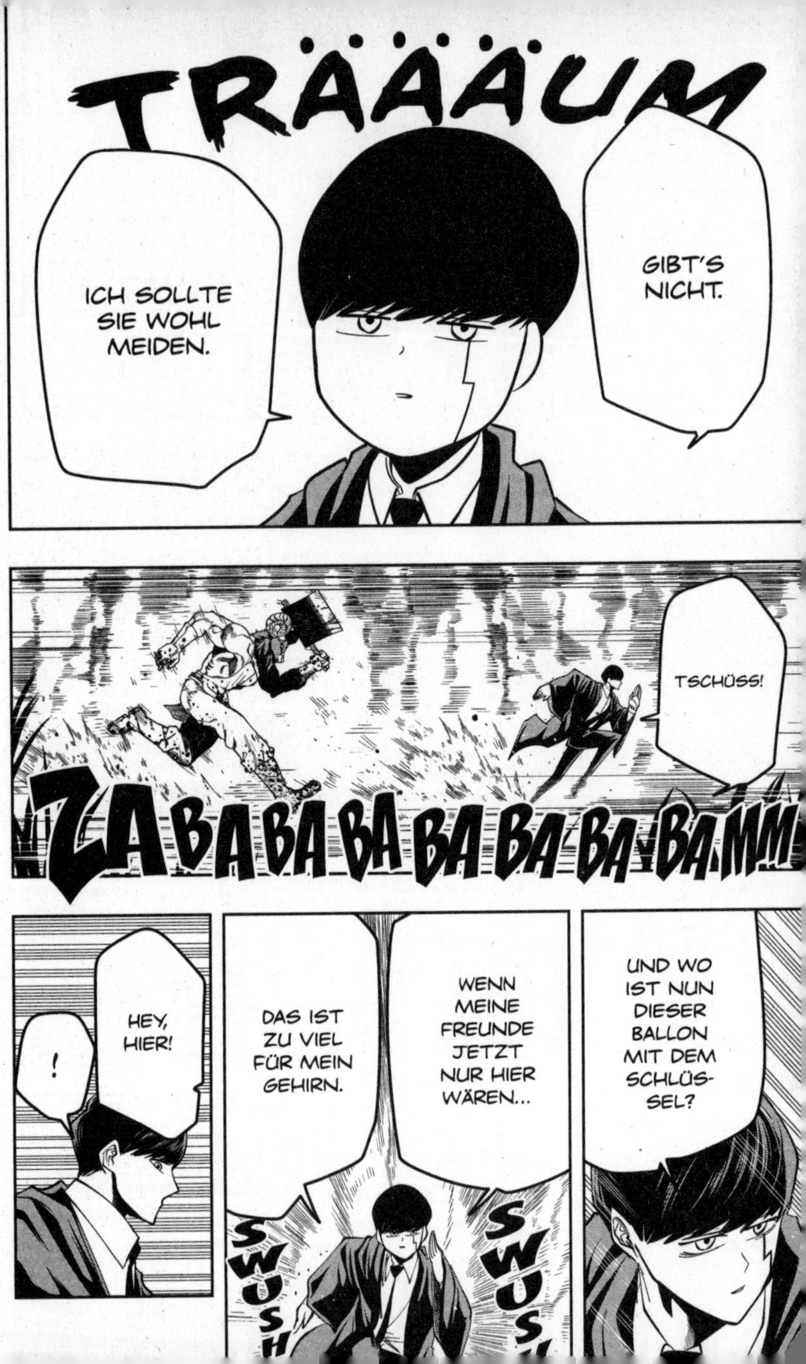
TRÄÄÄUM
GIBT'S NICHT.
ICH SOLLTE SIE WOHL MEIDEN.
TSCHÜSS!
ZABABABABABABABAMM
UND WO IST NUN DIESER BALLON MIT DEM SCHLÜS-SEL?
WENN MEINE FREUNDE JETZT NUR HIER WÄREN...
DAS IST ZU VIEL FÜR MEIN GEHIRN.
SWUSH
SWUSH
HEY, HIER!
!

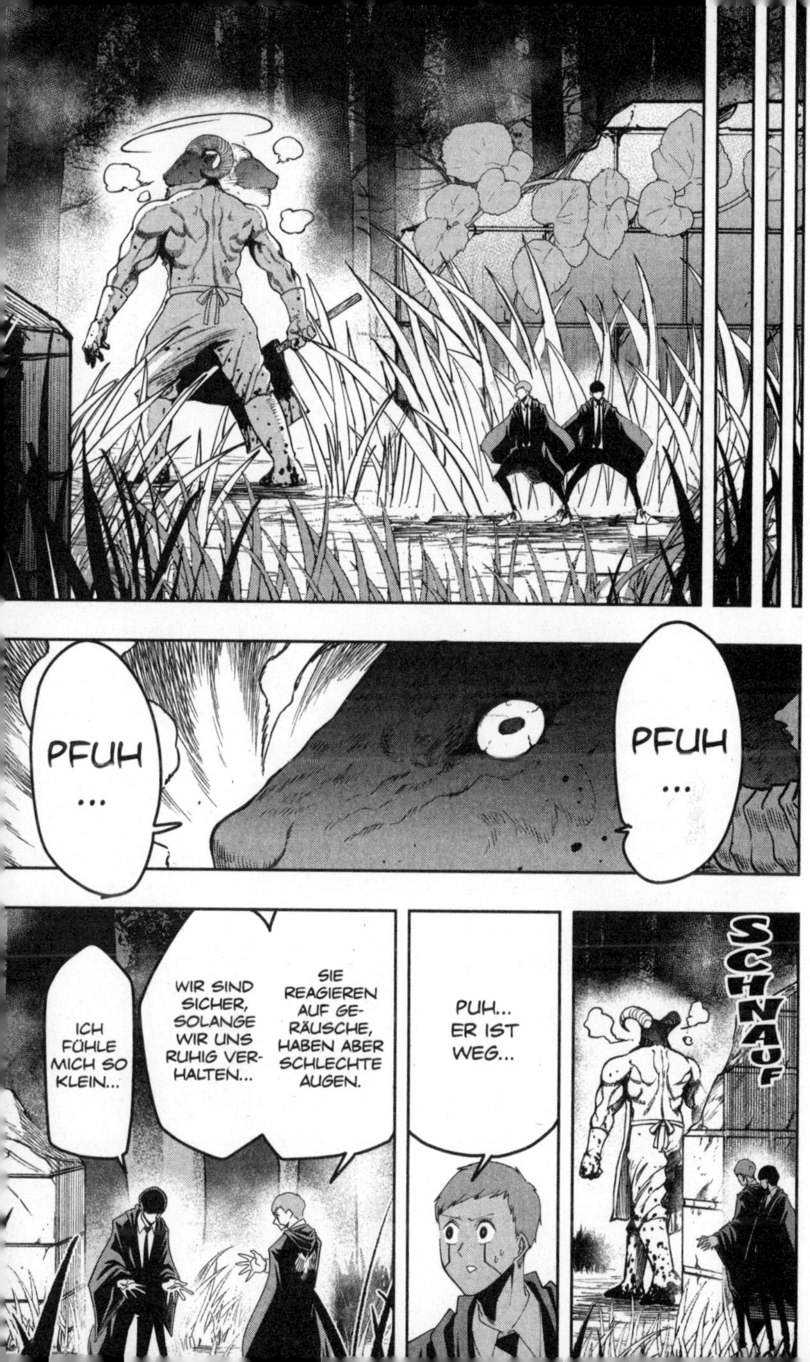

PFUH ...
PFUH ...
SCHNAUF
PUH... ER IST WEG...
SIE REAGIEREN AUF GE-RÄUSCHE, HABEN ABER SCHLECHTE AUGEN.
WIR SIND SICHER, SOLANGE WIR UNS RUHIG VER-HALTEN...
ICH FÜHLE MICH SO KLEIN...

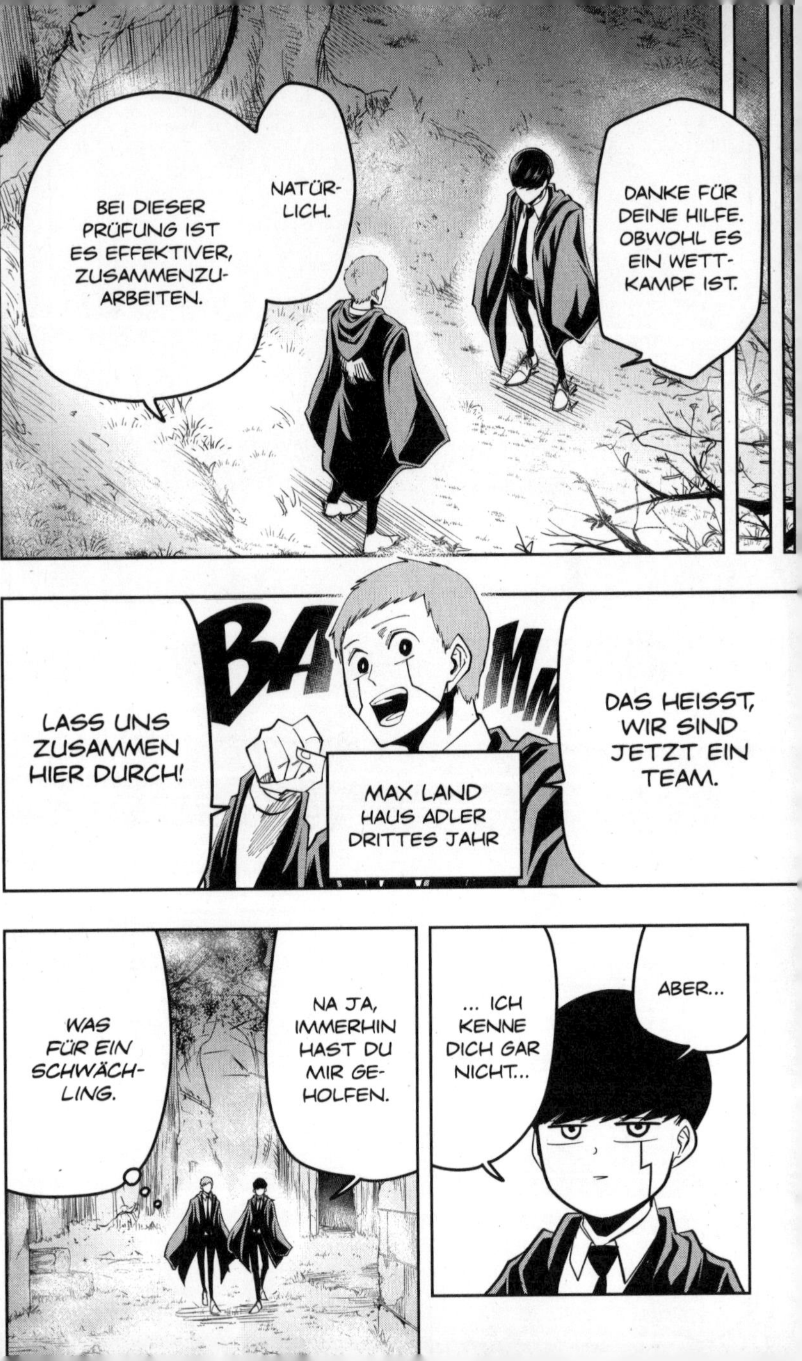
DANKE FÜR DEINE HILFE. OBWOHL ES EIN WETTKAMPF IST.
NATÜRLICH.
BEI DIESER PRÜFUNG IST ES EFFEKTIVER, ZUSAMMENZUARBEITEN.
DAS HEISST, WIR SIND JETZT EIN TEAM.
LASS UNS ZUSAMMEN HIER DURCH!
MAX LAND HAUS ADLER DRITTES JAHR
ABER...
... ICH KENNE DICH GAR NICHT...
NA JA, IMMERHIN HAST DU MIR GEHOLFEN.
WAS FÜR EIN SCHWÄCHLING.

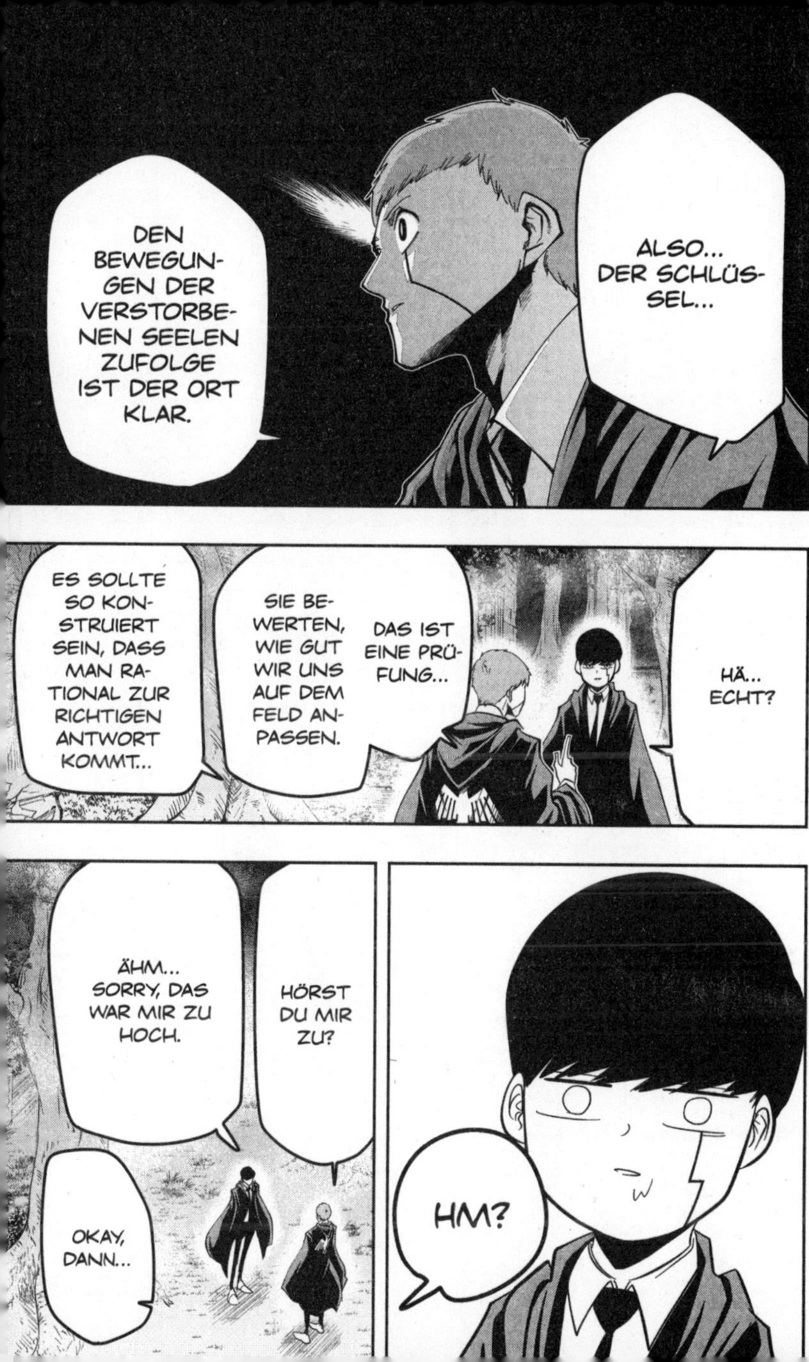

ALSO... DER SCHLÜSSEL...
DEN BEWEGUNGEN DER VERSTORBENEN SEELEN ZUFOLGE IST DER ORT KLAR.
HÄ... ECHT?
DAS IST EINE PRÜFUNG...
SIE BEWERTEN, WIE GUT WIR UNS AUF DEM FELD ANPASSEN.
ES SOLLTE SO KONSTRUIERT SEIN, DASS MAN RATIONAL ZUR RICHTIGEN ANTWORT KOMMT...
HM?
HÖRST DU MIR ZU?
ÄHM... SORRY, DAS WAR MIR ZU HOCH.
OKAY, DANN...

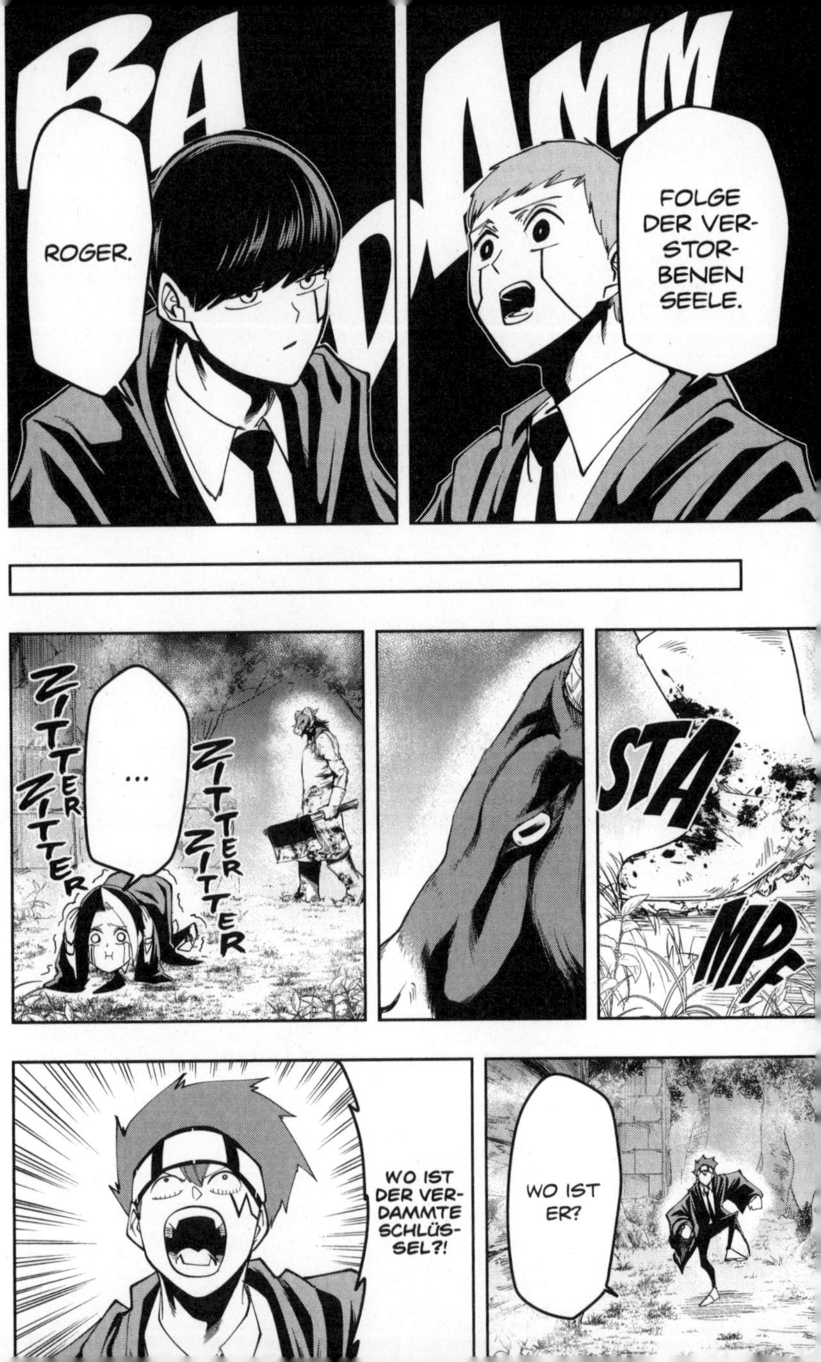
BADAMM
FOLGE DER VERSTORBENEN SEELE.
ROGER.
STAMPF
...
ZITTER ZITTER
ZITTER ZITTER
WO IST ER?
WO IST DER VERDAMMTE SCHLÜSSEL?!

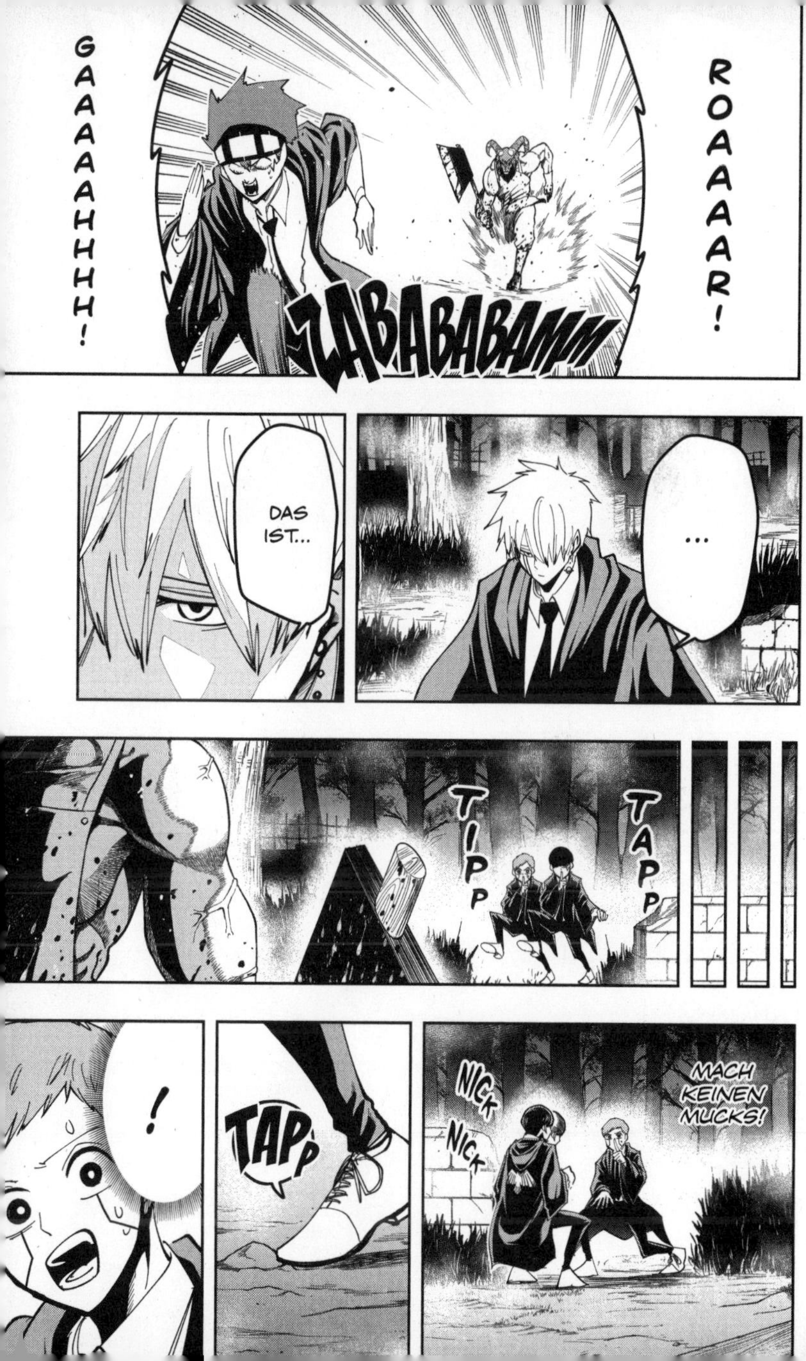
ROAAAAR!
GAAAAAHHHH!
ZABABABAMM
...
DAS IST...
TAPP
TIPP
MACH KEINEN MUCKS!
NICK NICK
TAPP
!

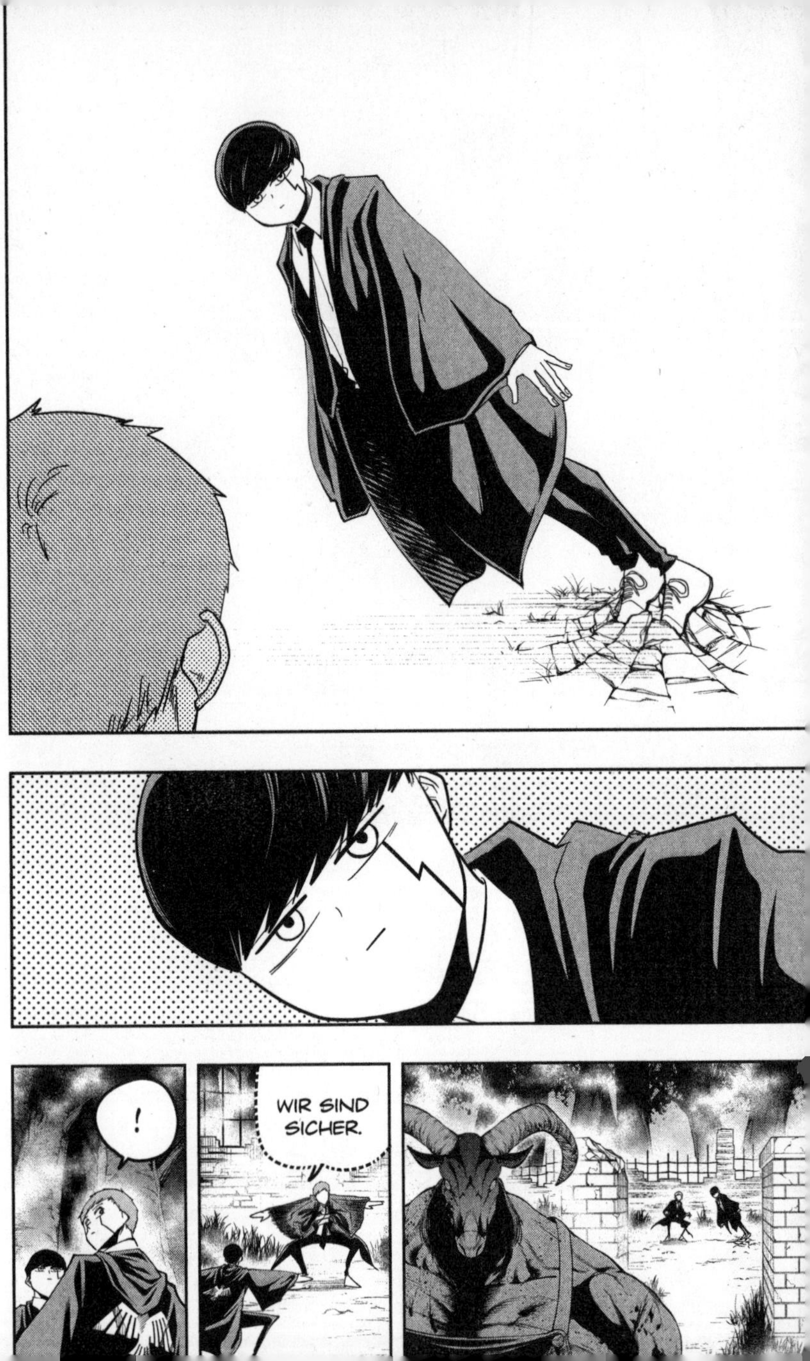
WIR SIND SICHER.
!

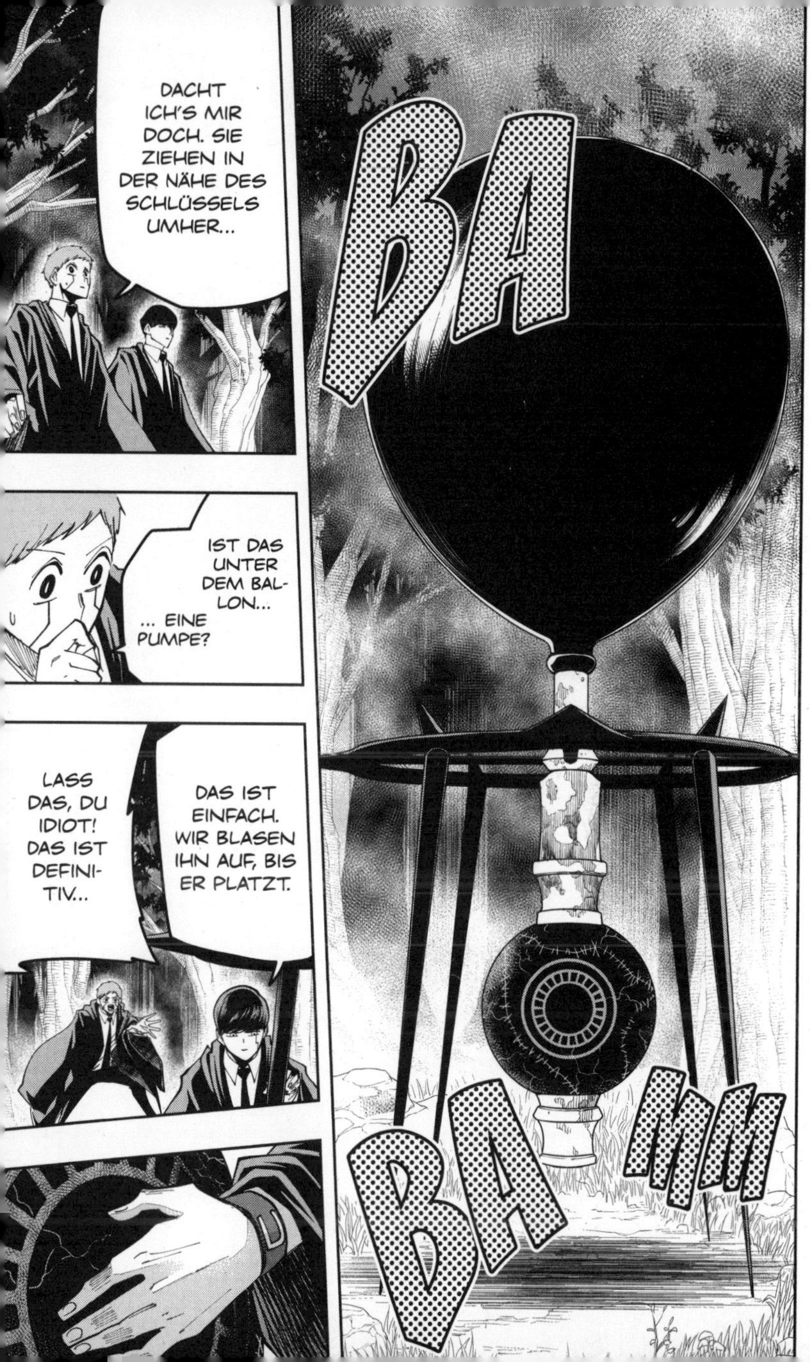

DACHT ICH'S MIR DOCH. SIE ZIEHEN IN DER NÄHE DES SCHLÜSSELS UMHER...
IST DAS UNTER DEM BAL-LON...
... EINE PUMPE?
DAS IST EINFACH. WIR BLASEN IHN AUF, BIS ER PLATZT.
LASS DAS, DU IDIOT! DAS IST DEFINI-TIV...
BA
BAMMM

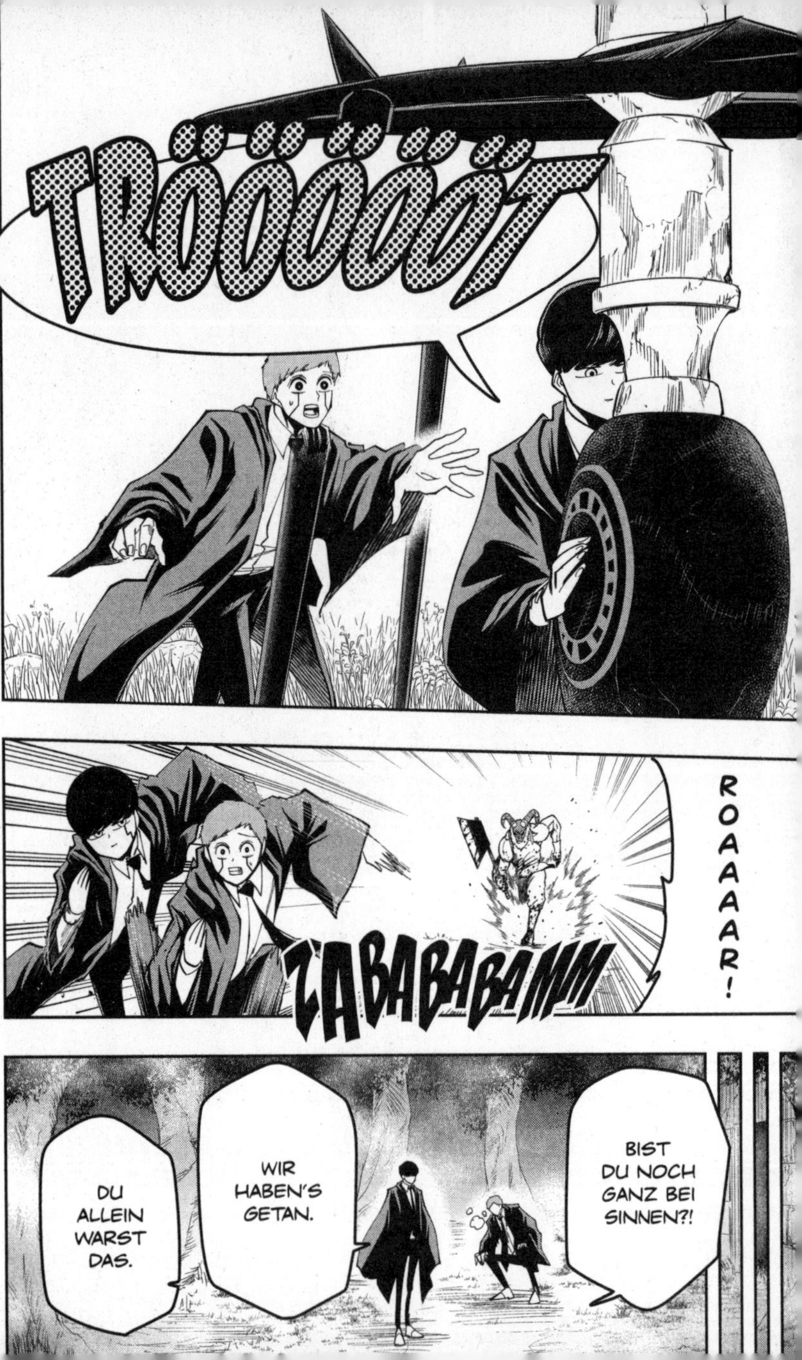
TRÖÖÖÖÖT
ROAAAAAR!
ZABABABAMM
BIST DU NOCH GANZ BEI SINNEN?!
WIR HABEN'S GETAN.
DU ALLEIN WARST DAS.

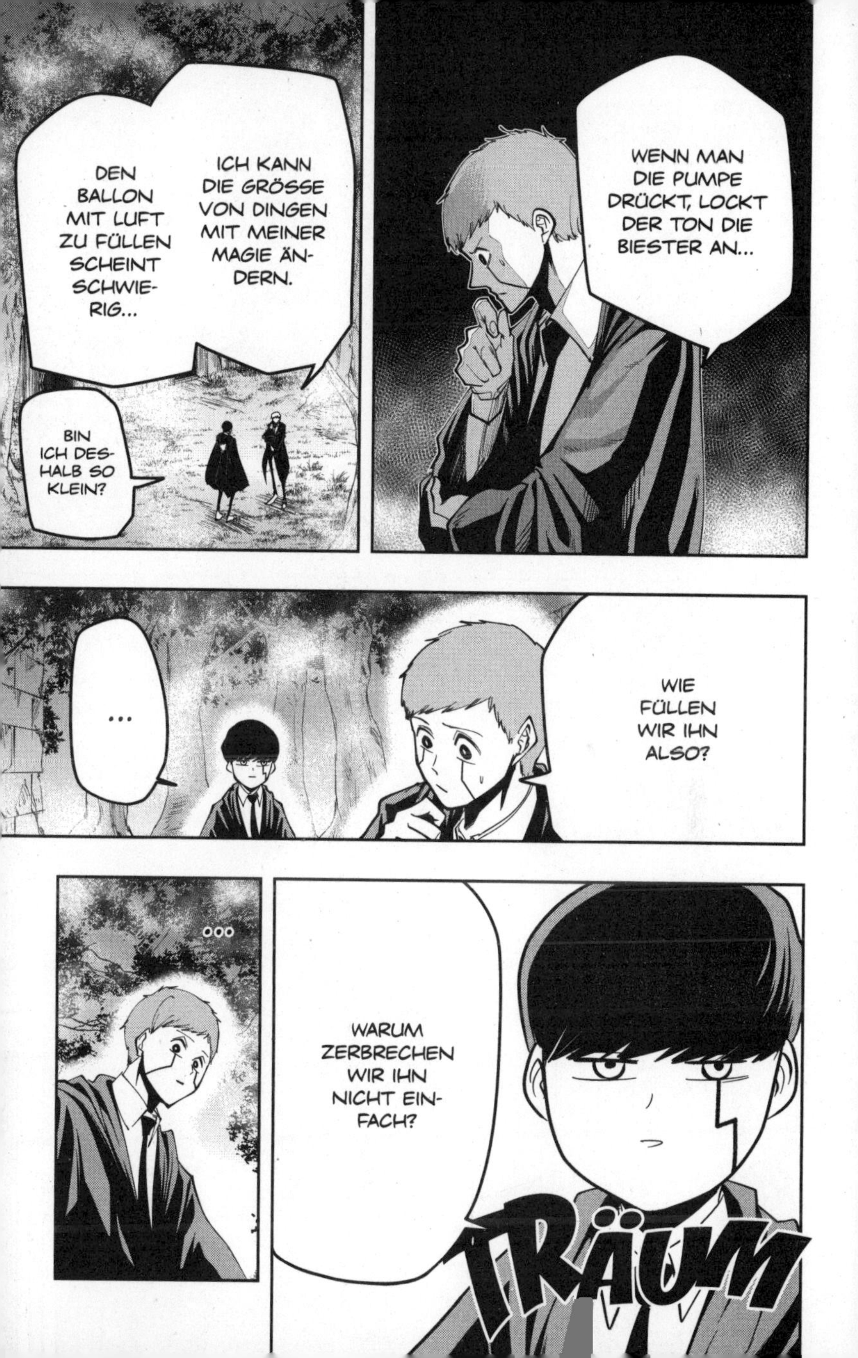

WENN MAN DIE PUMPE DRÜCKT, LOCKT DER TON DIE BIESTER AN...
ICH KANN DIE GRÖSSE VON DINGEN MIT MEINER MAGIE ÄNDERN.
DEN BALLON MIT LUFT ZU FÜLLEN SCHEINT SCHWIERIG...
BIN ICH DESHALB SO KLEIN?
WIE FÜLLEN WIR IHN ALSO?
...
WARUM ZERBRECHEN WIR IHN NICHT EINFACH?
TRÄUM

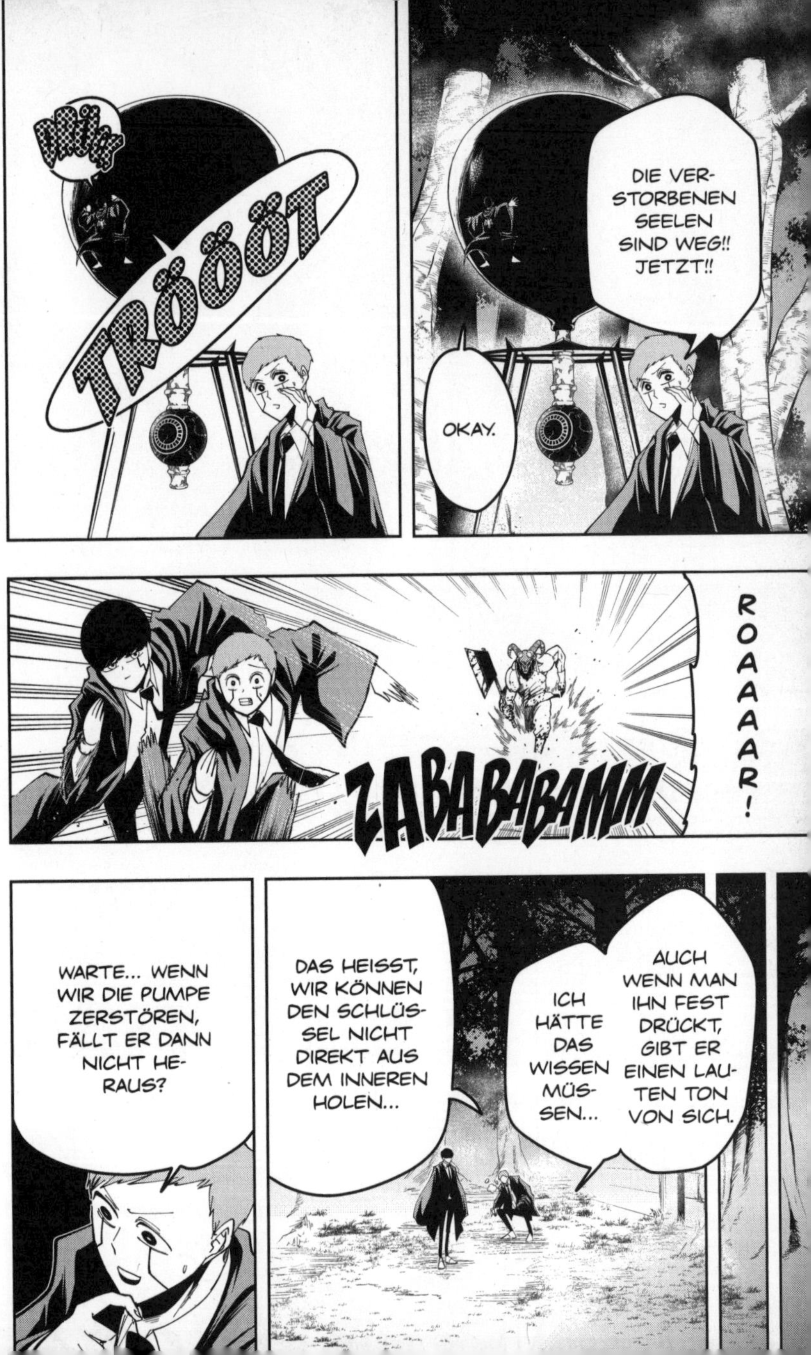
DIE VERSTORBENEN SEELEN SIND WEG!! JETZT!!
OKAY.
TRÖÖÖT
ROAAAAAR!
ZABABABAMM
AUCH WENN MAN IHN FEST DRÜCKT, GIBT ER EINEN LAUTEN TON VON SICH.
ICH HÄTTE DAS WISSEN MÜSSEN...
DAS HEISST, WIR KÖNNEN DEN SCHLÜSSEL NICHT DIREKT AUS DEM INNEREN HOLEN...
WARTE... WENN WIR DIE PUMPE ZERSTÖREN, FÄLLT ER DANN NICHT HERAUS?

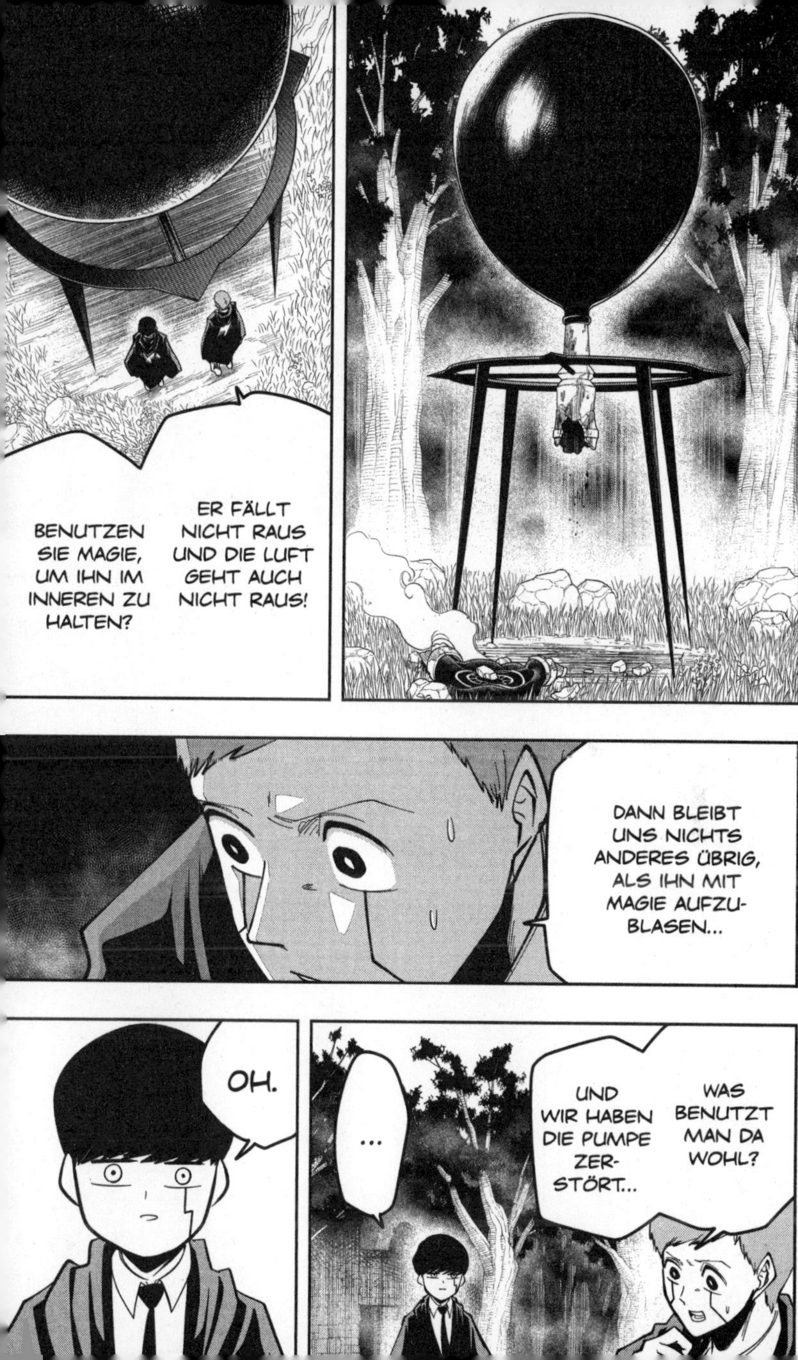
ER FÄLLT NICHT RAUS UND DIE LUFT GEHT AUCH NICHT RAUS!
BENUTZEN SIE MAGIE, UM IHN IM INNEREN ZU HALTEN?
DANN BLEIBT UNS NICHTS ANDERES ÜBRIG, ALS IHN MIT MAGIE AUFZU-BLASEN...
WAS BENUTZT MAN DA WOHL?
UND WIR HABEN DIE PUMPE ZER-STÖRT...
...
OH.

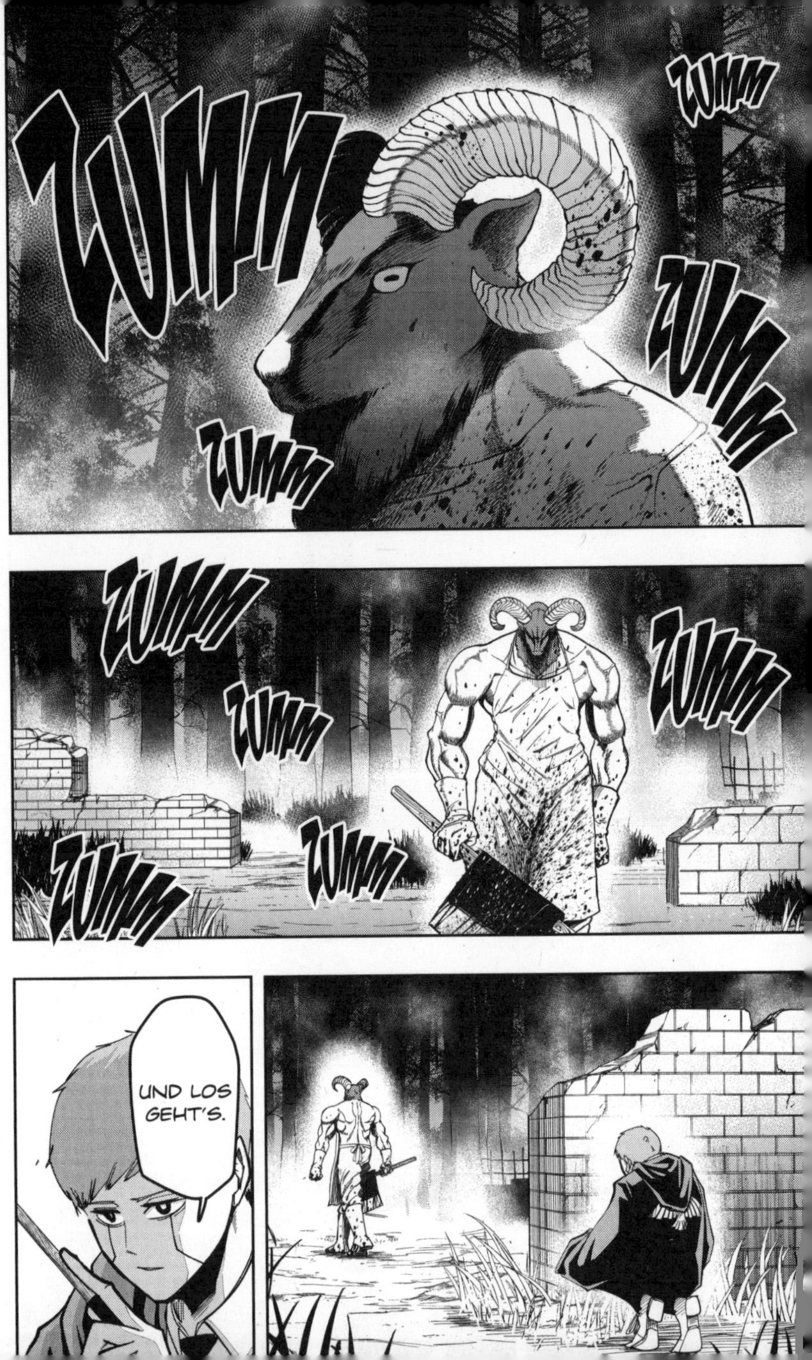
ZUMM
ZUMM
ZUMM
ZUMM
ZUMM
ZUMM
ZUMM
ZUMM
ZUMM
UND LOS GEHT'S.

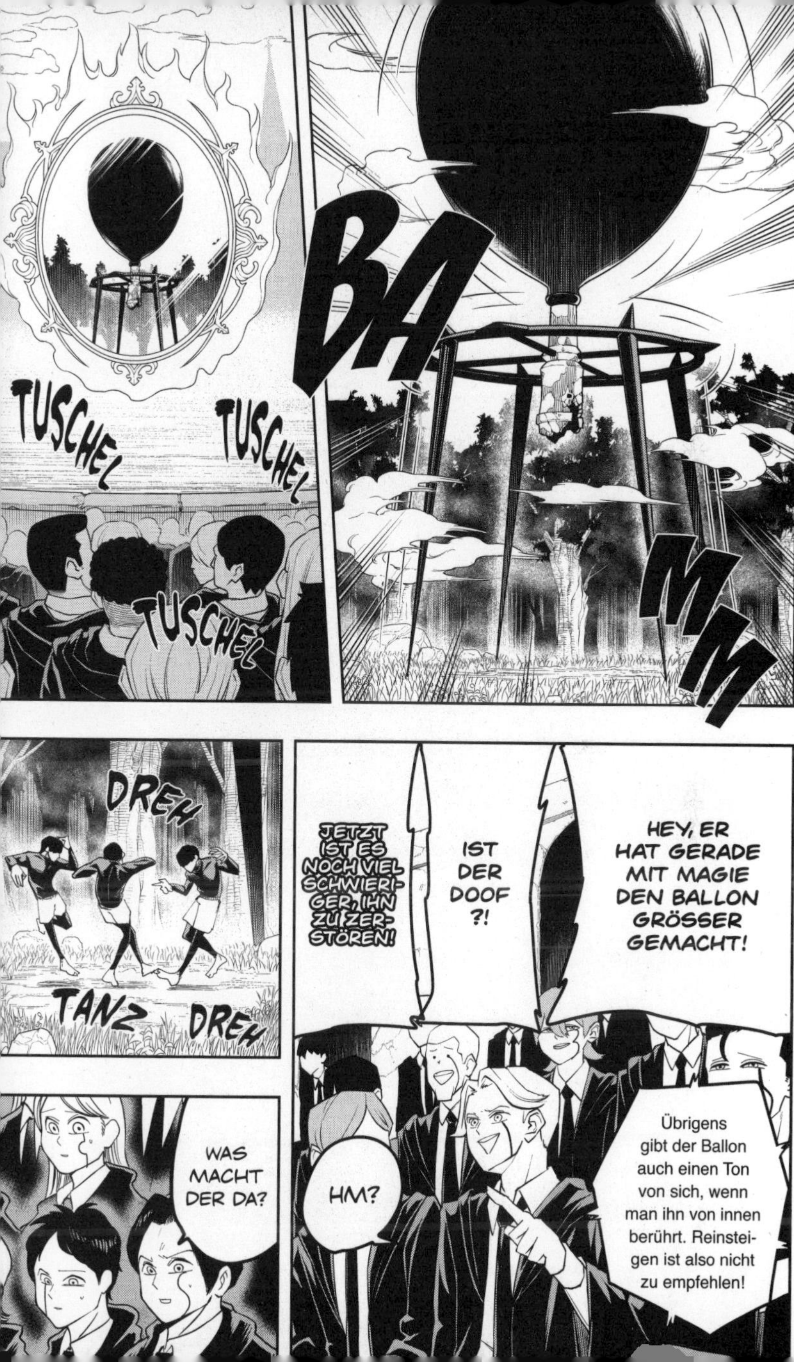
BAMM
TUSCHEL
TUSCHEL
TUSCHEL
HEY, ER HAT GERADE MIT MAGIE DEN BALLON GRÖSSER GEMACHT!
IST DER DOOF ?!
JETZT IST ES NOCH VIEL SCHWIERIGER, IHN ZU ZERSTÖREN!
DREH
TANZ
DREH
Übrigens gibt der Ballon auch einen Ton von sich, wenn man ihn von innen berührt. Reinsteigen ist also nicht zu empfehlen!
HM?
WAS MACHT DER DA?

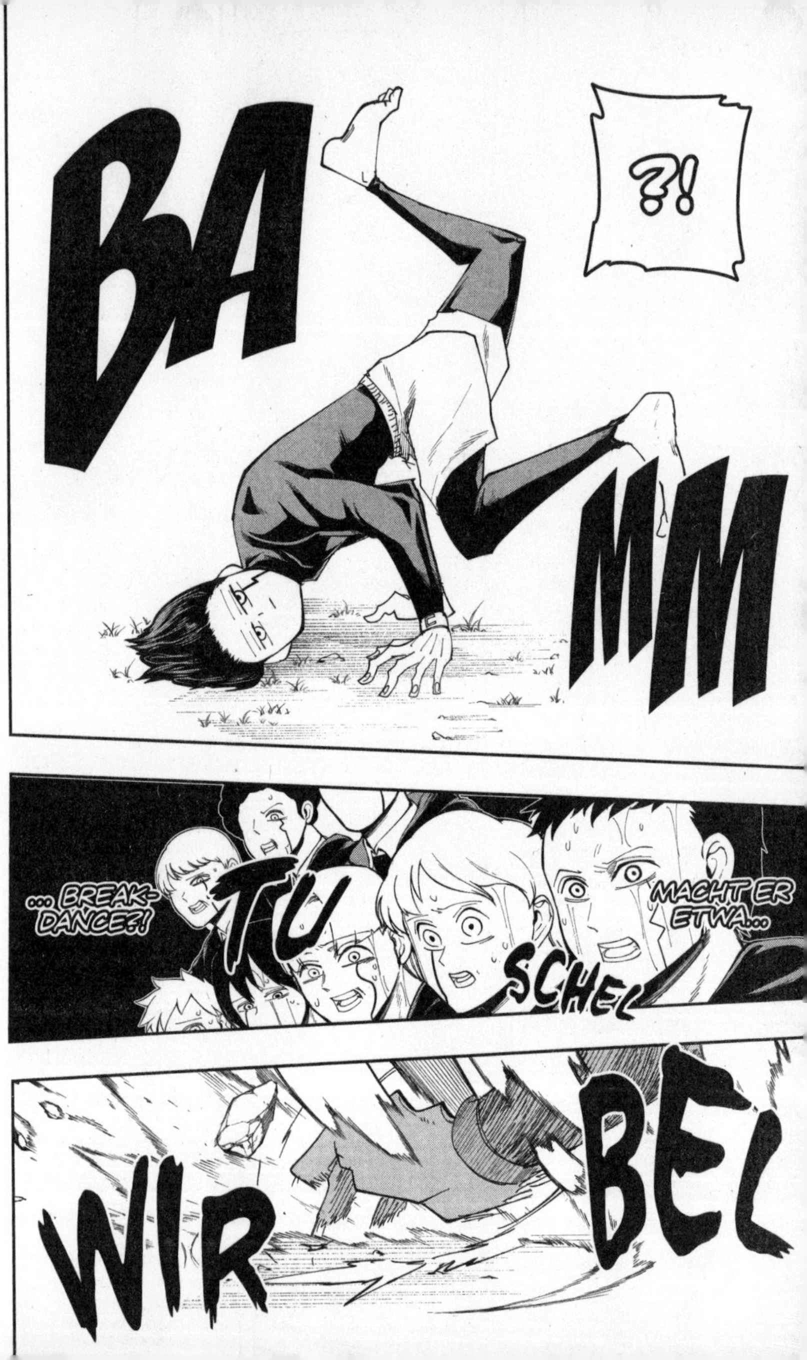
?!
BA
MM
MACHT ER ETWA...
... BREAK-DANCE?!
TU
SCHEL
WIR
BEL

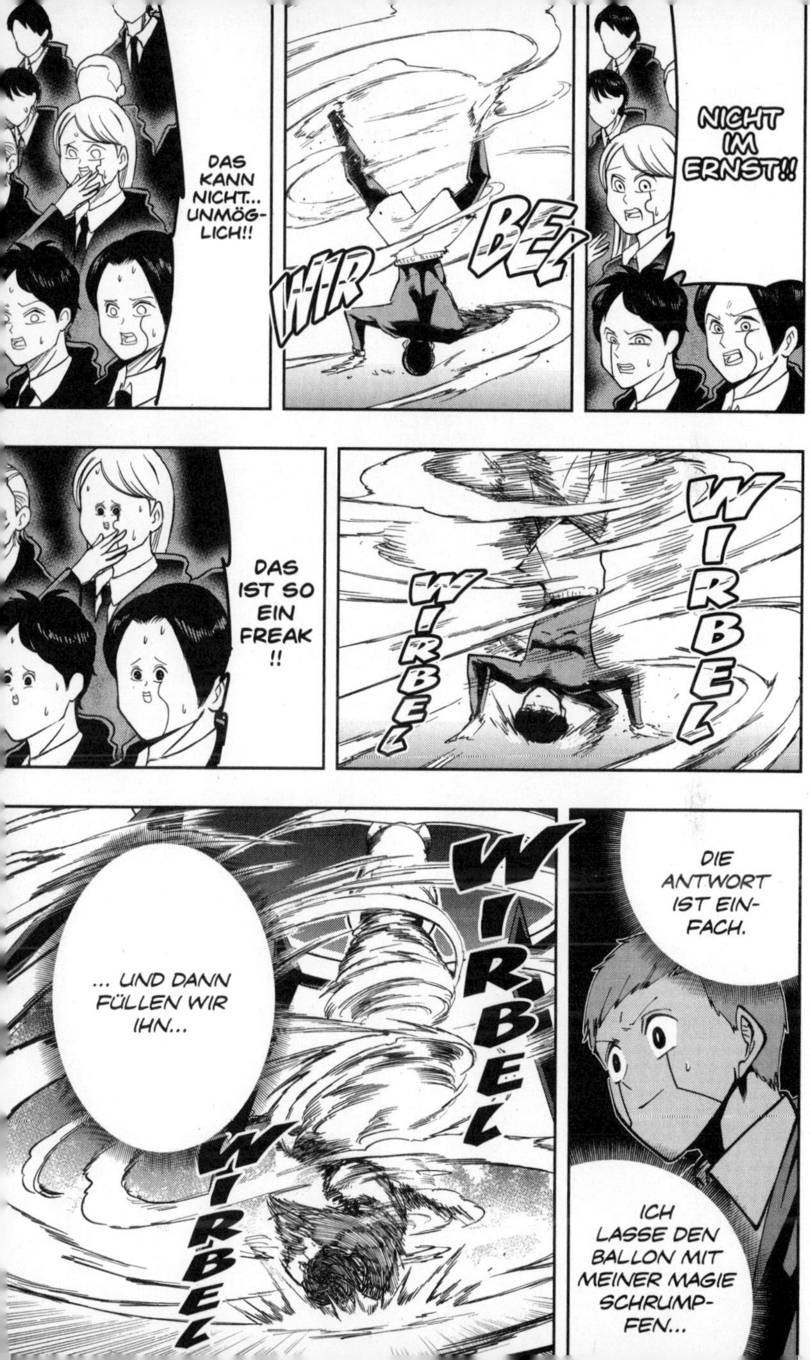

NICHT IM ERNST!!
WIRBEL
DAS KANN NICHT... UNMÖG-LICH!!
WIRBEL
WIRBEL
DAS IST SO EIN FREAK !!
DIE ANTWORT IST EIN-FACH.
ICH LASSE DEN BALLON MIT MEINER MAGIE SCHRUMP-FEN...
WIRBEL
... UND DANN FÜLLEN WIR IHN...
WIRBEL

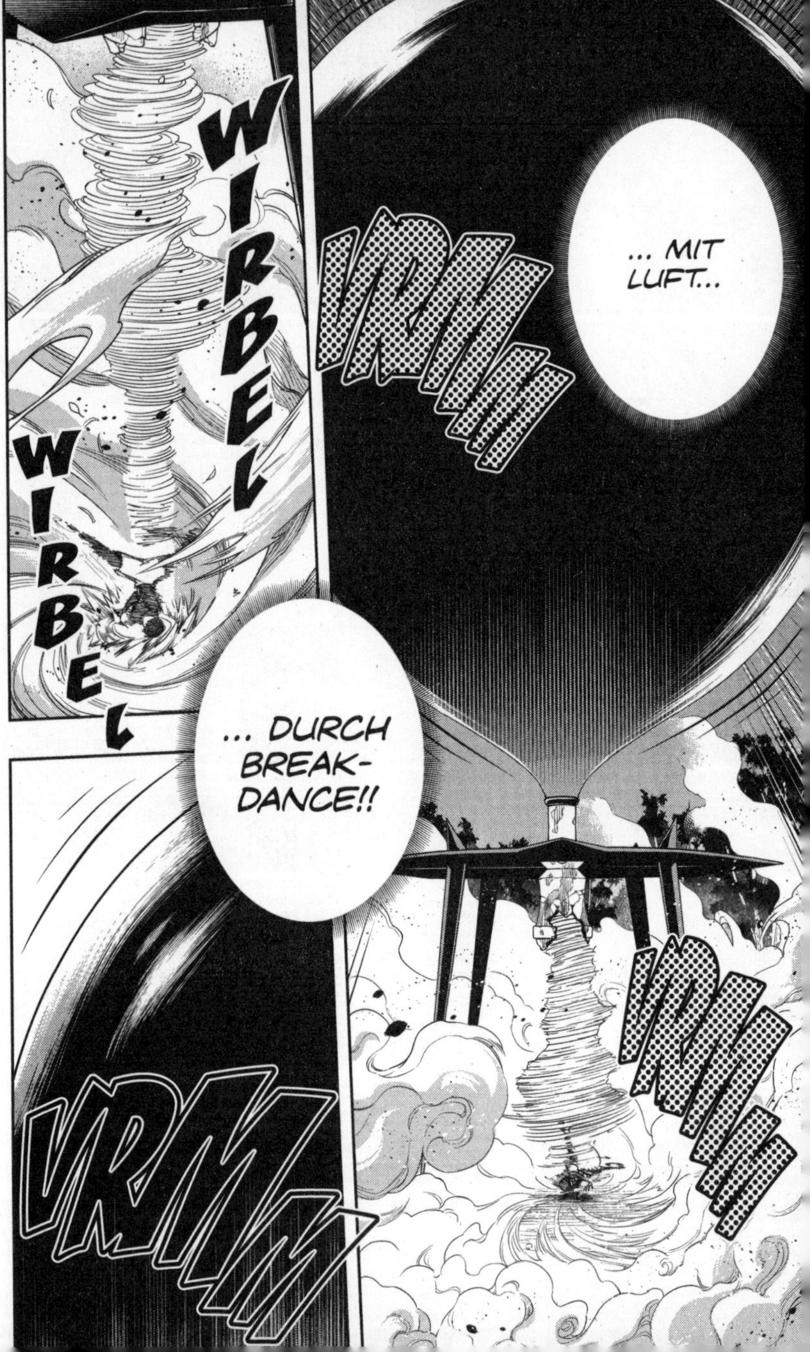

... MIT LUFT...
VRMMMM
WIRBEL
WIRBEL
... DURCH BREAK-DANCE!!
VRMMMM
VRMMM

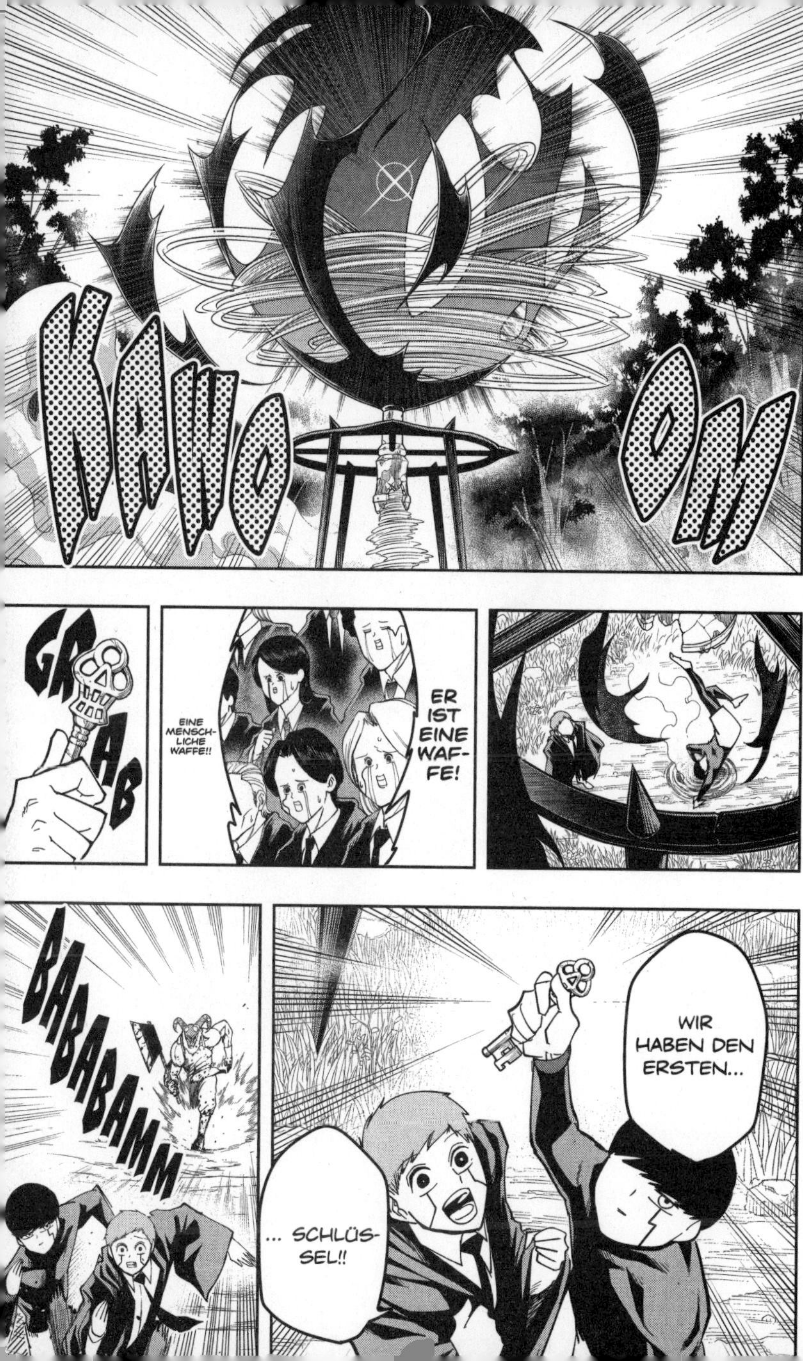
KAWOOM
GRAB
EINE MENSCH-LICHE WAFFE!!
ER IST EINE WAF-FE!
BABABAMM
WIR HABEN DEN ERSTEN...
... SCHLÜS-SEL!!

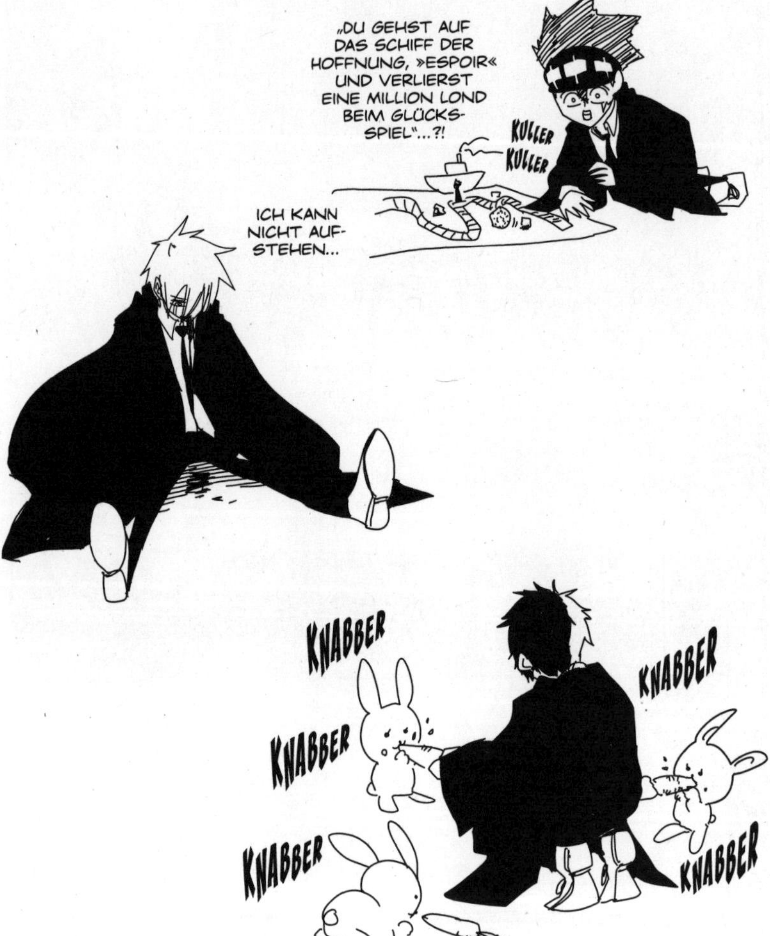
„DU GEHST AUF DAS SCHIFF DER HOFFNUNG, »ESPOIR« UND VERLIERST EINE MILLION LOND BEIM GLÜCKS-SPIEL“...?!
KULLER
KULLER
ICH KANN NICHT AUF-STEHEN...
KNABBER
KNABBER
KNABBER
KNABBER
KNABBER

50. Kapitel Mash Burnedead und der Proteinshake

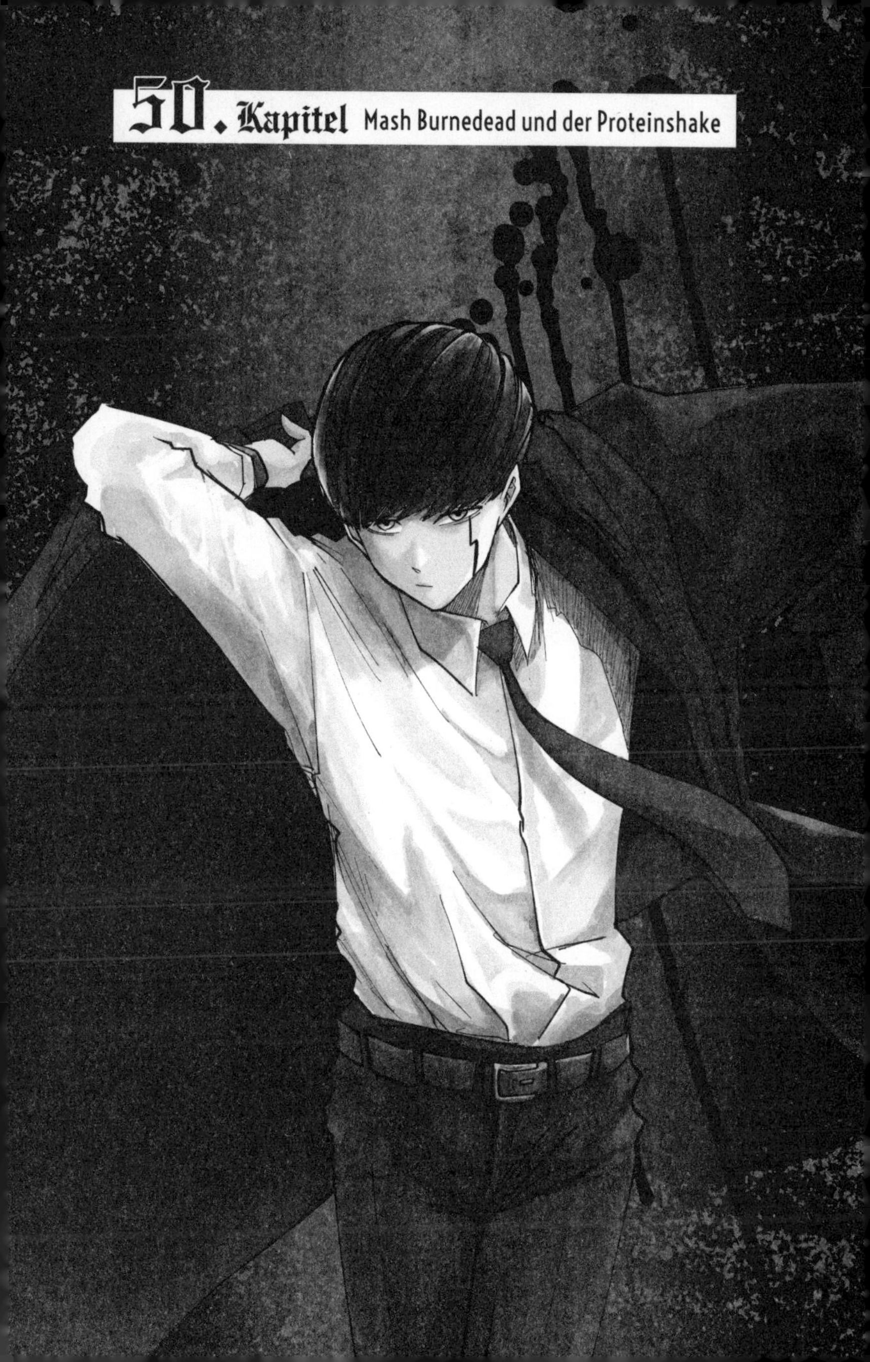

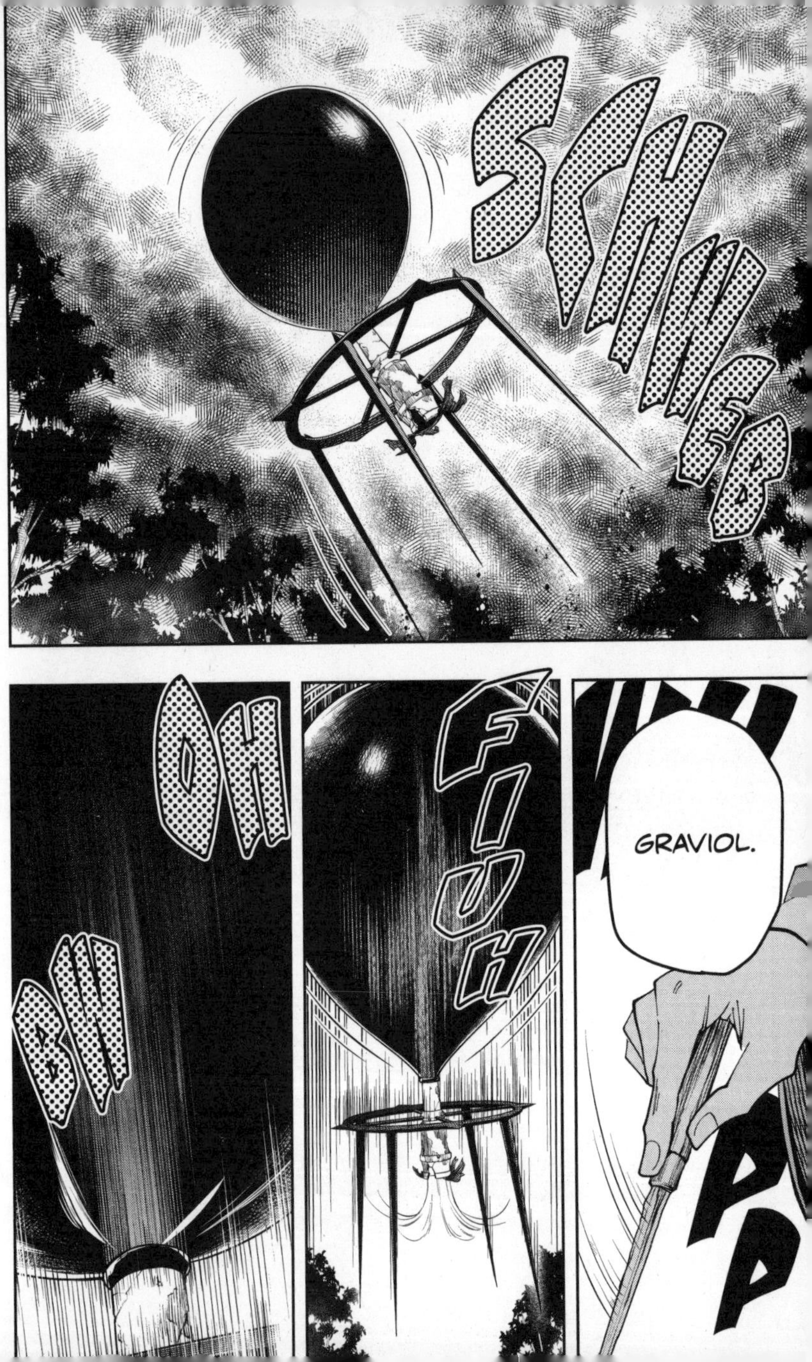
SCHWEB
GRAVIOL.
FIUH
OH
BW

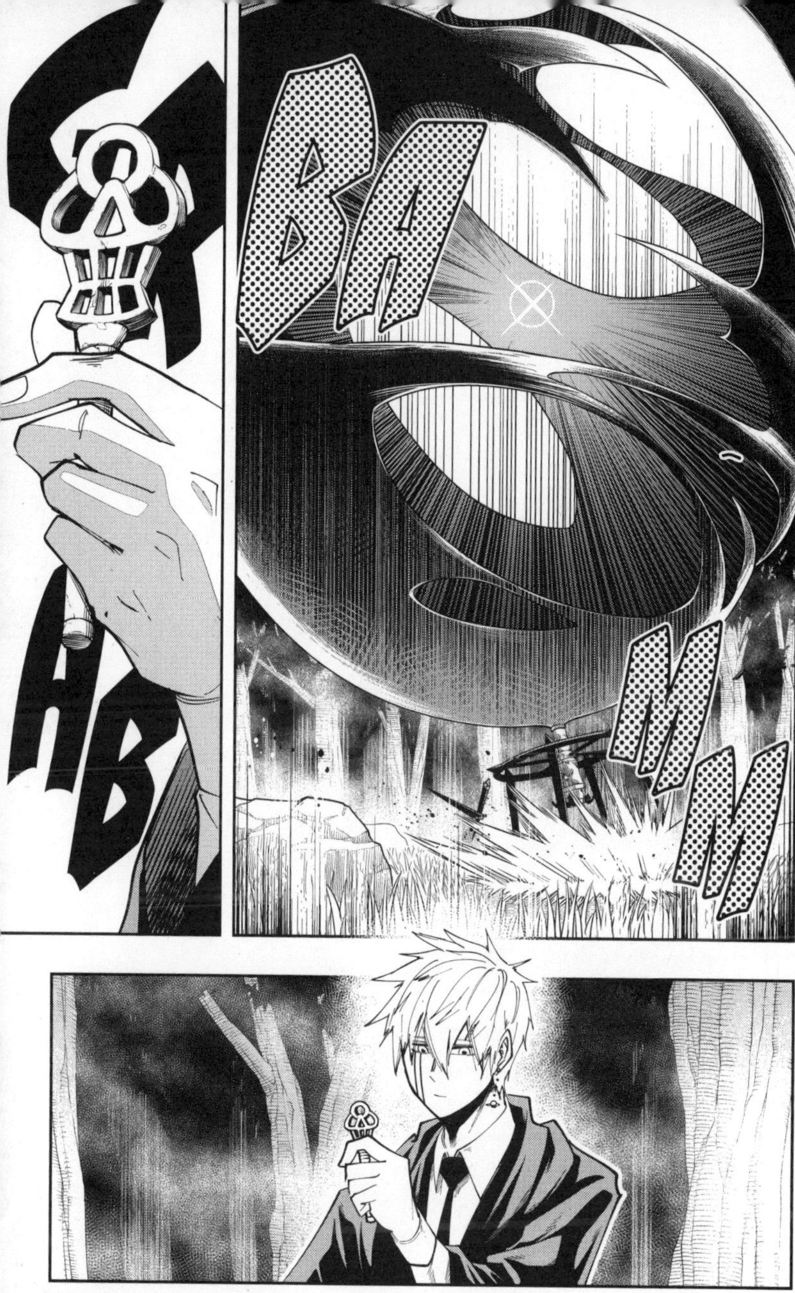
BAMMM

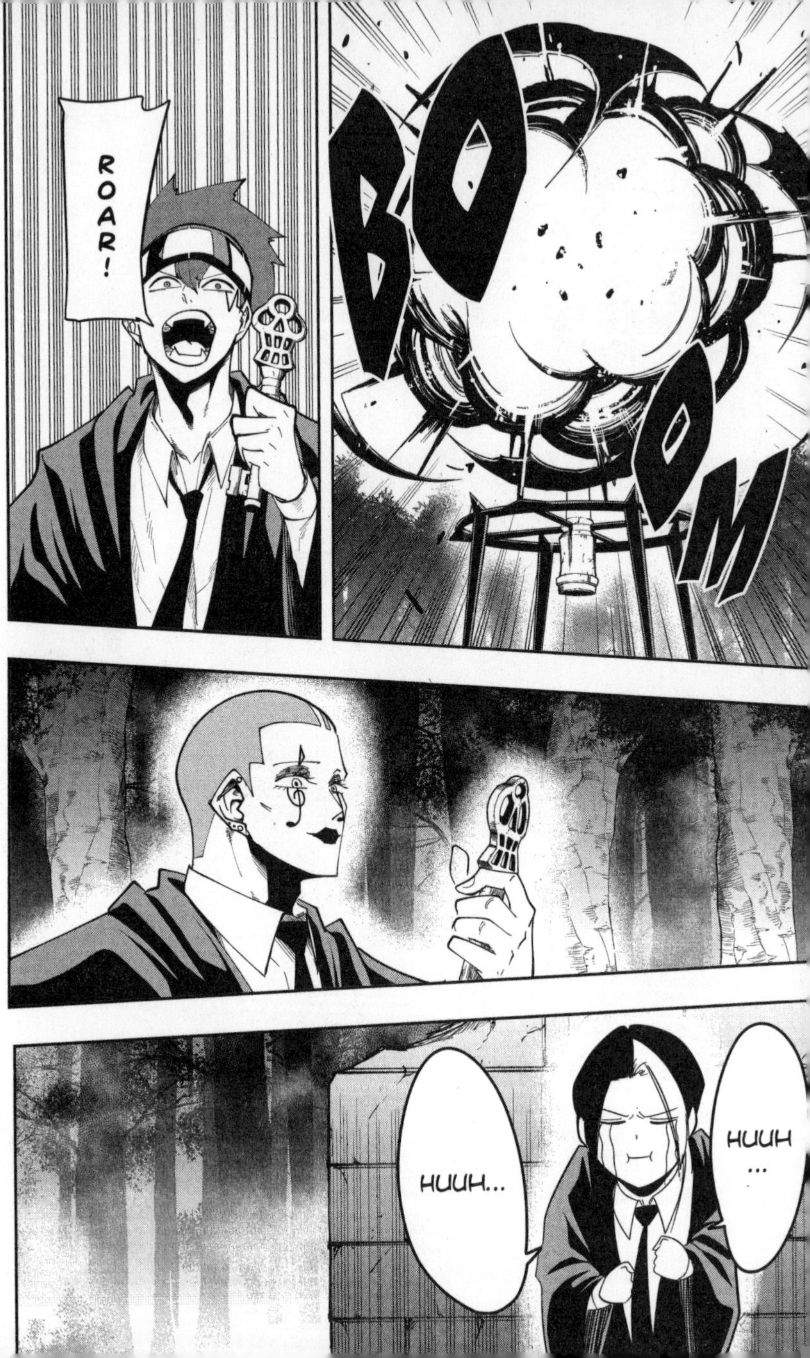
BOOM
ROAR!
HUUH ...
HUUH...

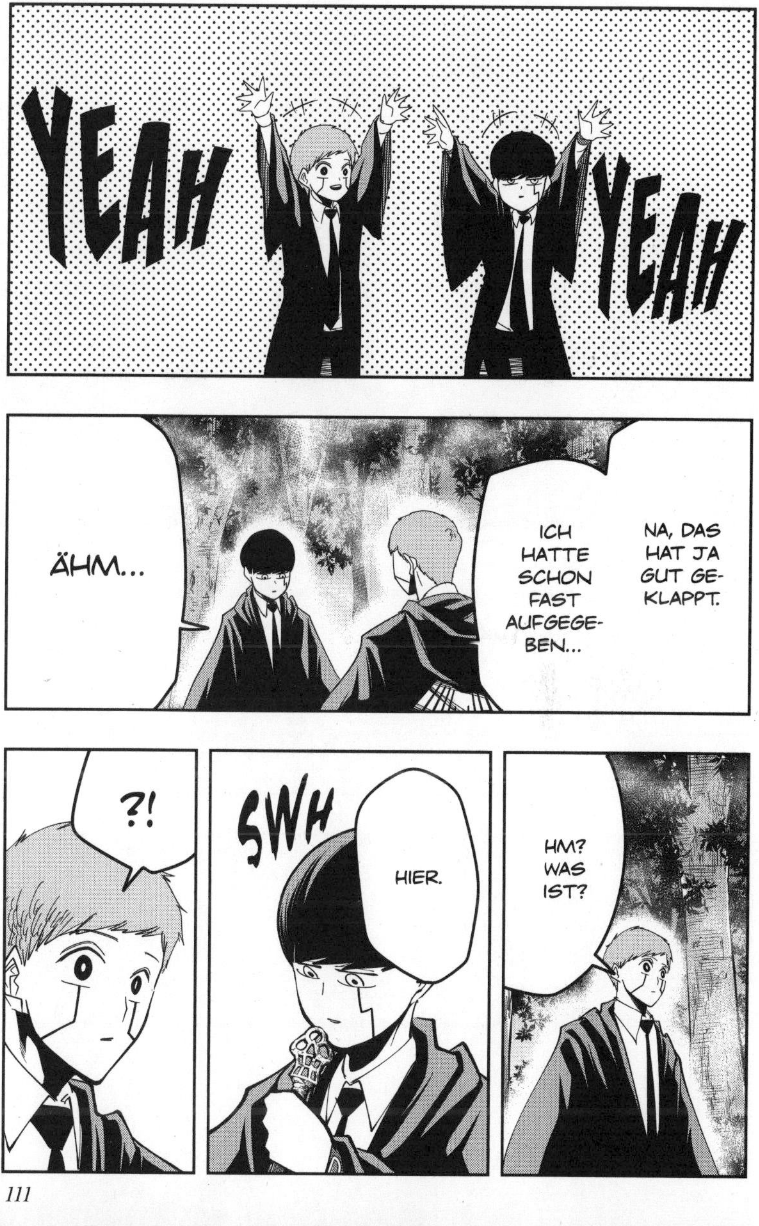
YEAH
YEAH
NA, DAS HAT JA GUT GE-KLAPPT.
ICH HATTE SCHON FAST AUFGEGE-BEN...
ÄHM...
HM? WAS IST?
SWH
HIER.
?!

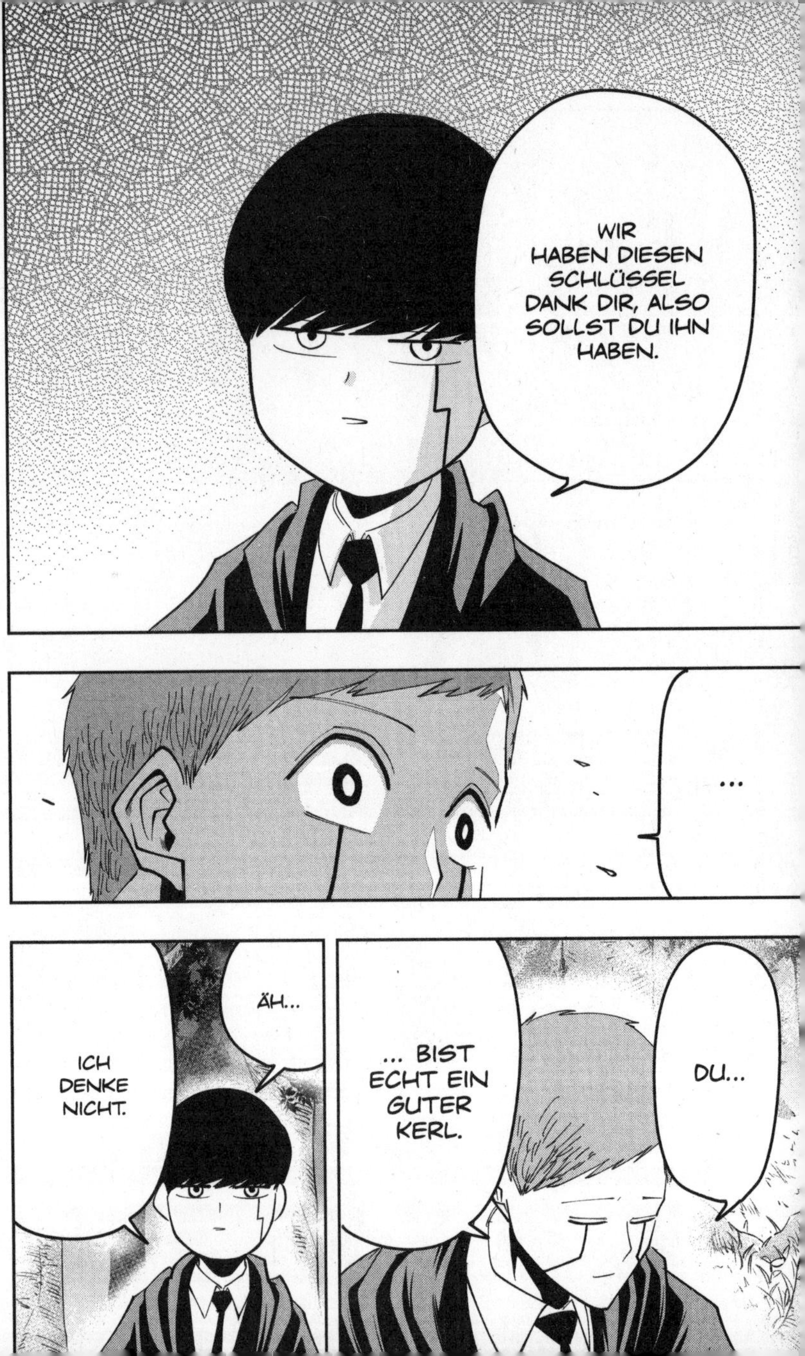
WIR HABEN DIESEN SCHLÜSSEL DANK DIR, ALSO SOLLST DU IHN HABEN.
...
DU...
... BIST ECHT EIN GUTER KERL.
ÄH...
ICH DENKE NICHT.

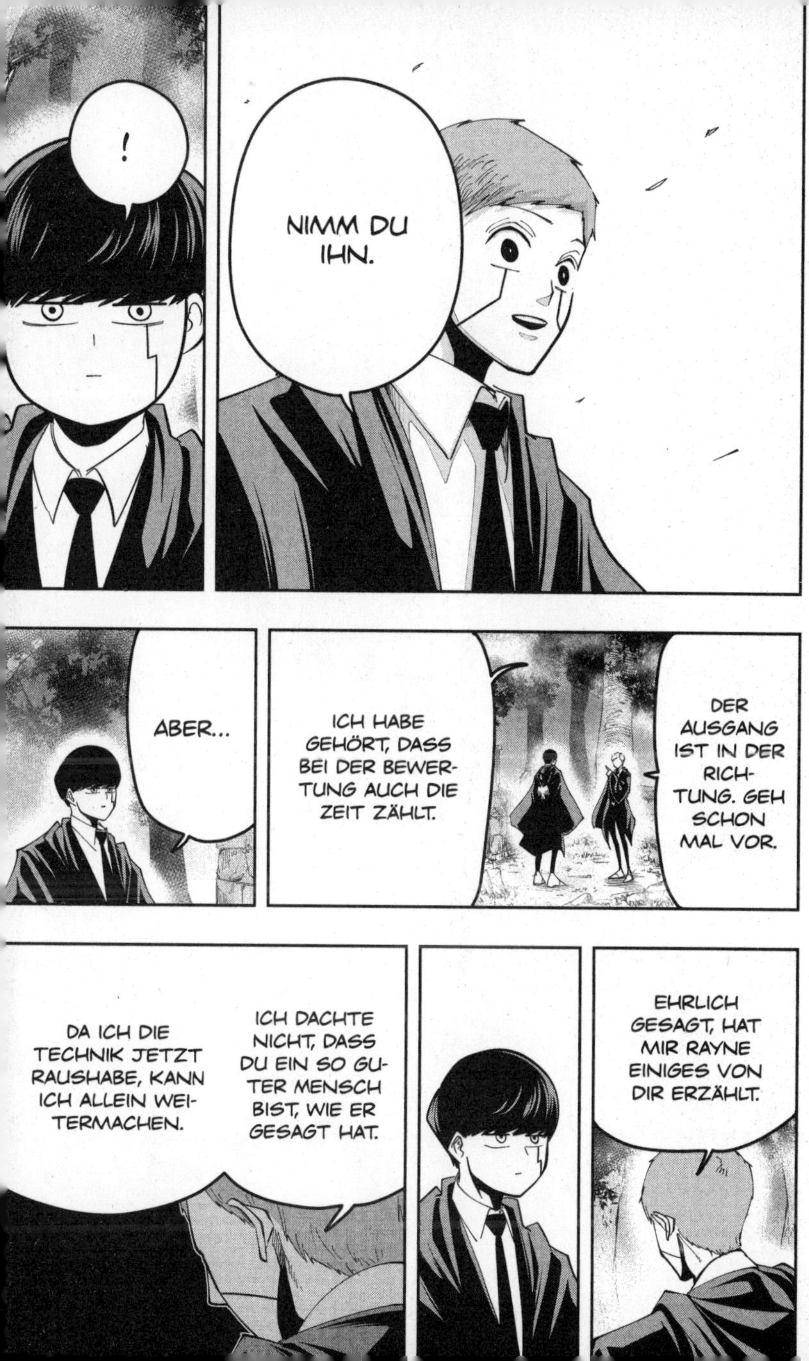
NIMM DU IHN.
!
DER AUSGANG IST IN DER RICHTUNG. GEH SCHON MAL VOR.
ICH HABE GEHÖRT, DASS BEI DER BEWERTUNG AUCH DIE ZEIT ZÄHLT.
ABER...
EHRLICH GESAGT, HAT MIR RAYNE EINIGES VON DIR ERZÄHLT.
ICH DACHTE NICHT, DASS DU EIN SO GUTER MENSCH BIST, WIE ER GESAGT HAT.
DA ICH DIE TECHNIK JETZT RAUSHABE, KANN ICH ALLEIN WEITERMACHEN.

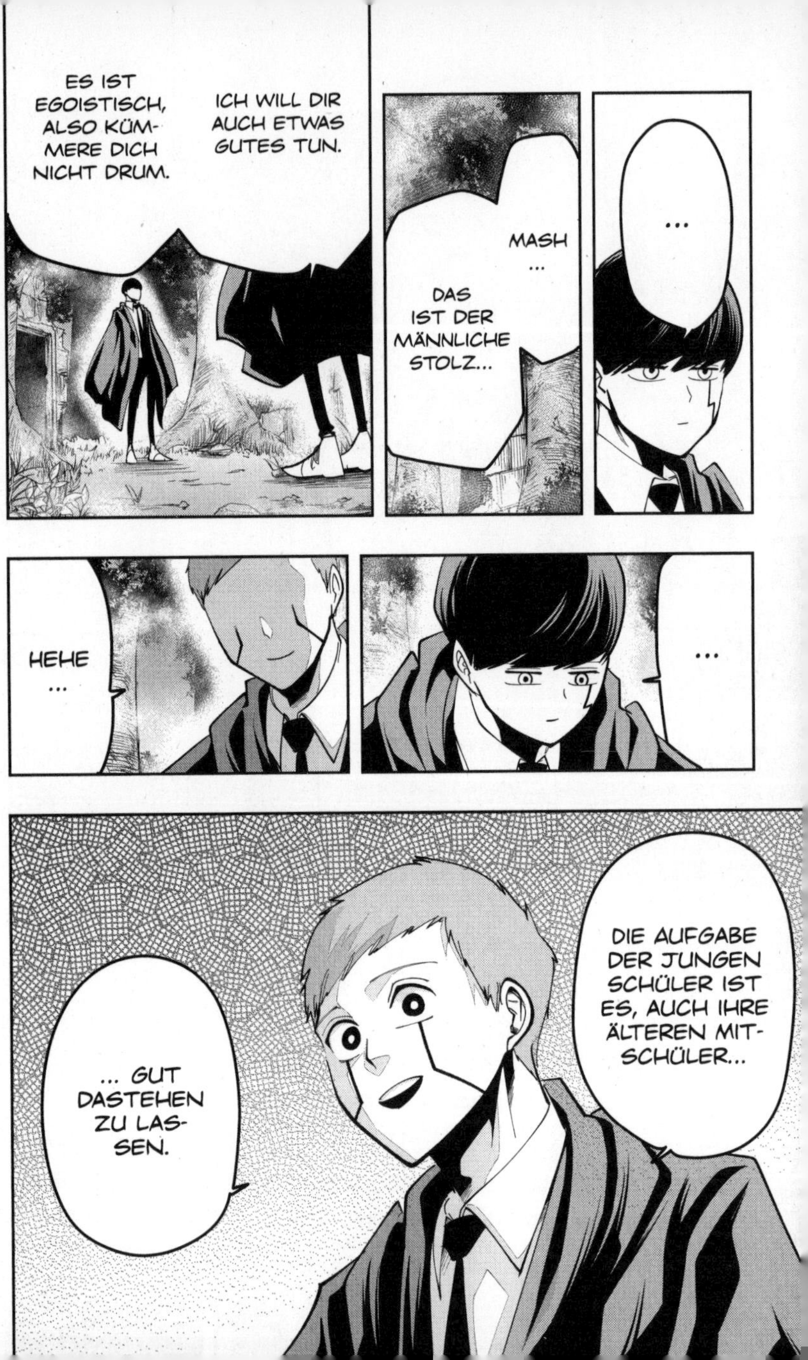
ICH WILL DIR AUCH ETWAS GUTES TUN.
ES IST EGOISTISCH, ALSO KÜMMERE DICH NICHT DRUM.
MASH ...
DAS IST DER MÄNNLICHE STOLZ...
...
...
HEHE ...
DIE AUFGABE DER JUNGEN SCHÜLER IST ES, AUCH IHRE ÄLTEREN MITSCHÜLER...
... GUT DASTEHEN ZU LASSEN.

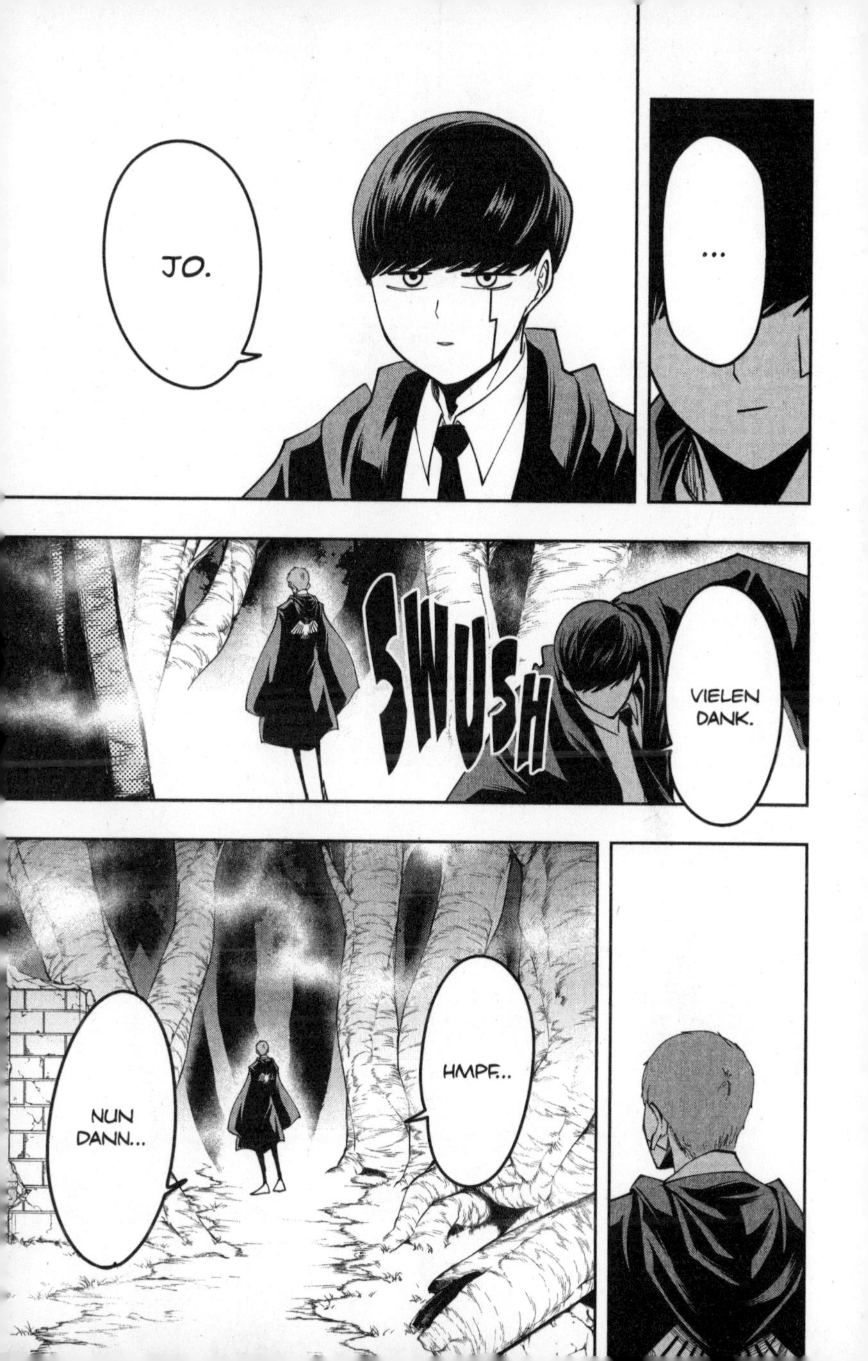
...
JO.
VIELEN DANK.
SWUSH
HMPF...
NUN DANN...

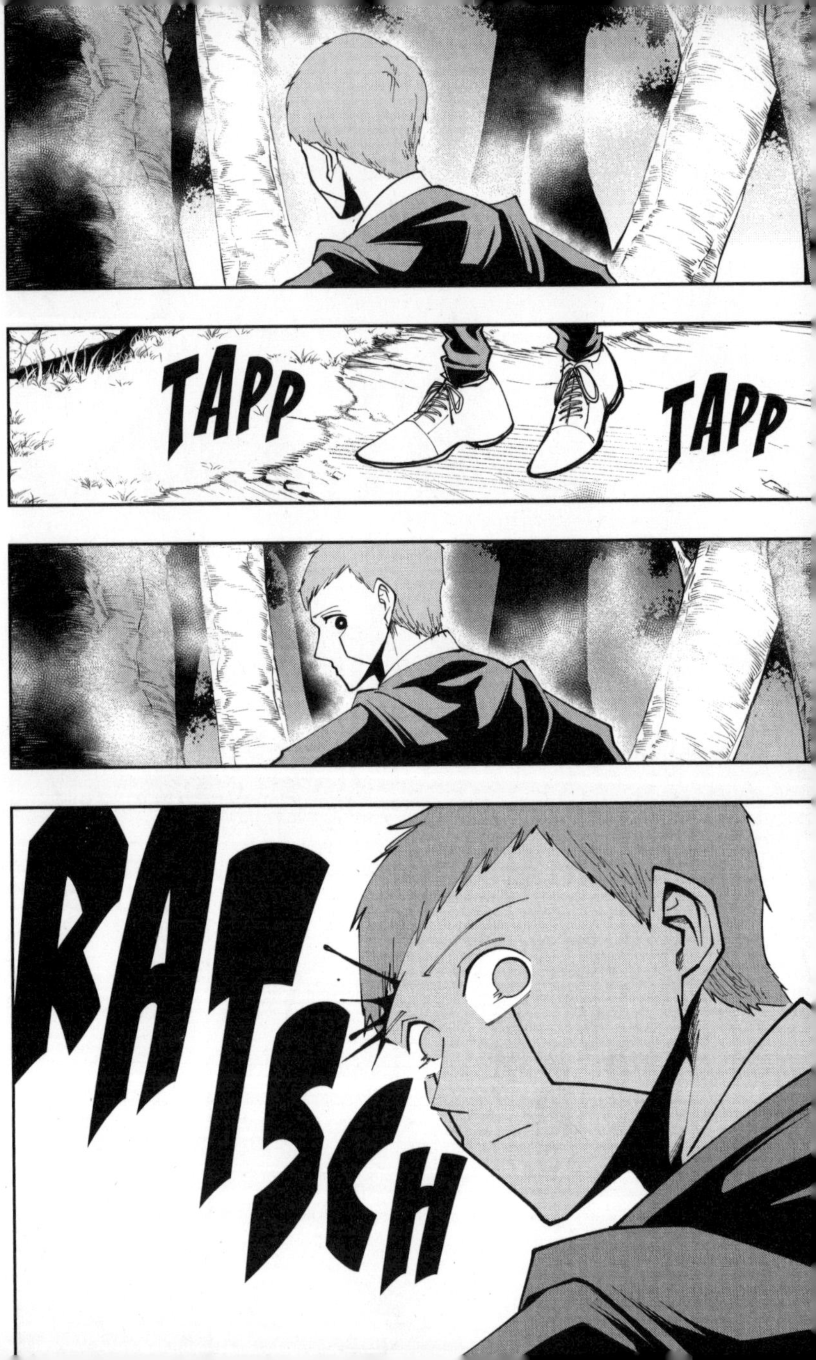
TAPP
TAPP
RATSCH

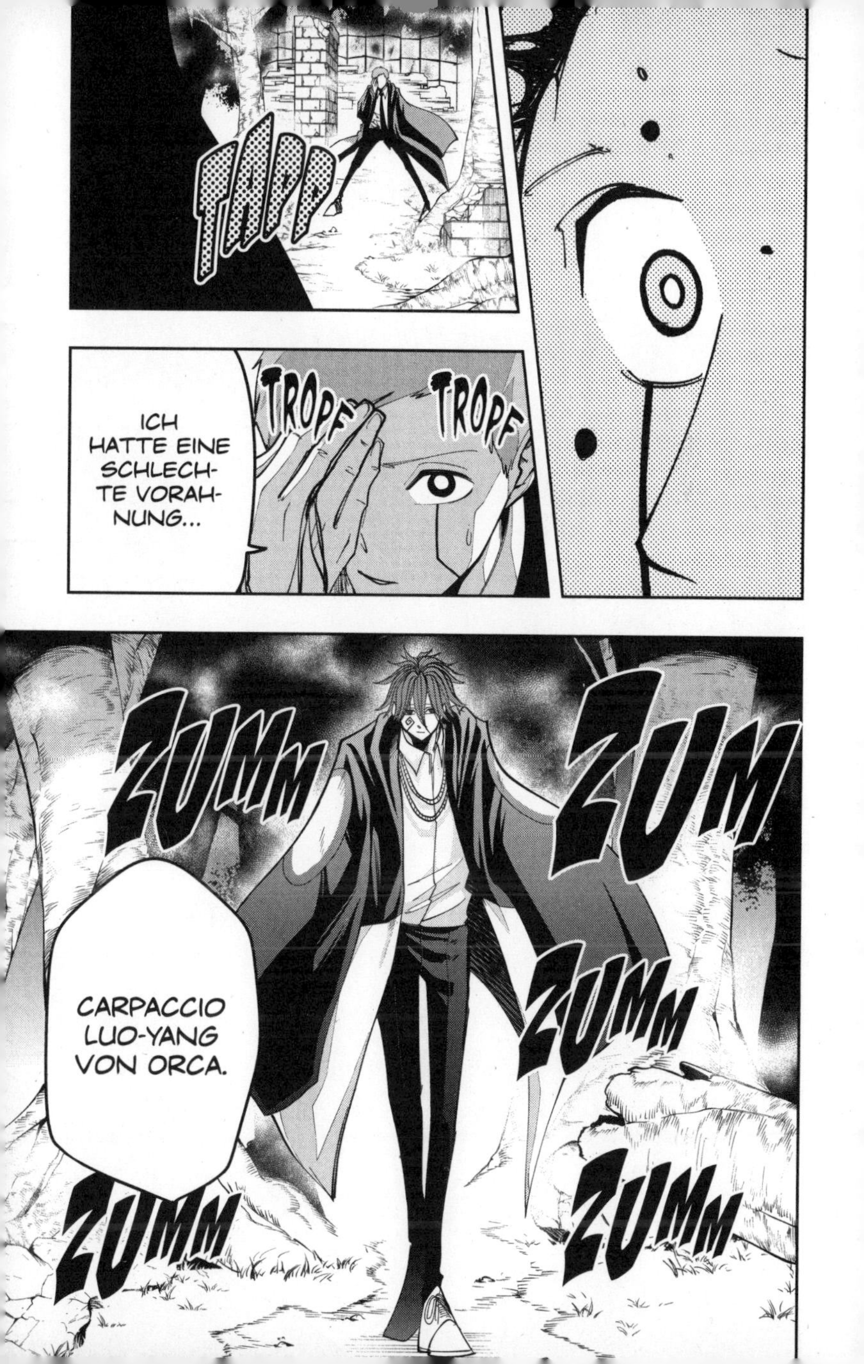

TAPP
TROPF TROPF
ICH HATTE EINE SCHLECH-TE VORAH-NUNG...
ZUM
ZUMM
CARPACCIO LUO-YANG VON ORCA.
ZUMM
ZUMM
ZUMM

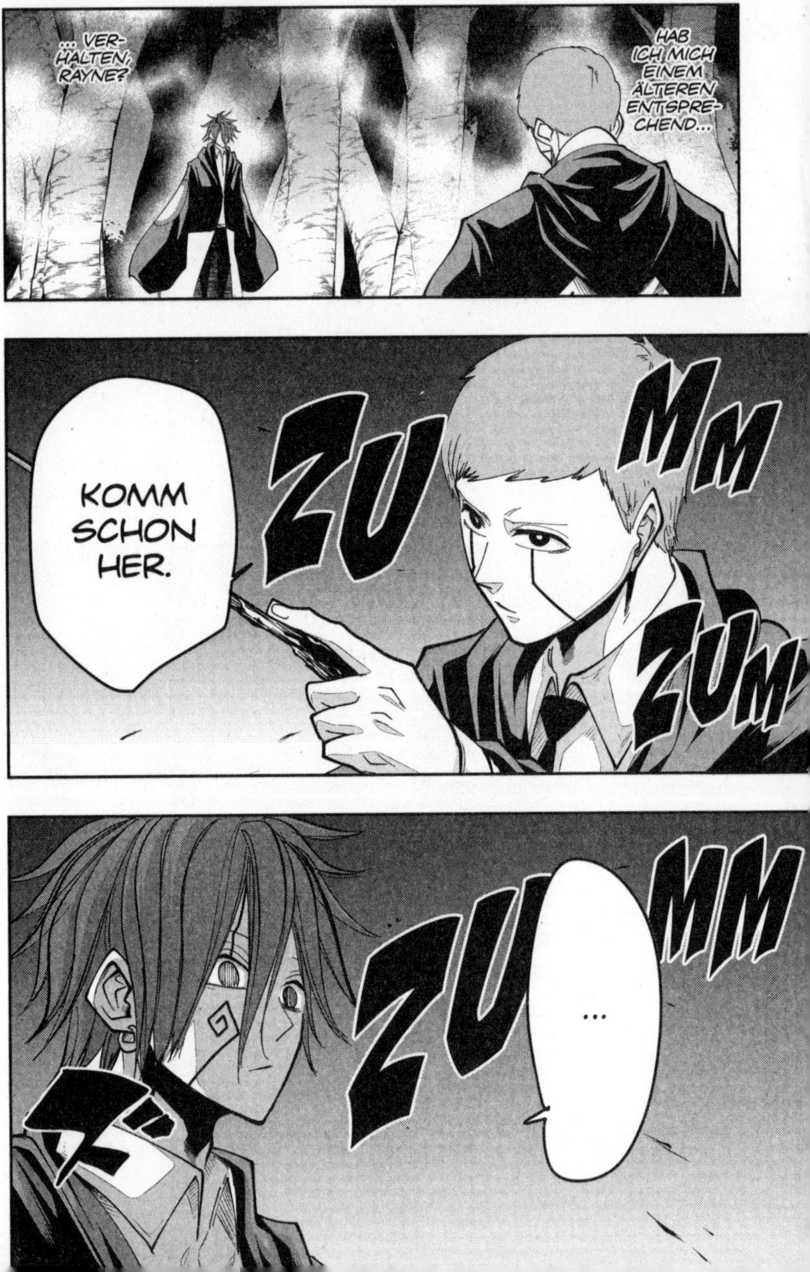
HAB ICH MICH EINEM ÄLTEREN ENTSPRE-CHEND...
... VER-HALTEN, RAYNE?
ZU MM
ZUM
KOMM SCHON HER.
ZU MM
...

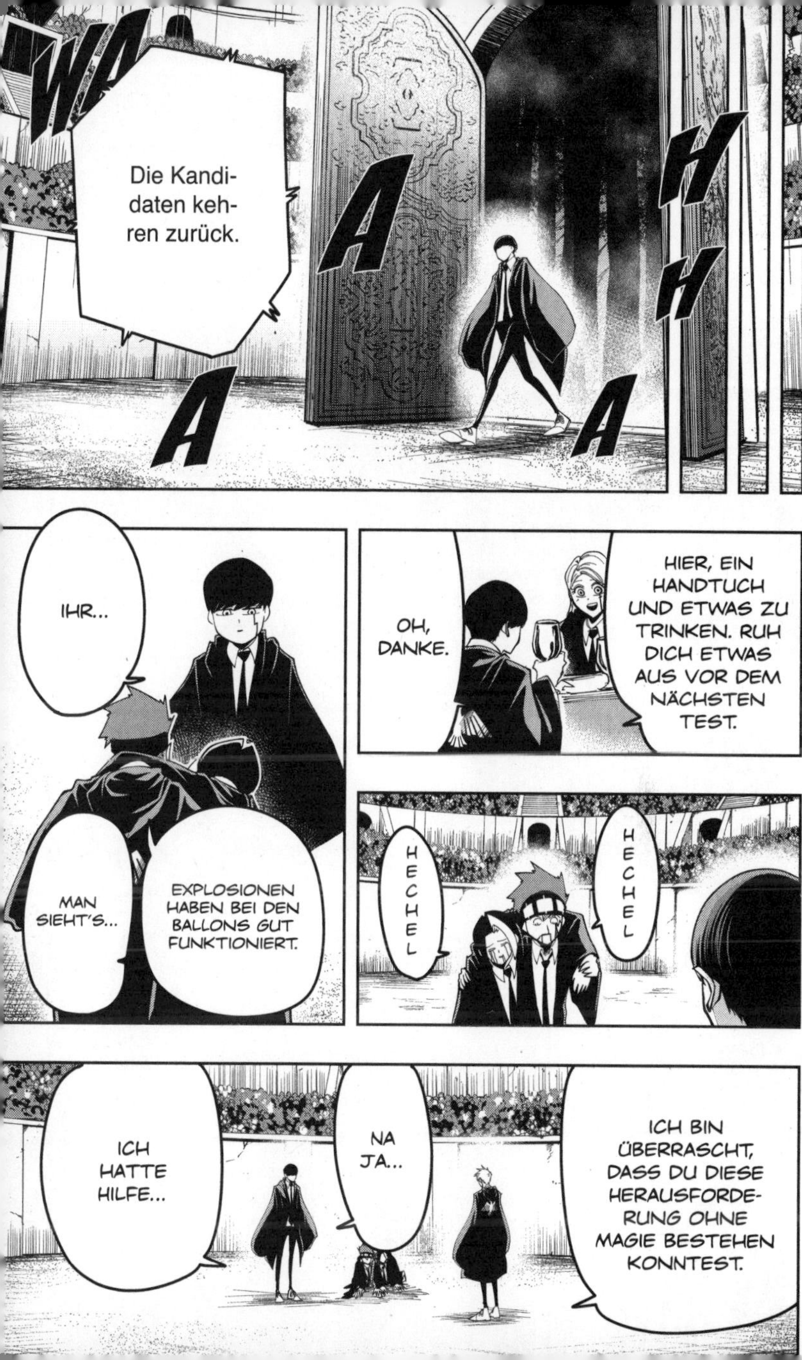
WA
A
H
H
A
A
Die Kandidaten kehren zurück.
HIER, EIN HANDTUCH UND ETWAS ZU TRINKEN. RUH DICH ETWAS AUS VOR DEM NÄCHSTEN TEST.
OH, DANKE.
HECHEL
HECHEL
IHR...
EXPLOSIONEN HABEN BEI DEN BALLONS GUT FUNKTIONIERT.
MAN SIEHT'S...
ICH BIN ÜBERRASCHT, DASS DU DIESE HERAUSFORDERUNG OHNE MAGIE BESTEHEN KONNTEST.
NA JA...
ICH HATTE HILFE...

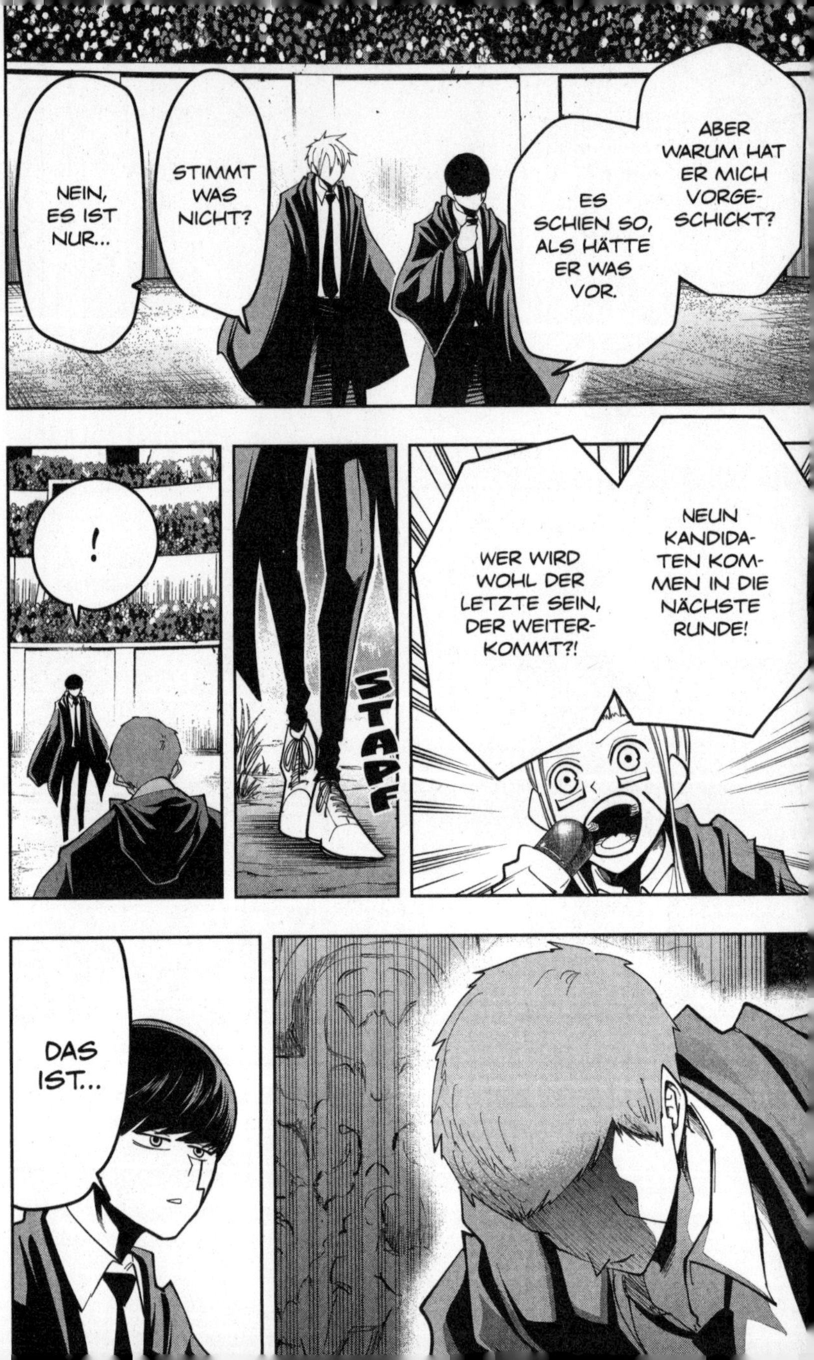
ABER WARUM HAT ER MICH VORGE-SCHICKT?
ES SCHIEN SO, ALS HÄTTE ER WAS VOR.
STIMMT WAS NICHT?
NEIN, ES IST NUR...
NEUN KANDIDA-TEN KOM-MEN IN DIE NÄCHSTE RUNDE!
WER WIRD WOHL DER LETZTE SEIN, DER WEITER-KOMMT?!
STAPF
!
DAS IST...

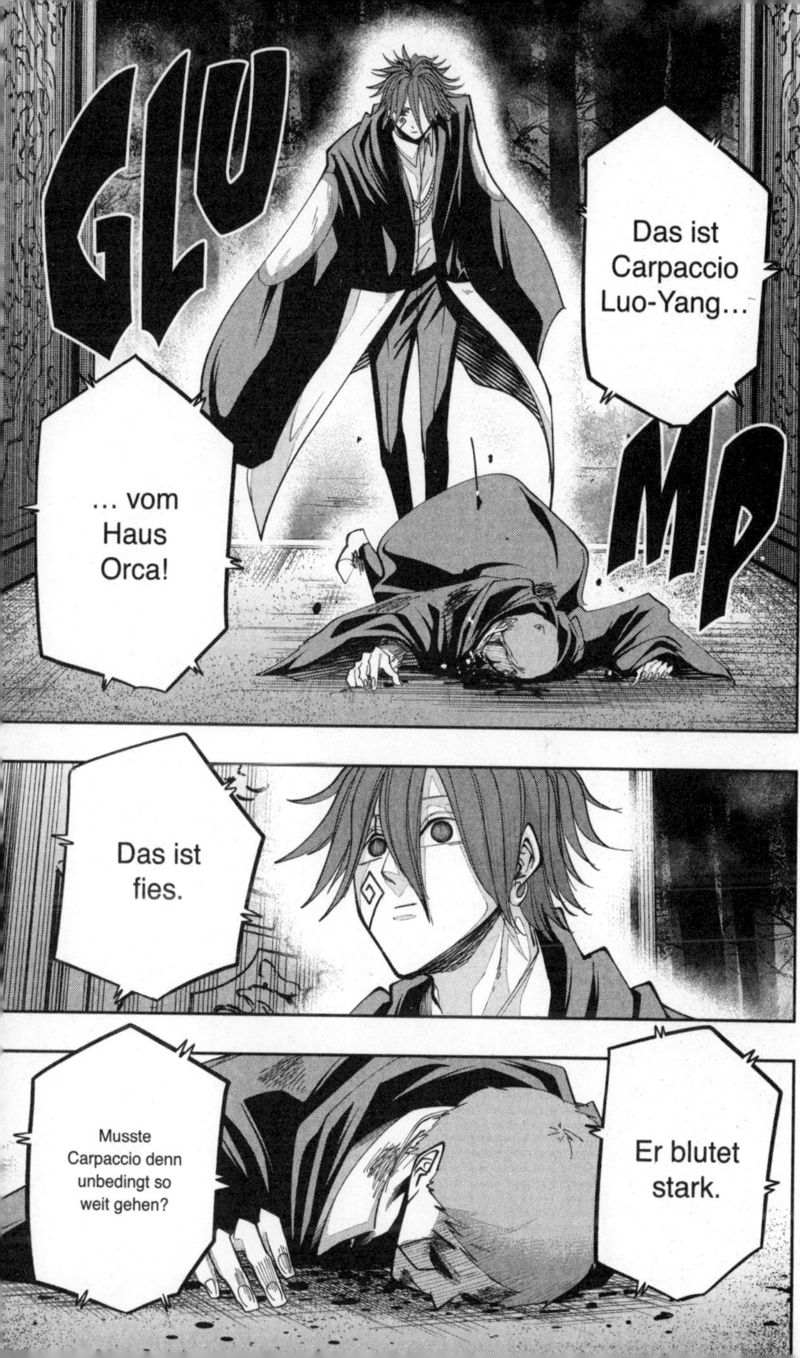
GLU
Das ist Carpaccio Luo-Yang…
MP
… vom Haus Orca!
Das ist fies.
Er blutet stark.
Musste Carpaccio denn unbedingt so weit gehen?

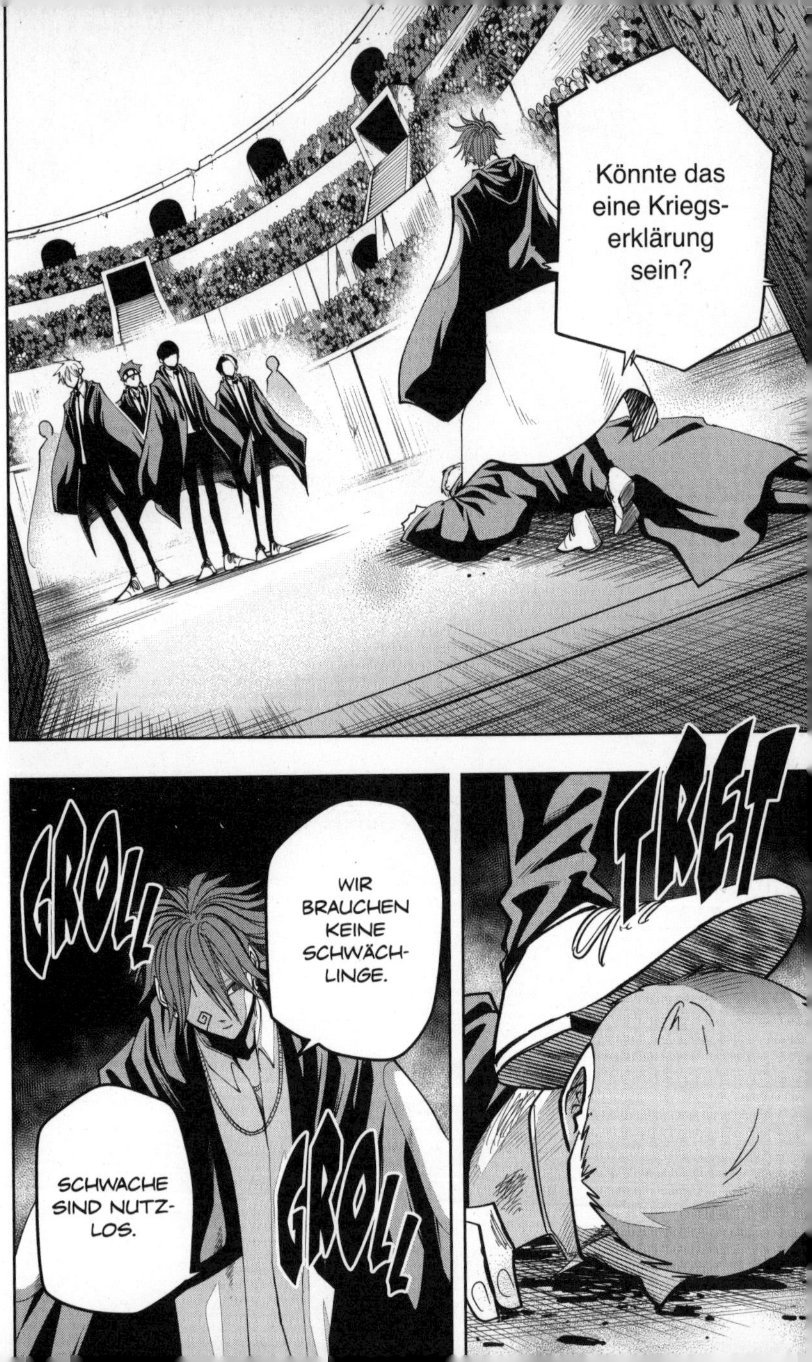
Könnte das eine Kriegs-erklärung sein?
TRET
GROLL
WIR BRAUCHEN KEINE SCHWÄCH-LINGE.
SCHWACHE SIND NUTZ-LOS.
GROLL

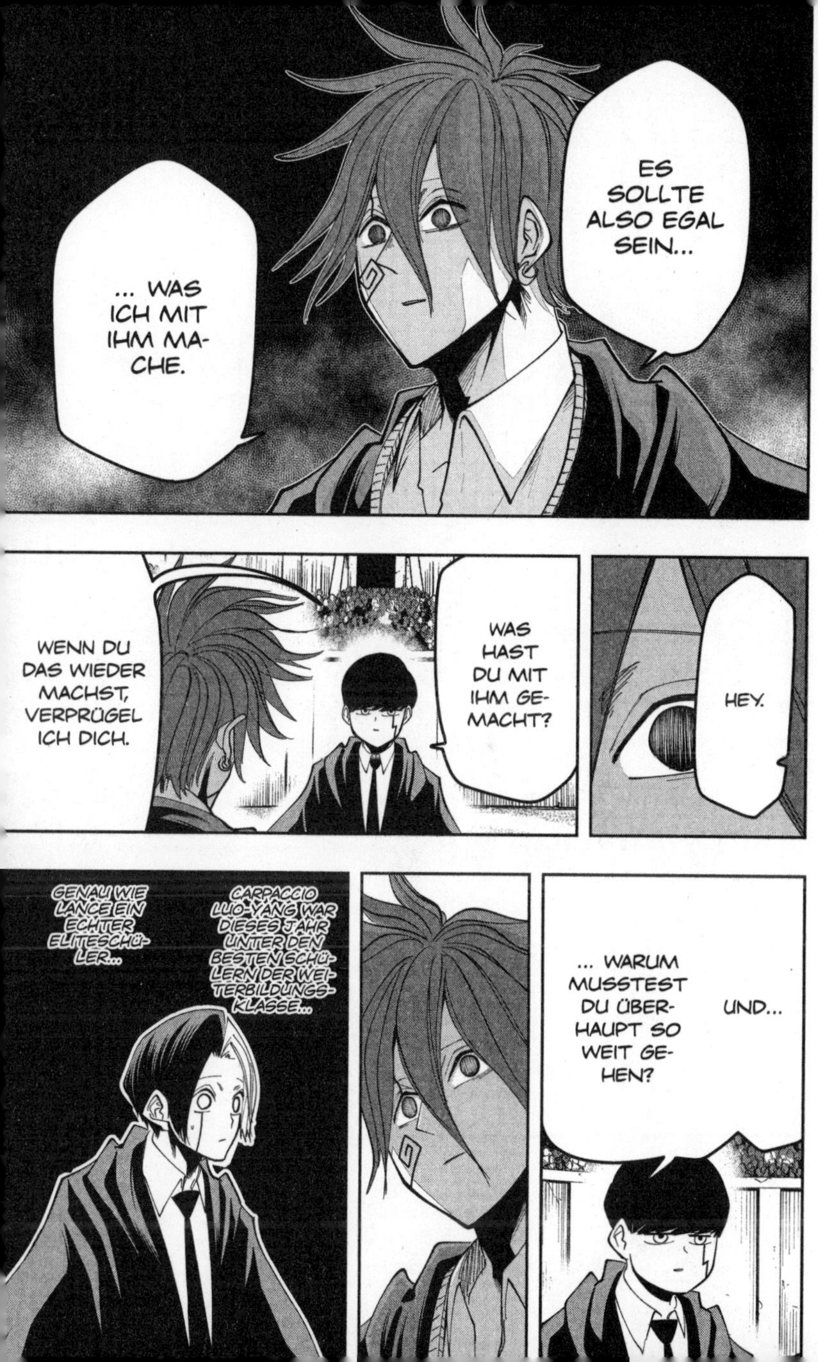
ES SOLLTE ALSO EGAL SEIN...
... WAS ICH MIT IHM MACHE.
HEY.
WAS HAST DU MIT IHM GEMACHT?
WENN DU DAS WIEDER MACHST, VERPRÜGEL ICH DICH.
UND...
... WARUM MUSSTEST DU ÜBERHAUPT SO WEIT GEHEN?
CARPACCIO LUO-YANG WAR DIESES JAHR UNTER DEN BESTEN SCHÜLERN DER WEITERBILDUNGSKLASSE...
GENAU WIE LANCE EIN ECHTER ELITESCHÜLER...

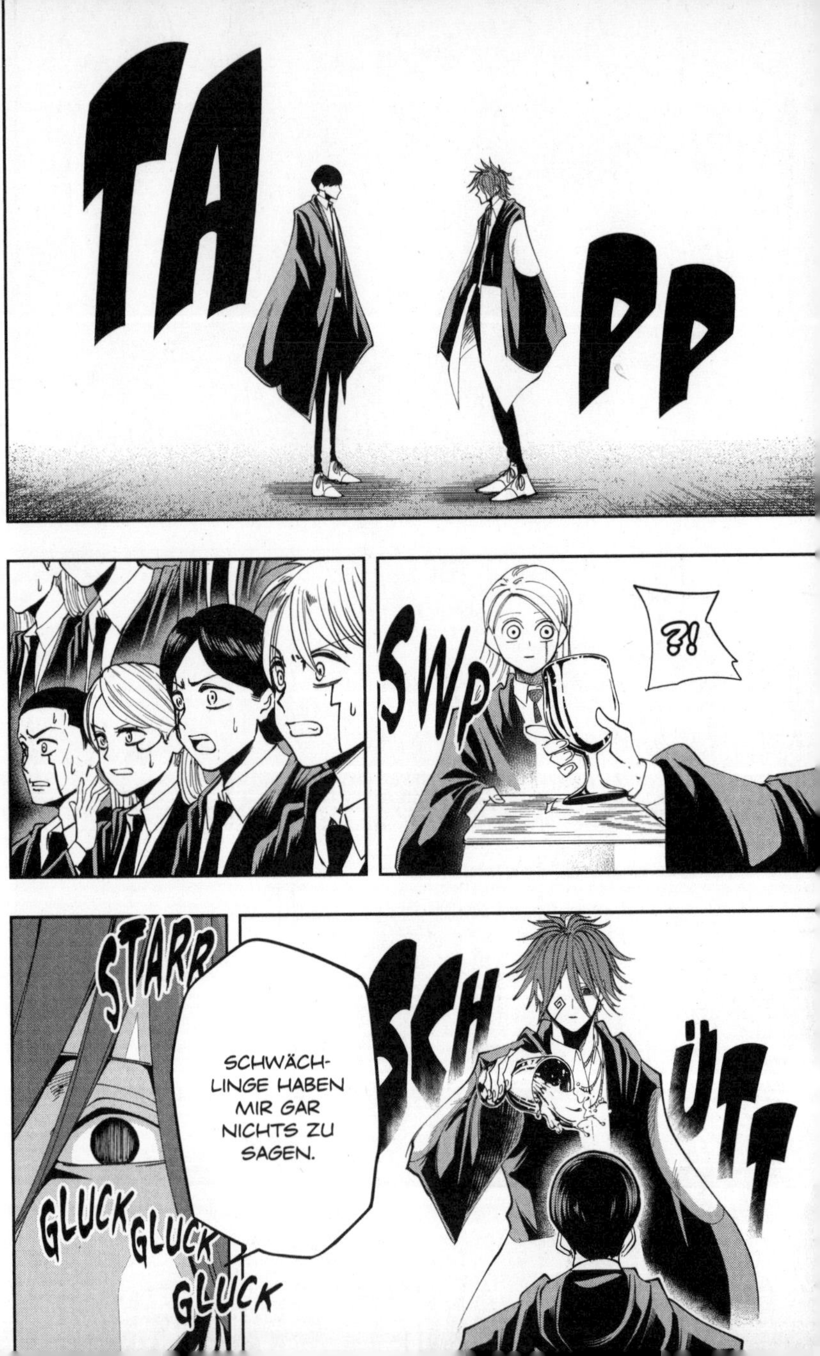
TAPP
?!
SWP
SCHÜTT
SCHWÄCH-LINGE HABEN MIR GAR NICHTS ZU SAGEN.
STARR
GLUCK GLUCK GLUCK

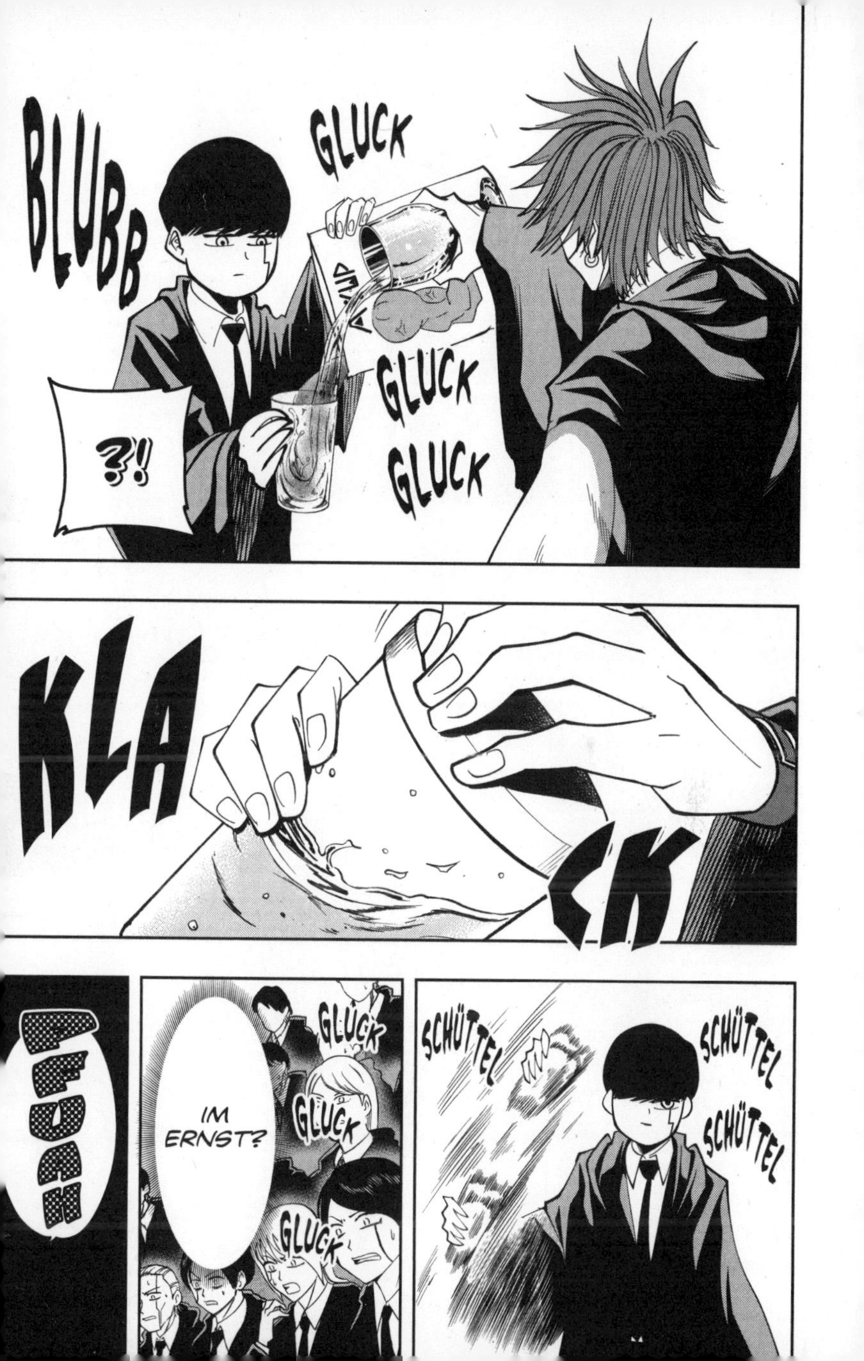
GLUCK
BLUBB
GLUCK
GLUCK
?!
KLA
CK
SCHÜTTEL
SCHÜTTEL
SCHÜTTEL
GLUCK
GLUCK
IM ERNST?
GLUCK
PFUAH

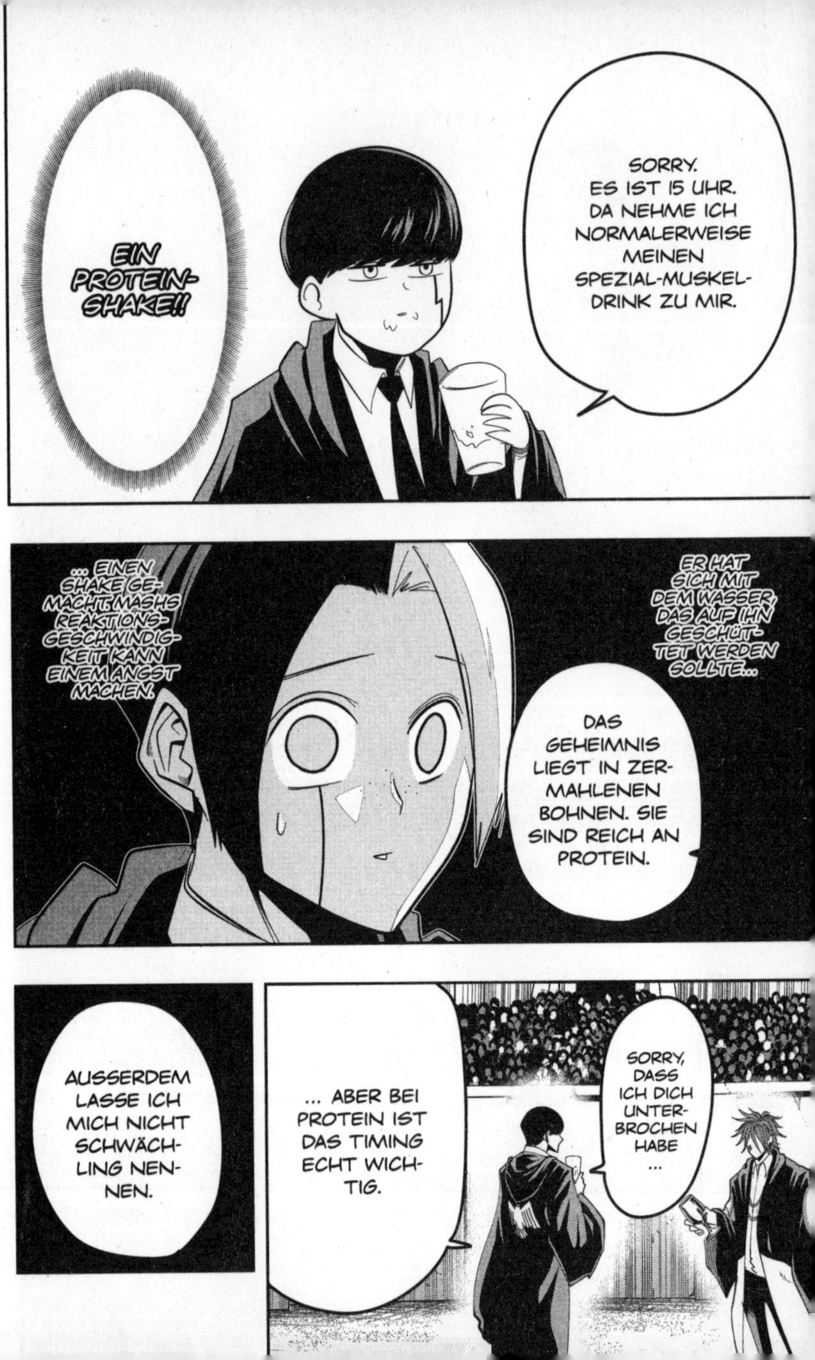
SORRY. ES IST 15 UHR. DA NEHME ICH NORMALERWEISE MEINEN SPEZIAL-MUSKELDRINK ZU MIR.
EIN PROTEIN-SHAKE!!
ER HAT SICH MIT DEM WASSER, DAS AUF IHN GESCHÜTTET WERDEN SOLLTE...
... EINEN SHAKE GEMACHT. MASHS REAKTIONSGESCHWINDIGKEIT KANN EINEM ANGST MACHEN.
DAS GEHEIMNIS LIEGT IN ZERMAHLENEN BOHNEN. SIE SIND REICH AN PROTEIN.
SORRY, DASS ICH DICH UNTERBROCHEN HABE ...
... ABER BEI PROTEIN IST DAS TIMING ECHT WICHTIG.
AUSSERDEM LASSE ICH MICH NICHT SCHWÄCHLING NENNEN.

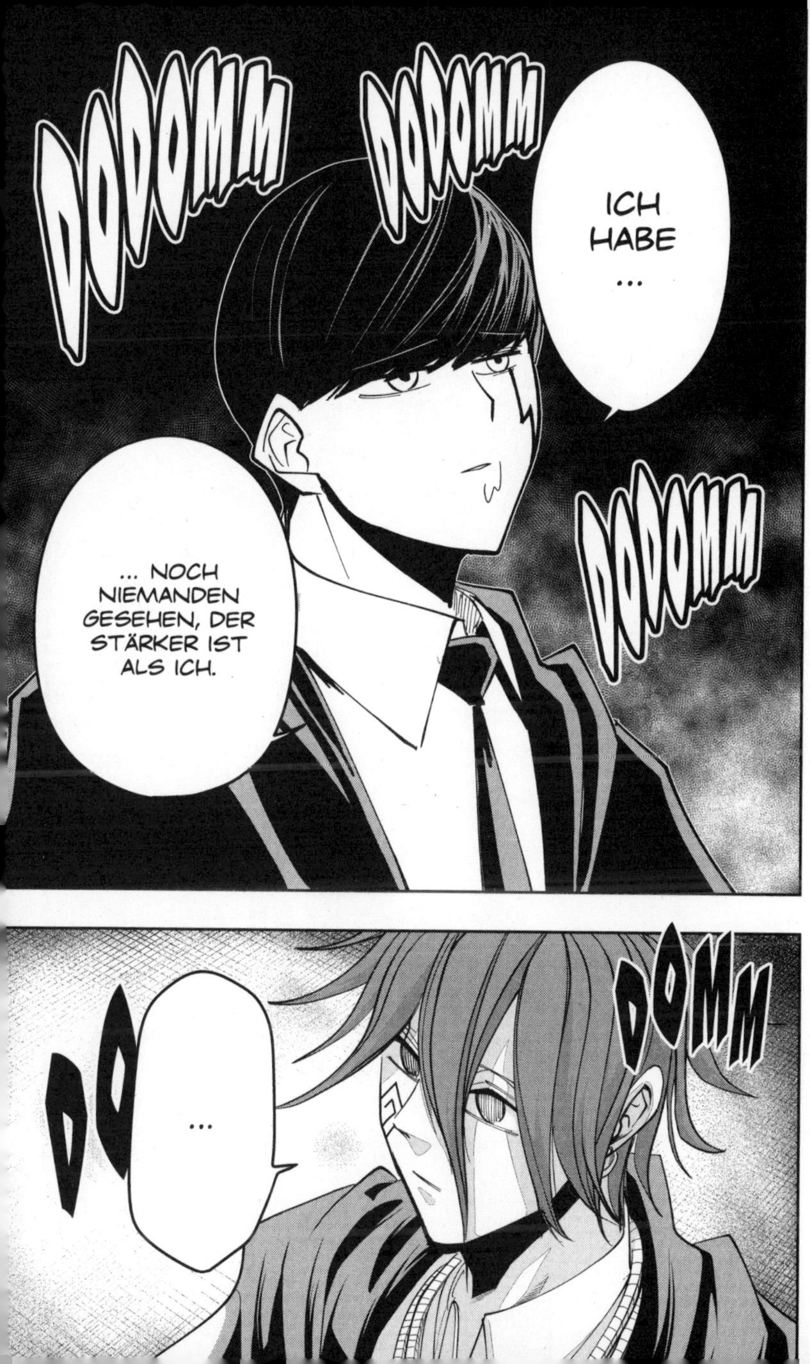
ICH HABE ...
DODOMM
DODOMM
DODOMM
... NOCH NIEMANDEN GESEHEN, DER STÄRKER IST ALS ICH.
DOMM
...
DO

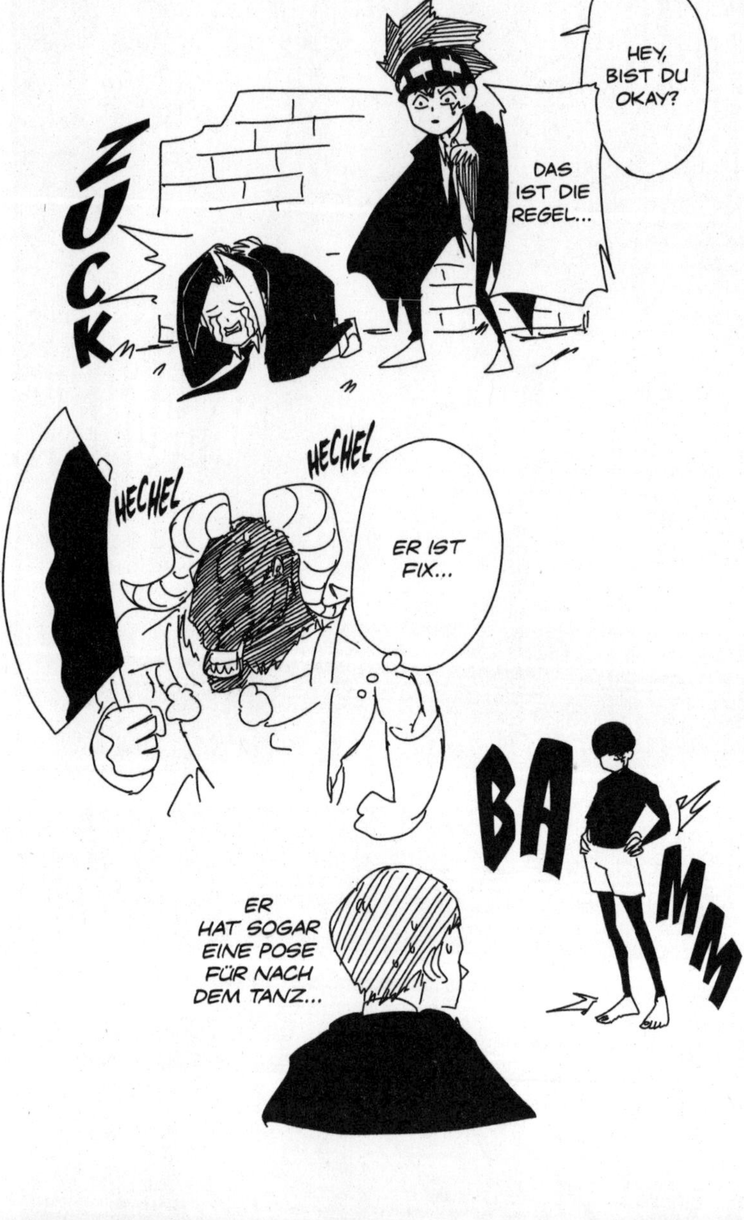
HEY, BIST DU OKAY?
DAS IST DIE REGEL...
ZUCK
HECHEL
HECHEL
ER IST FIX...
BAMM
ER HAT SOGAR EINE POSE FÜR NACH DEM TANZ...

51. Kapitel Mash Burnedead und der zerbrochene Kristall

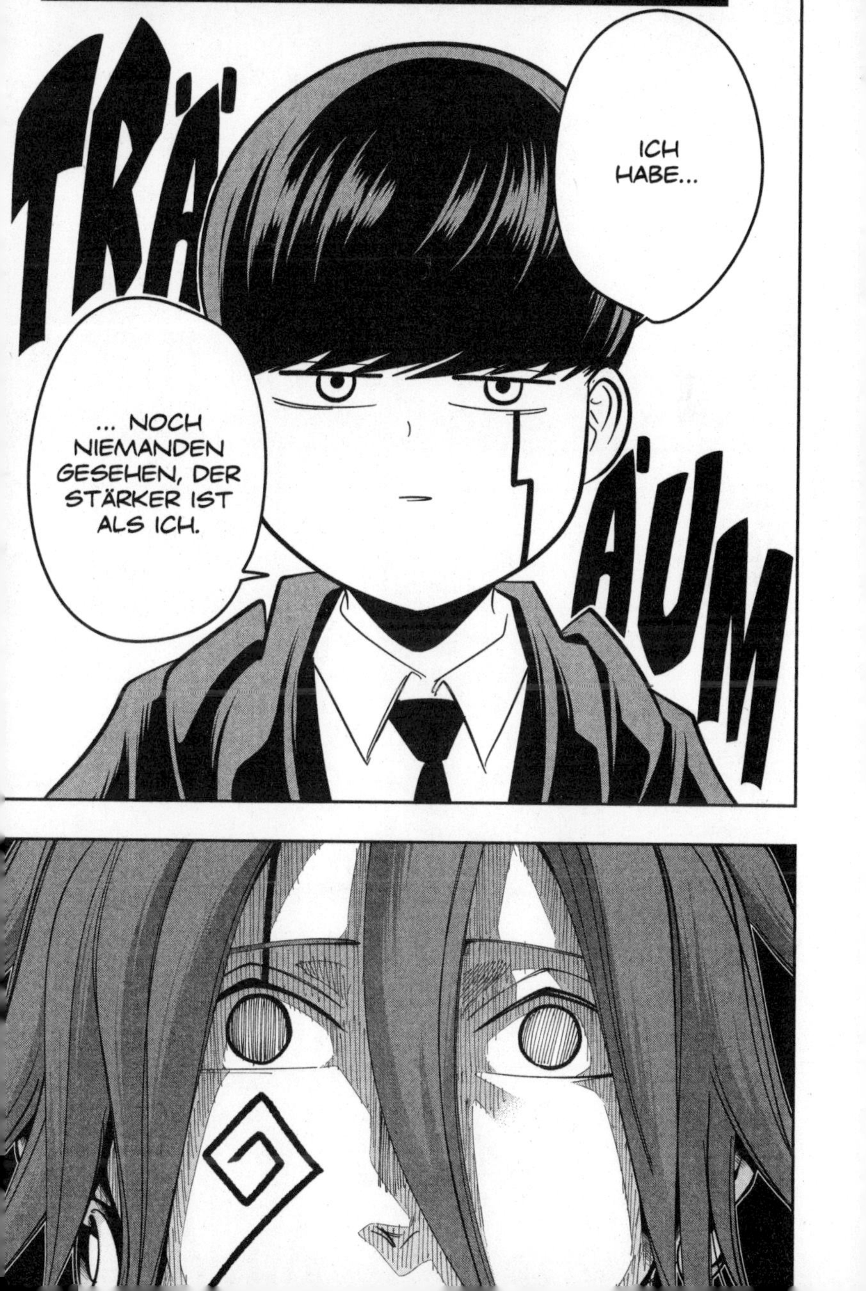

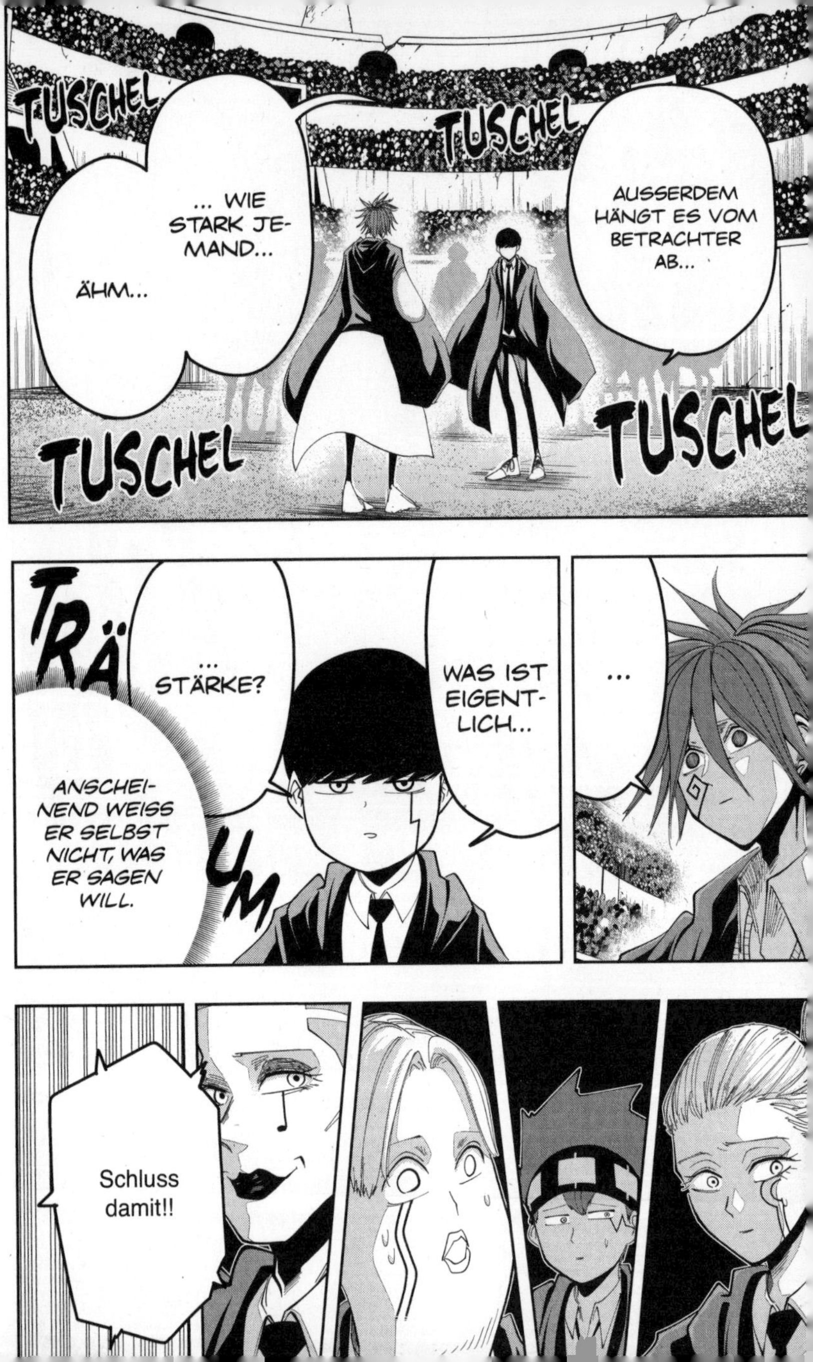
TUSCHEL
TUSCHEL
AUSSERDEM HÄNGT ES VOM BETRACHTER AB...
... WIE STARK JE-MAND...
ÄHM...
TUSCHEL
TUSCHEL
...
WAS IST EIGENT-LICH...
... STÄRKE?
TRÄ
UM
ANSCHEI-NEND WEISS ER SELBST NICHT, WAS ER SAGEN WILL.
Schluss damit!!

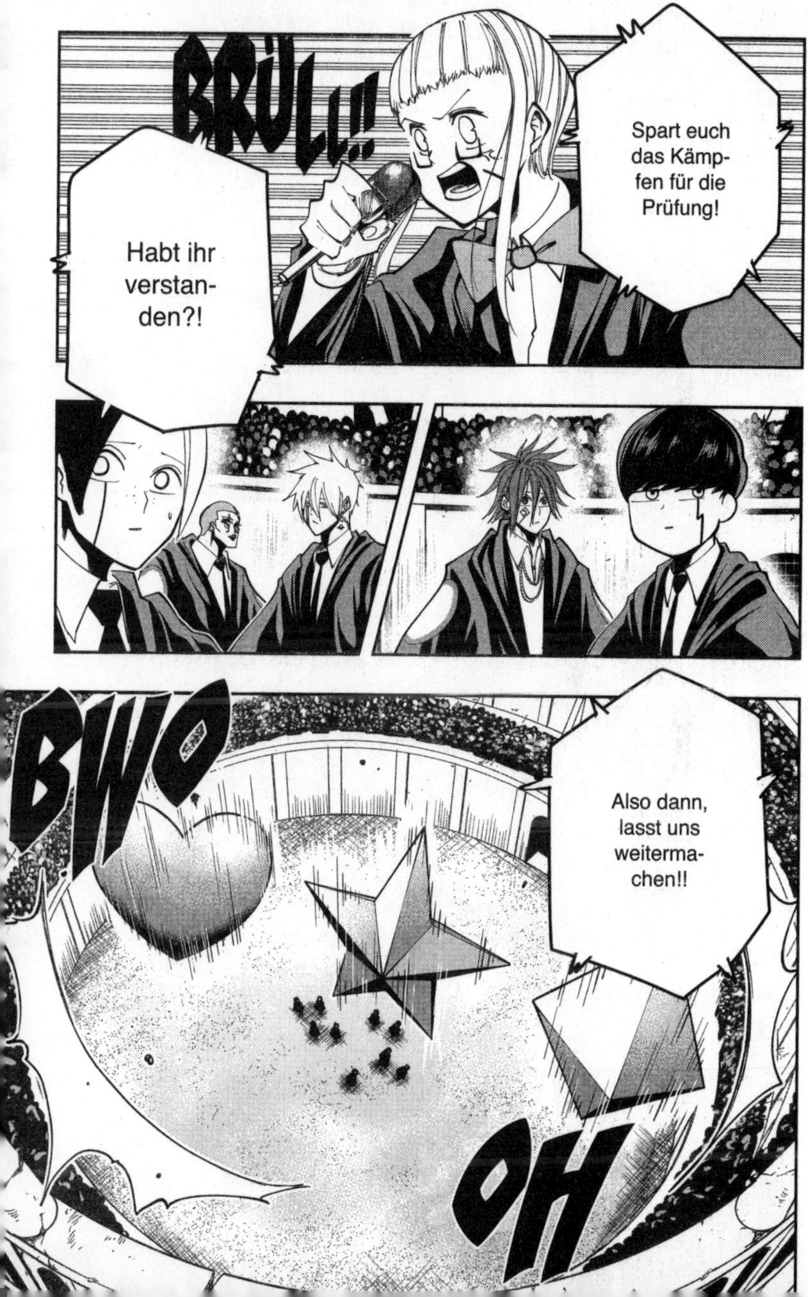
BRÜLL!!
Spart euch das Kämpfen für die Prüfung!
Habt ihr verstanden?!
Also dann, lasst uns weitermachen!!
BWO
OH

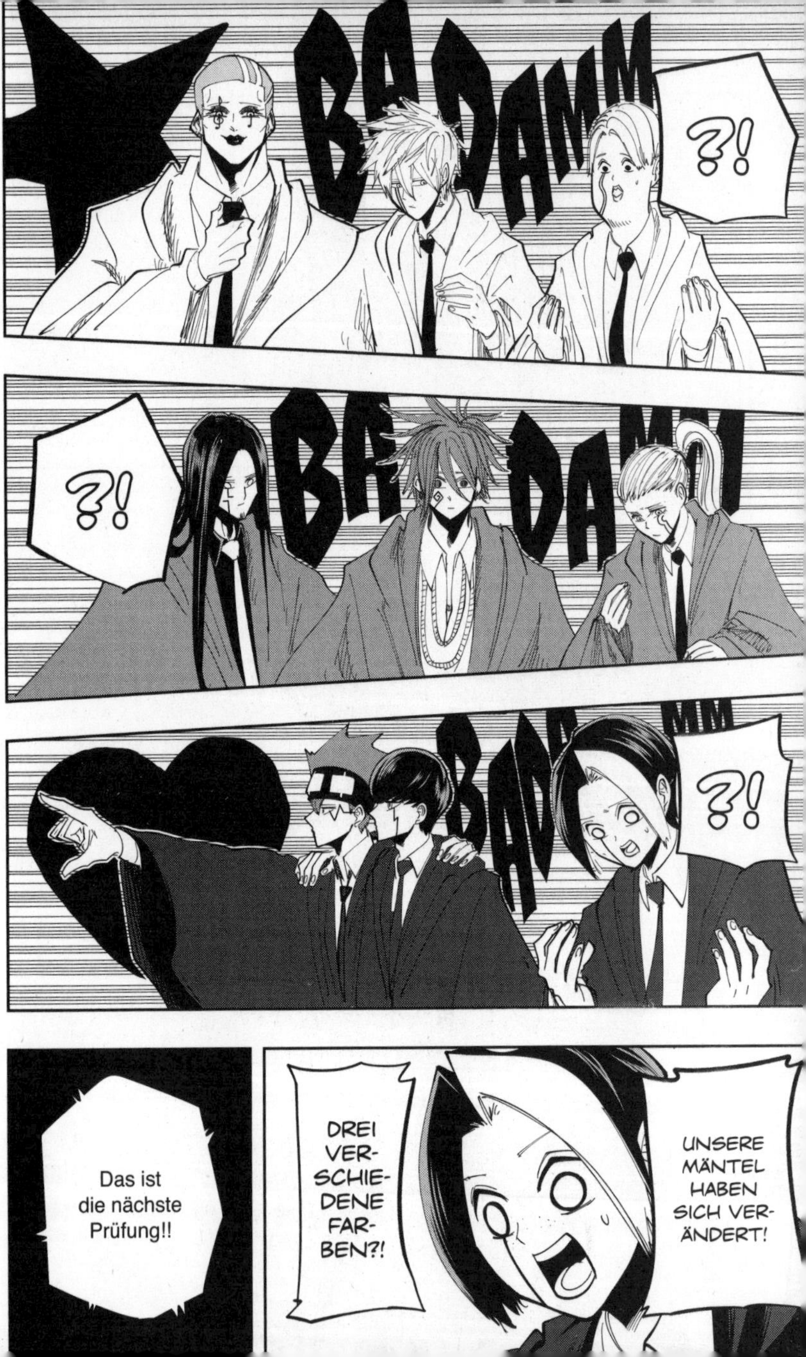
BADAMM
?!
?!
?!
UNSERE MÄNTEL HABEN SICH VERÄNDERT!
DREI VERSCHIEDENE FARBEN?!
Das ist die nächste Prüfung!!

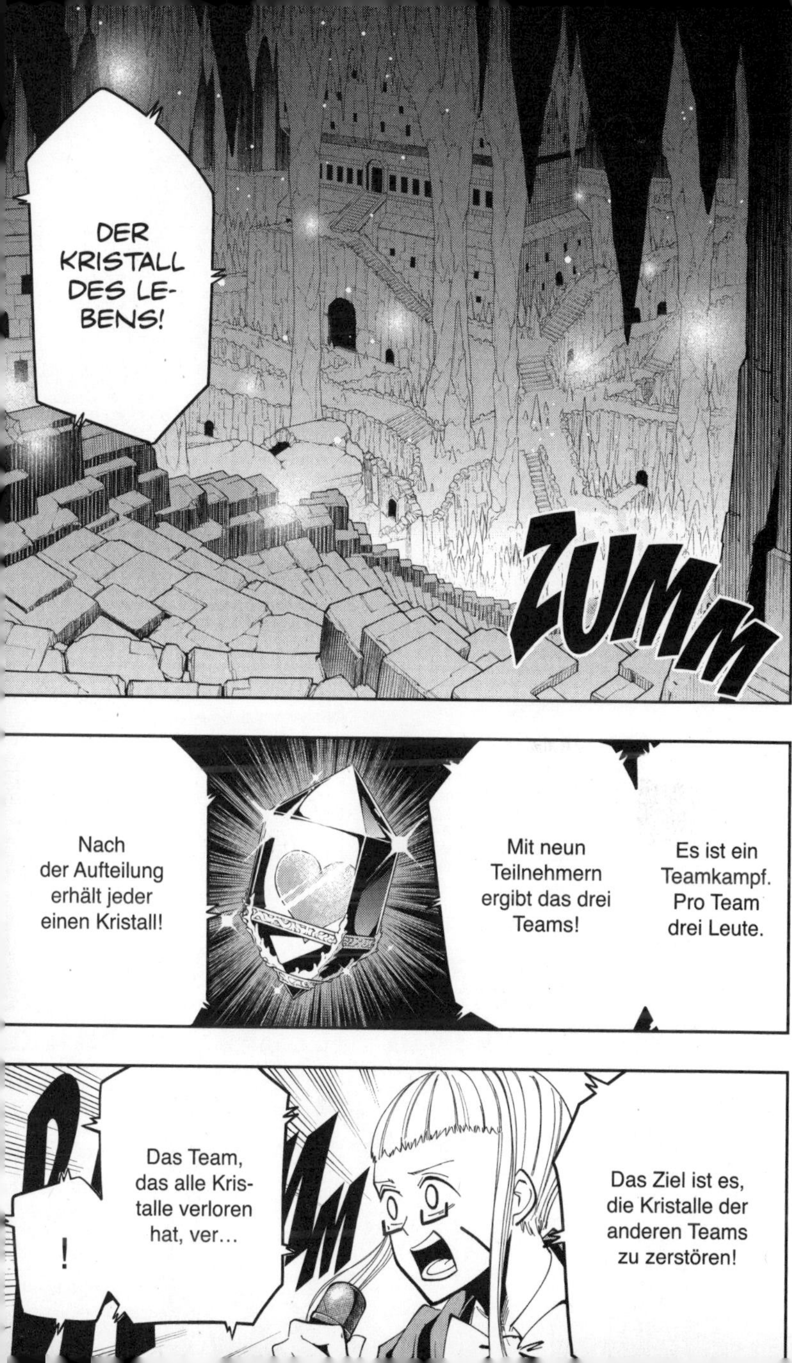
DER KRISTALL DES LE-BENS!
ZUMM
Es ist ein Teamkampf. Pro Team drei Leute.
Mit neun Teilnehmern ergibt das drei Teams!
Nach der Aufteilung erhält jeder einen Kristall!
Das Ziel ist es, die Kristalle der anderen Teams zu zerstören!
Das Team, das alle Kris-talle verloren hat, ver…
!

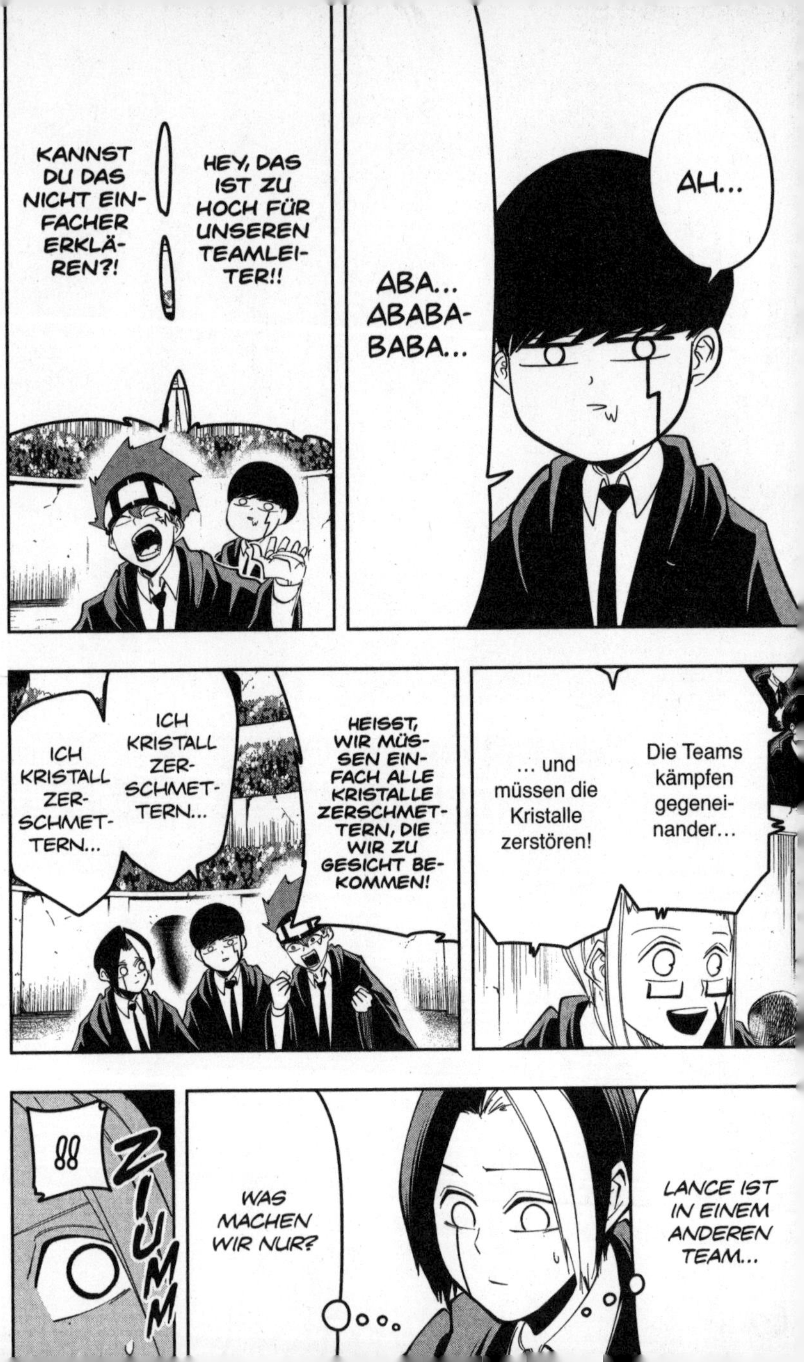
AH...
ABA... ABABA-BABA...
HEY, DAS IST ZU HOCH FÜR UNSEREN TEAMLEITER!!
KANNST DU DAS NICHT EINFACHER ERKLÄREN?!
Die Teams kämpfen gegeneinander…
… und müssen die Kristalle zerstören!
HEISST, WIR MÜSSEN EINFACH ALLE KRISTALLE ZERSCHMETTERN, DIE WIR ZU GESICHT BEKOMMEN!
ICH KRISTALL ZERSCHMETTERN...
ICH KRISTALL ZERSCHMETTERN...
LANCE IST IN EINEM ANDEREN TEAM...
WAS MACHEN WIR NUR?
ZIUMM
!!

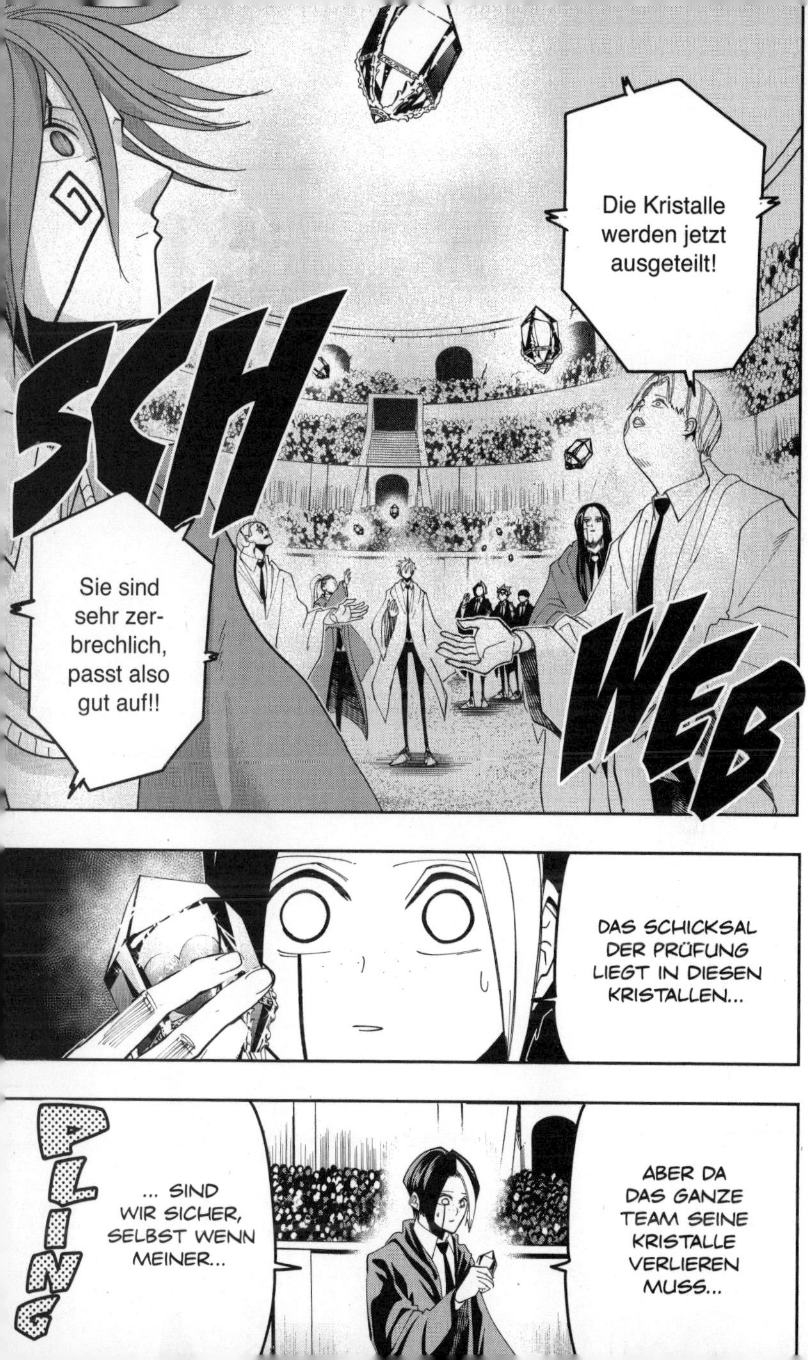
Die Kristalle werden jetzt ausgeteilt!
SCHWEB
Sie sind sehr zerbrechlich, passt also gut auf!!
DAS SCHICKSAL DER PRÜFUNG LIEGT IN DIESEN KRISTALLEN...
ABER DA DAS GANZE TEAM SEINE KRISTALLE VERLIEREN MUSS...
... SIND WIR SICHER, SELBST WENN MEINER...
PLING

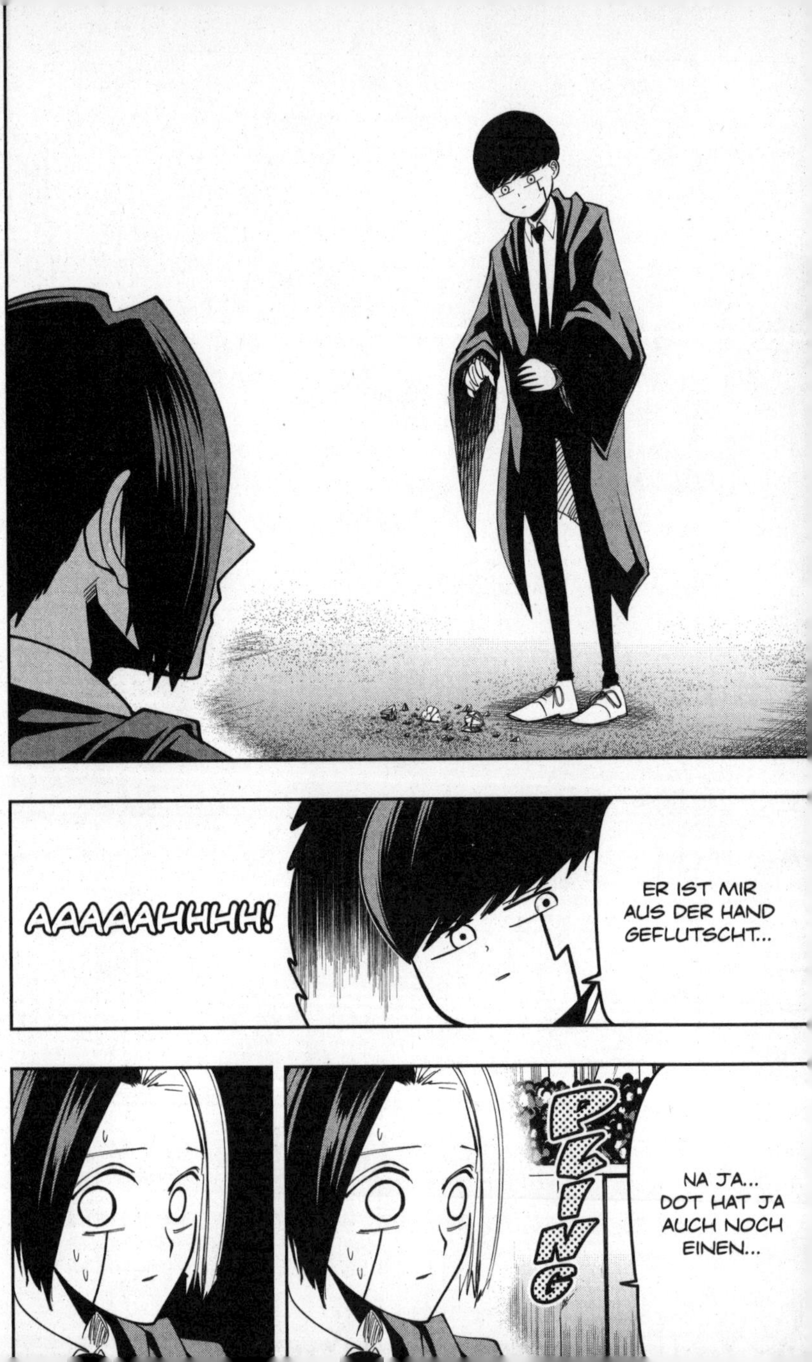

ER IST MIR AUS DER HAND GEFLUTSCHT...
AAAAAHHHH!
NA JA... DOT HAT JA AUCH NOCH EINEN...
PLING

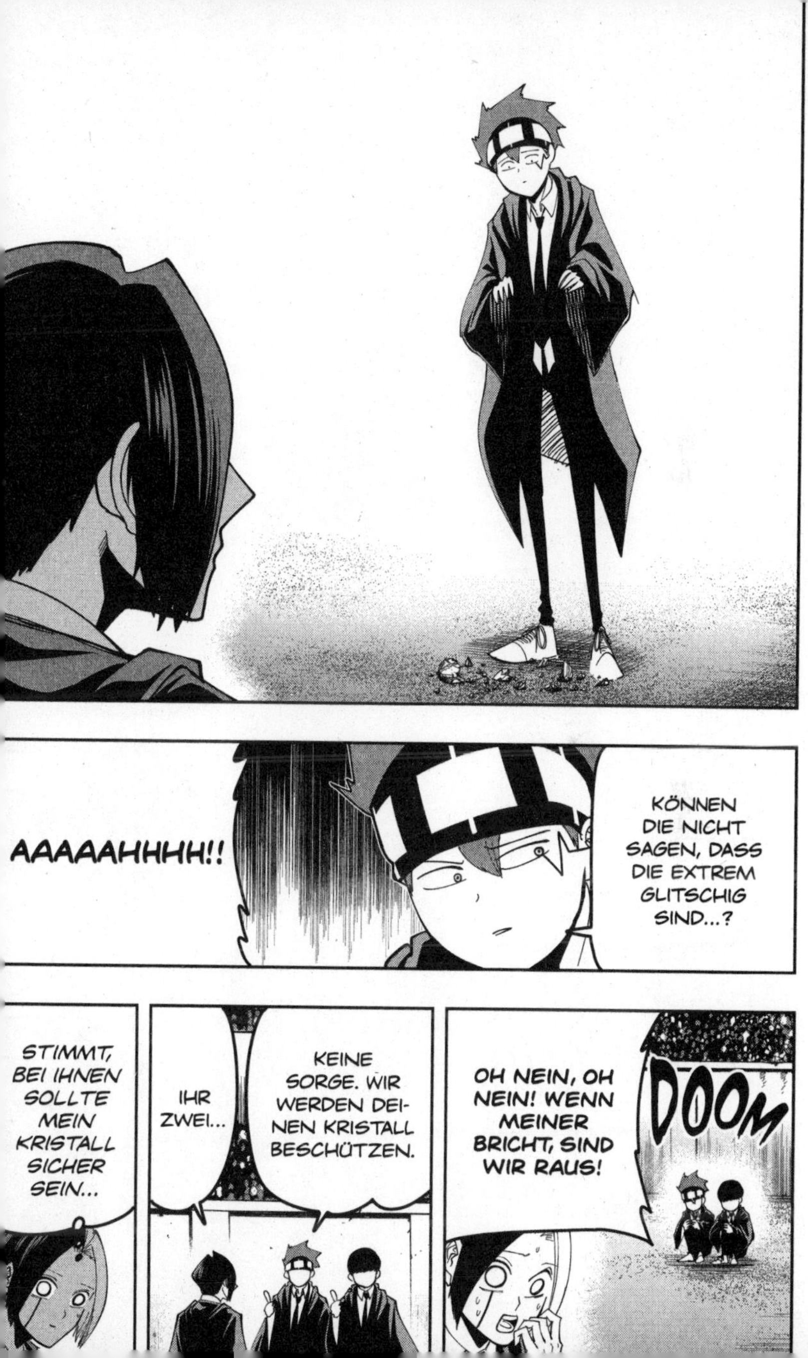
KÖNNEN DIE NICHT SAGEN, DASS DIE EXTREM GLITSCHIG SIND...?
AAAAAHHHH!!
DOOM
OH NEIN, OH NEIN! WENN MEINER BRICHT, SIND WIR RAUS!
KEINE SORGE. WIR WERDEN DEI-NEN KRISTALL BESCHÜTZEN.
IHR ZWEI...
STIMMT, BEI IHNEN SOLLTE MEIN KRISTALL SICHER SEIN...

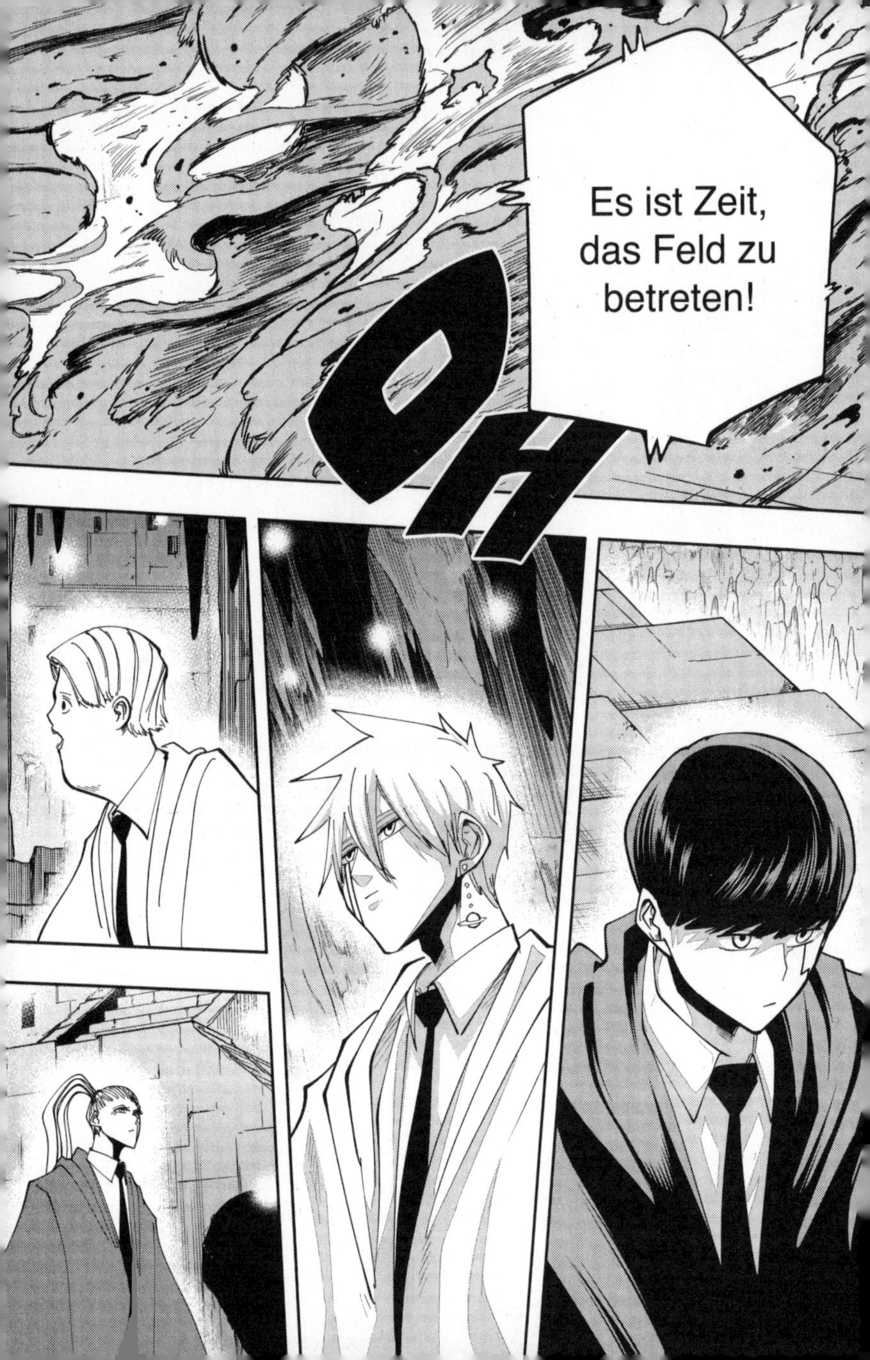
Es ist Zeit, das Feld zu betreten!

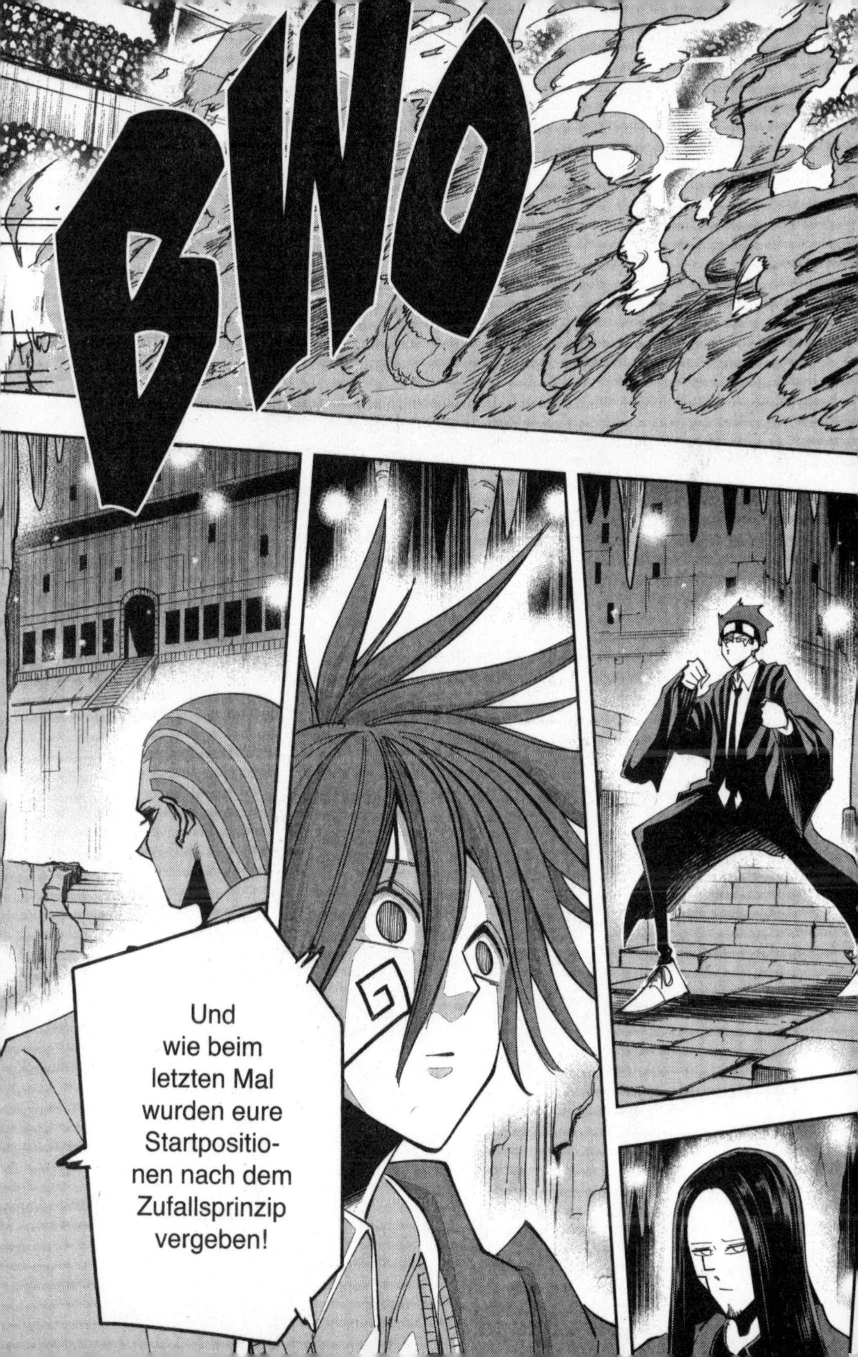
BWO
Und wie beim letzten Mal wurden eure Startpositionen nach dem Zufallsprinzip vergeben!

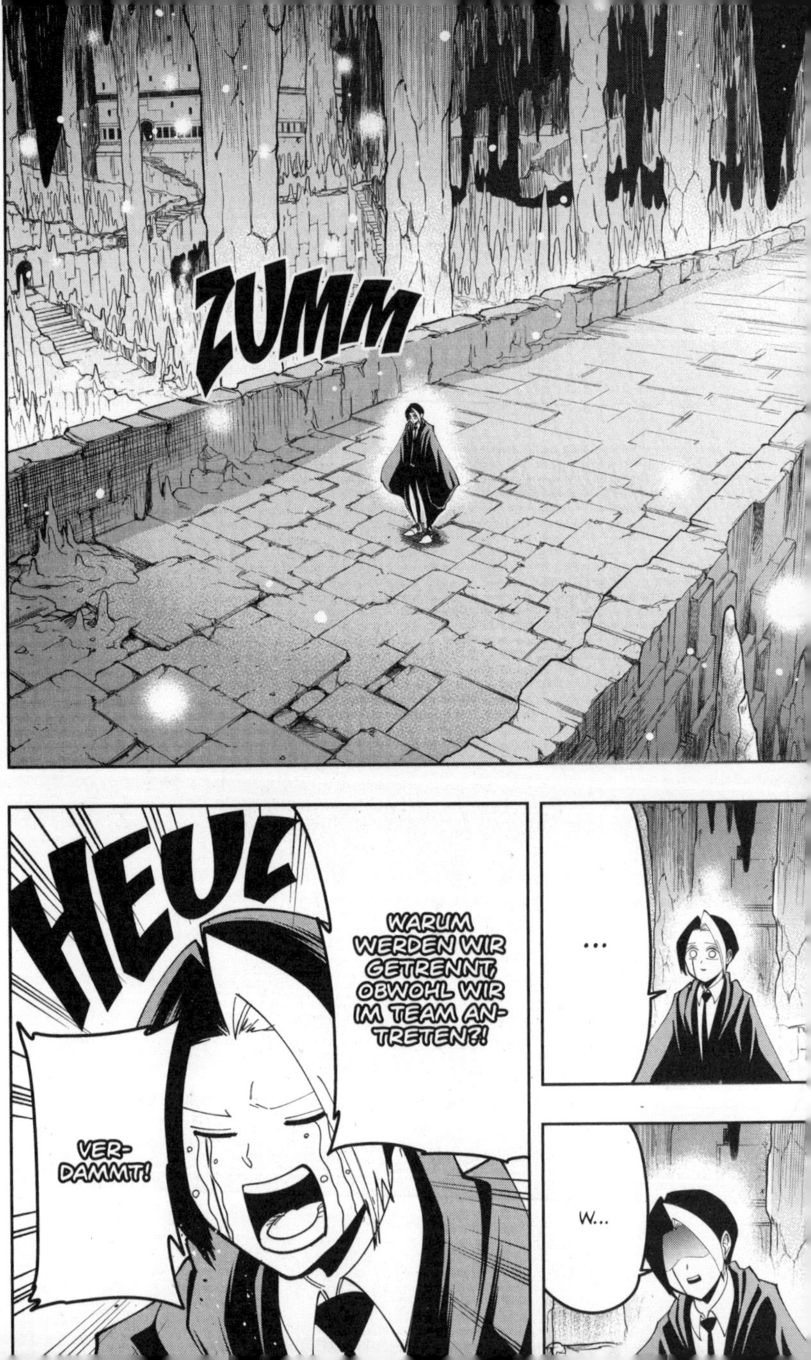
ZUMM
...
W...
HEUL
WARUM WERDEN WIR GETRENNT, OBWOHL WIR IM TEAM ANTRETEN?!
VER-DAMMT!

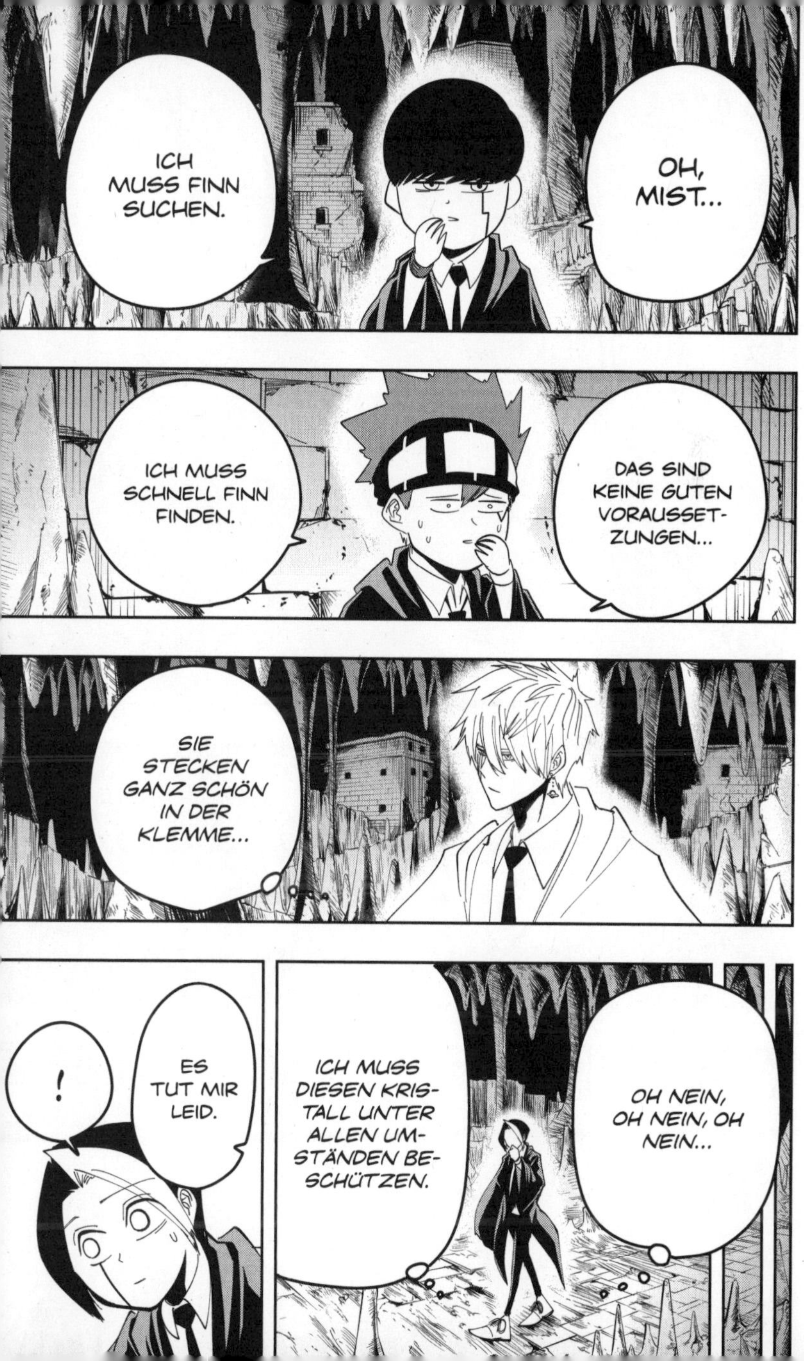
OH, MIST...
ICH MUSS FINN SUCHEN.
DAS SIND KEINE GUTEN VORAUSSET-ZUNGEN...
ICH MUSS SCHNELL FINN FINDEN.
SIE STECKEN GANZ SCHÖN IN DER KLEMME...
OH NEIN, OH NEIN, OH NEIN...
ICH MUSS DIESEN KRIS-TALL UNTER ALLEN UM-STÄNDEN BE-SCHÜTZEN.
ES TUT MIR LEID.
!

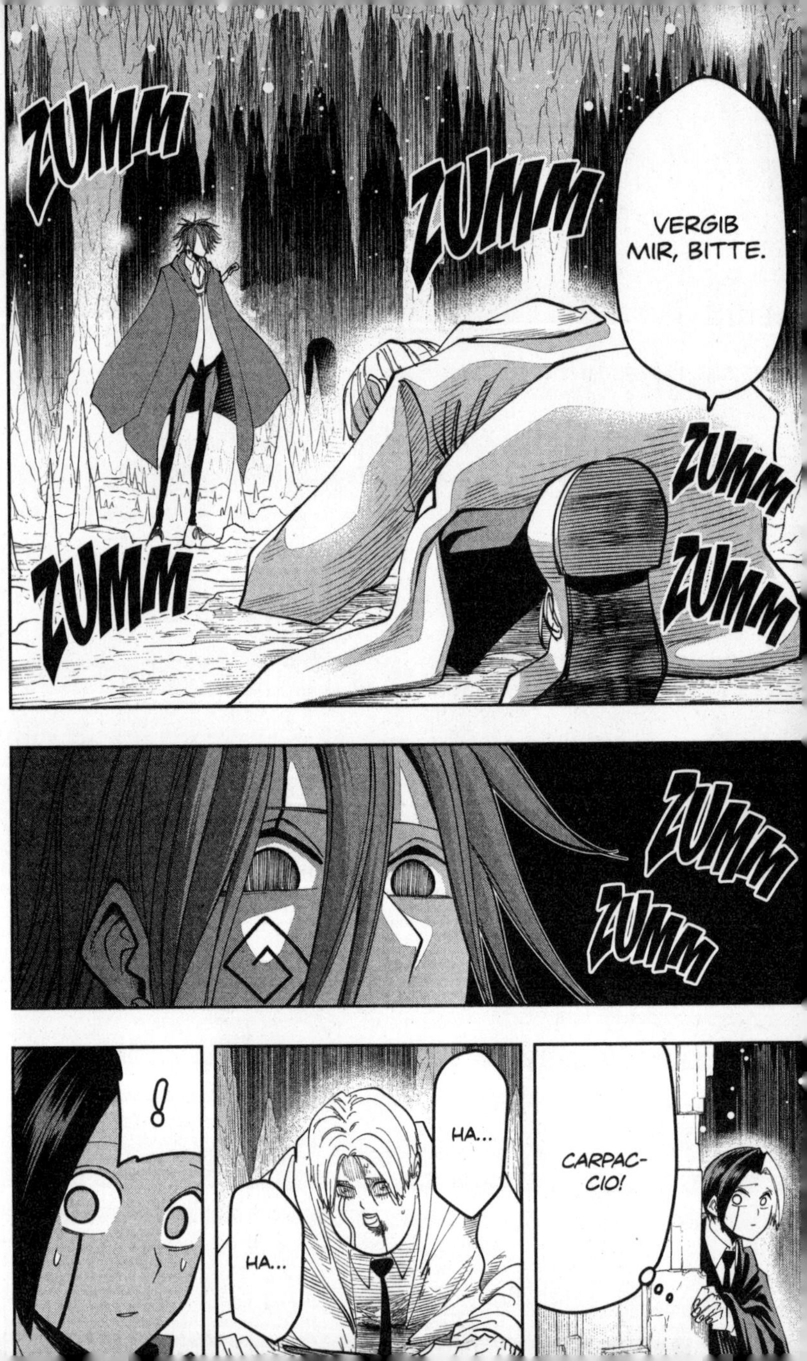
VERGIB MIR, BITTE.
ZUMM
ZUMM
ZUMM
ZUMM
ZUMM
ZUMM
ZUMM
CARPAC-CIO!
HA...
HA...
!

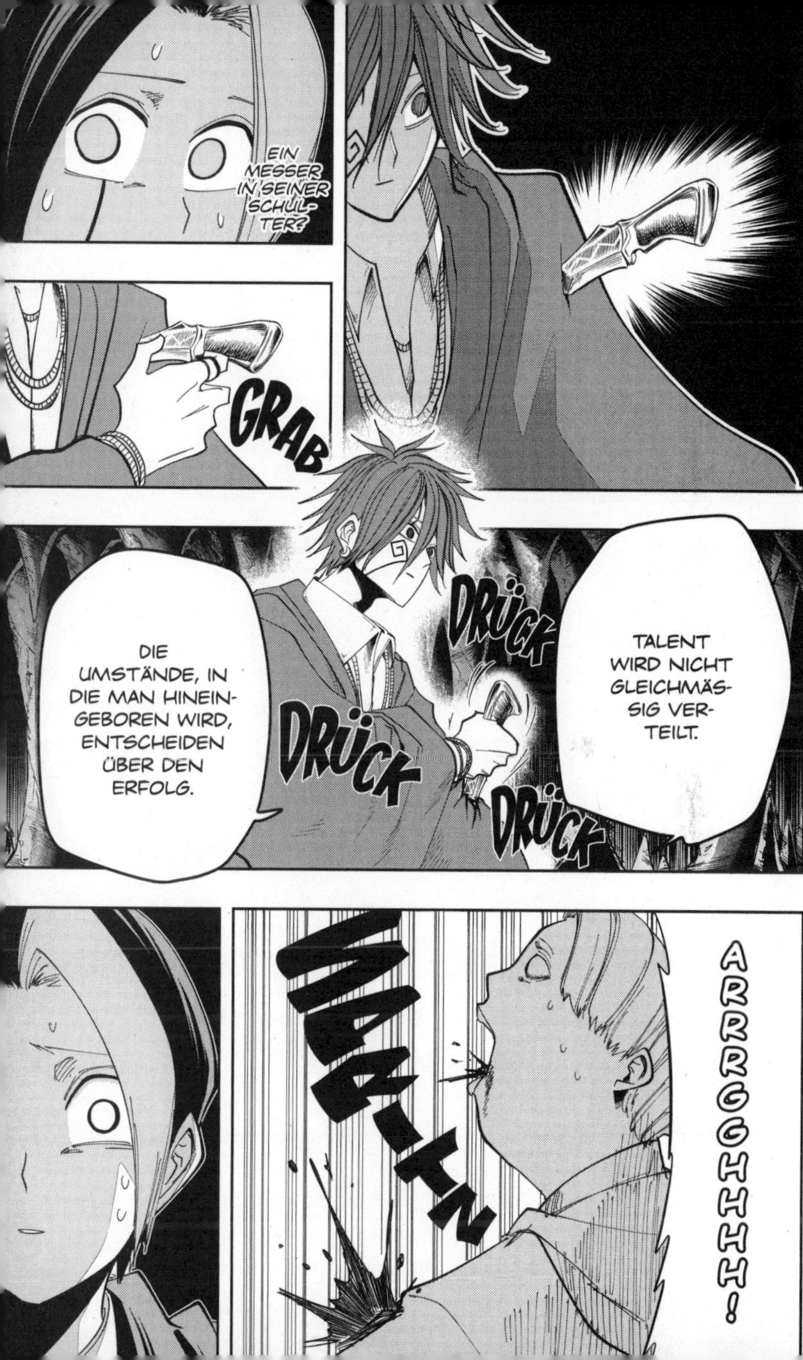
EIN MESSER IN SEINER SCHUL-TER?
GRAB
TALENT WIRD NICHT GLEICHMÄS-SIG VER-TEILT.
DRÜCK
DRÜCK
DRÜCK
DIE UMSTÄNDE, IN DIE MAN HINEIN-GEBOREN WIRD, ENTSCHEIDEN ÜBER DEN ERFOLG.
ARRRGGHHHH!
WARGH

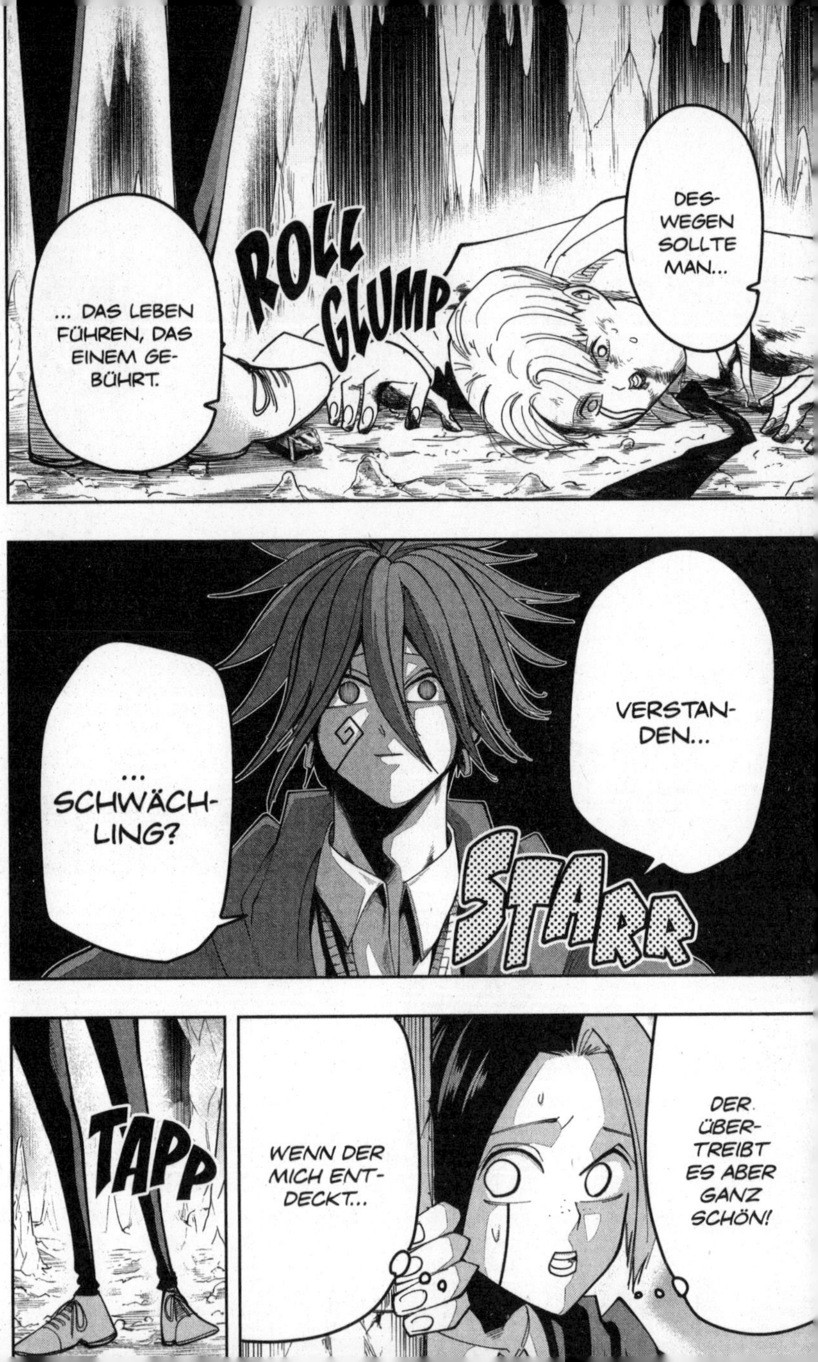
DES-
WEGEN
SOLLTE
MAN...
ROLL
GLUMP
... DAS LEBEN
FÜHREN, DAS
EINEM GE-
BÜHRT.
VERSTAN-
DEN...
STARR
...
SCHWÄCH-
LING?
DER
ÜBER-
TREIBT
ES ABER
GANZ
SCHÖN!
WENN DER
MICH ENT-
DECKT...
TAPP

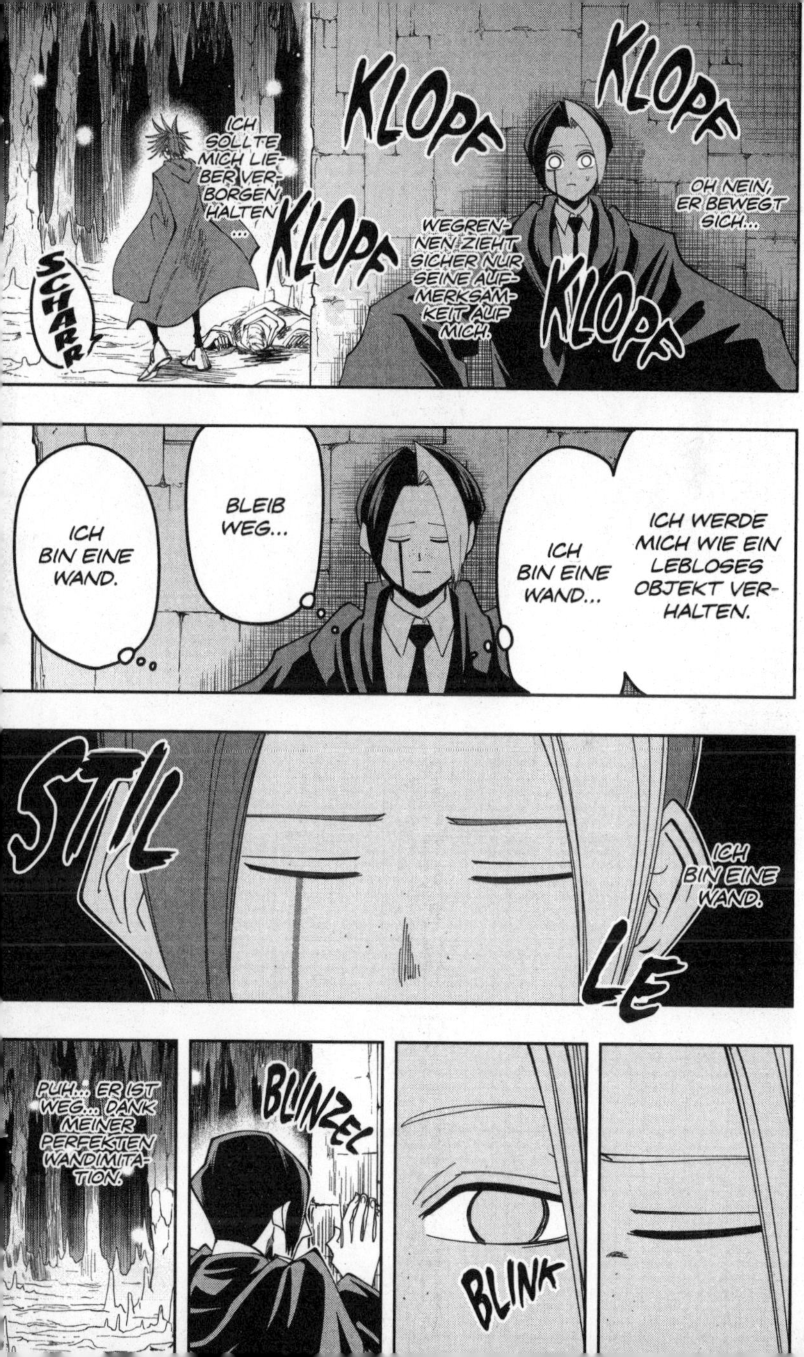
OH NEIN, ER BEWEGT SICH...
KLOPF
KLOPF
WEGRENNEN ZIEHT SICHER NUR SEINE AUFMERKSAMKEIT AUF MICH.
KLOPF
KLOPF
ICH SOLLTE MICH LIEBER VERBORGEN HALTEN ...
SCHARR
ICH WERDE MICH WIE EIN LEBLOSES OBJEKT VERHALTEN.
ICH BIN EINE WAND...
BLEIB WEG...
ICH BIN EINE WAND.
ICH BIN EINE WAND.
STILLE
BLINK
BLINZEL
PUH... ER IST WEG... DANK MEINER PERFEKTEN WANDIMITATION.

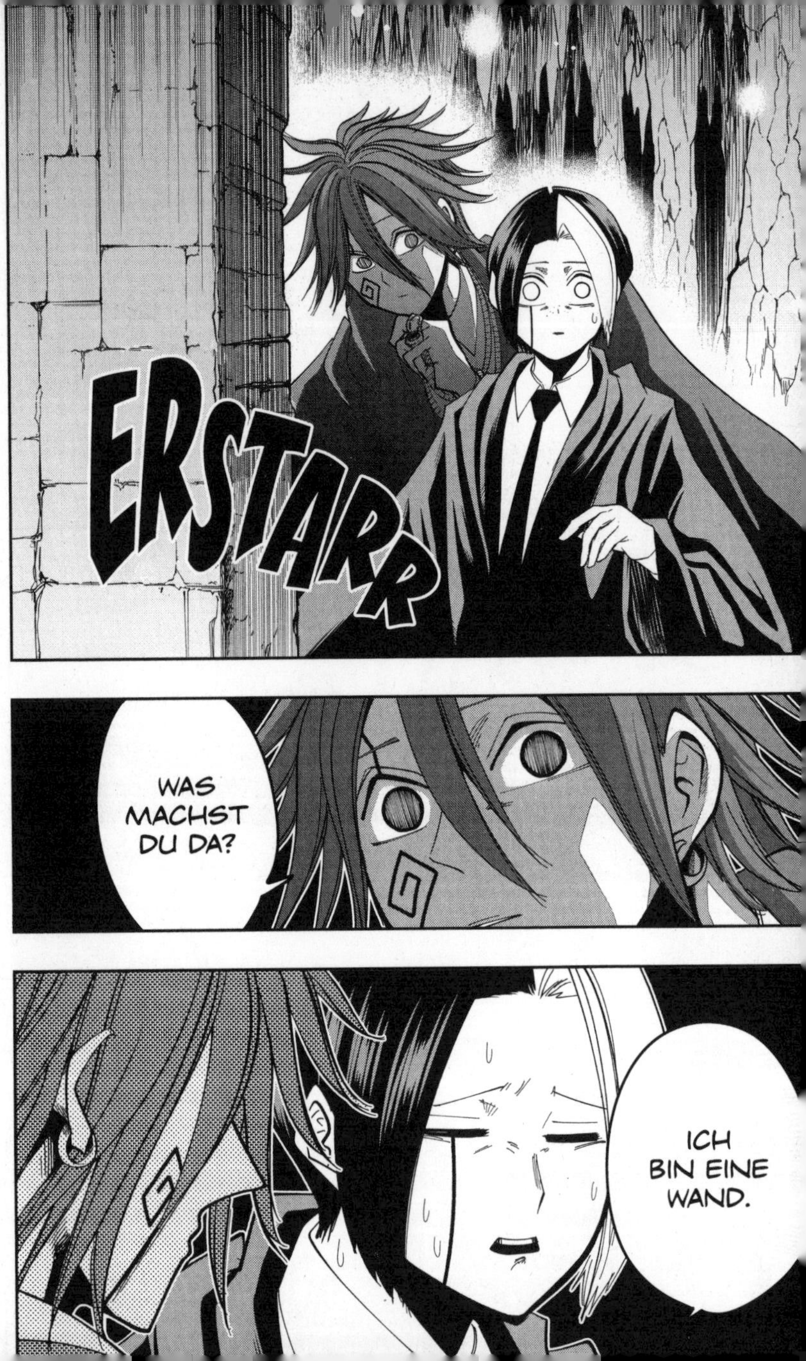
ERSTARR
WAS MACHST DU DA?
ICH BIN EINE WAND.

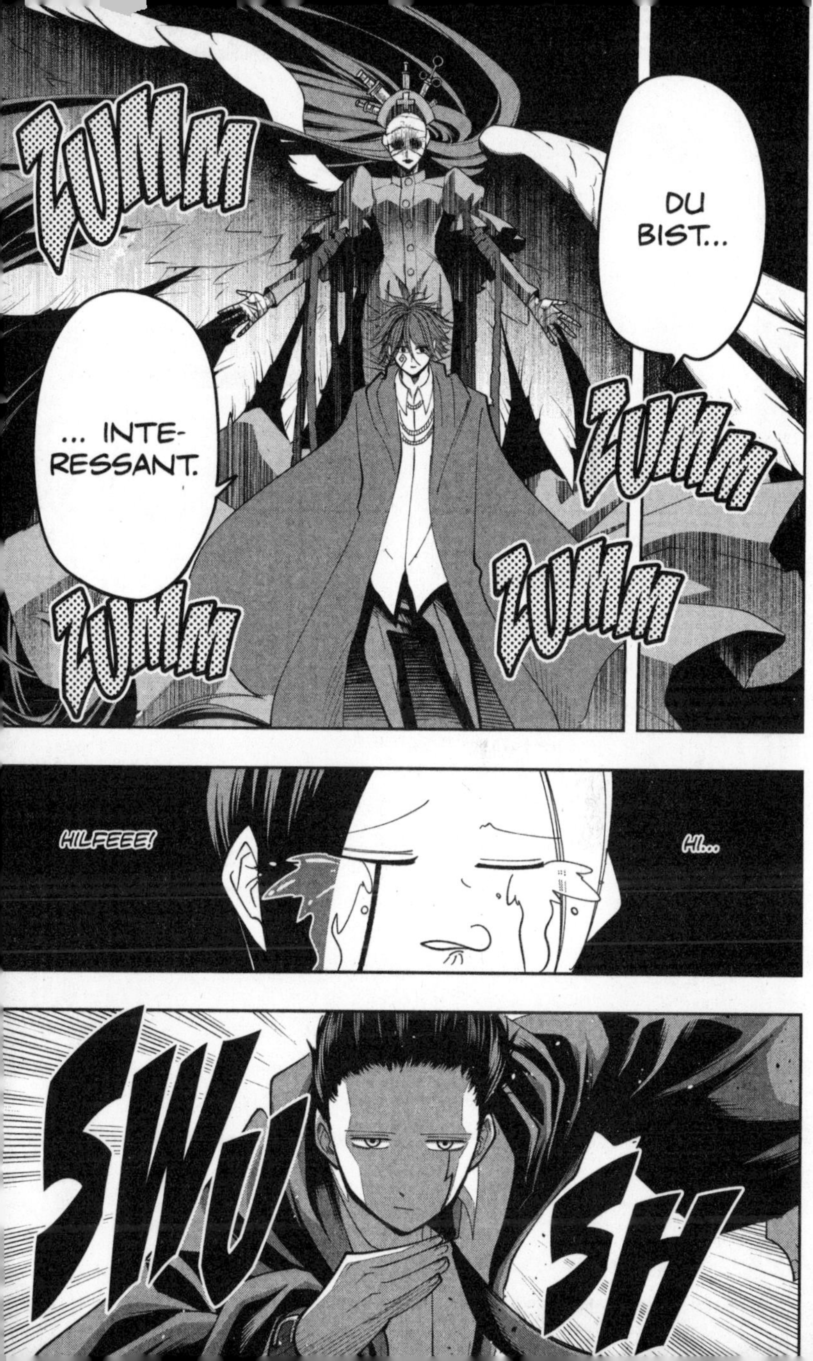
DU BIST...
ZUMM
ZUMM
ZUMM
ZUMM
... INTERESSANT.
HI...
HILFEEE!
SWUSH

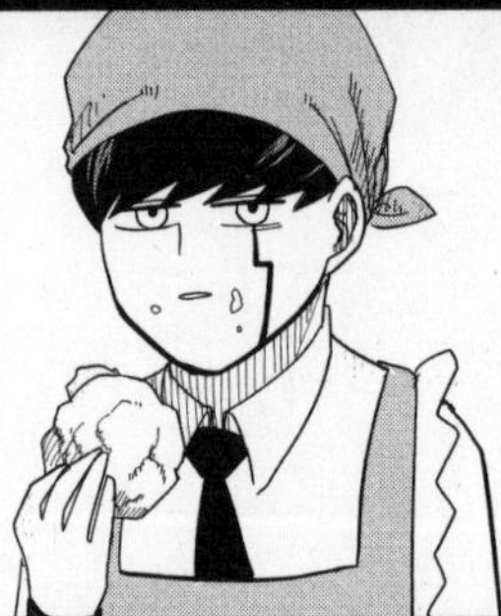

Frage-Antwort-Ecke

Q&A 1

F.1 WIE LAUTET LOVES VOLLER NAME?

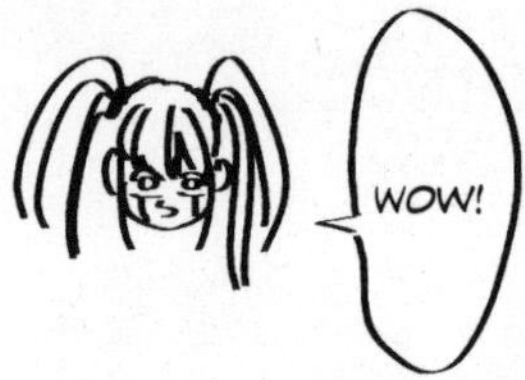

A.1 Love Cute.

F.2 WANN ÜBERLEGT SICH MASH SEINE ATTACKEN?

A.2 Er visualisiert sie, bevor er zu Bett geht.

F.3 WENN DIE CHARAKTERE IM RICHTIGEN LEBEN EXISTIEREN WÜRDEN, WELCHE JOBS HÄTTEN SIE?

A.3

Mash	Windbeutelladenbesitzer
Lance	Arzt
Finn	Beamter
Lemon	Buchhändlerin
Dot	unbeliebter Schlagzeuger

52. Kapitel Finn Ames und die Freunde

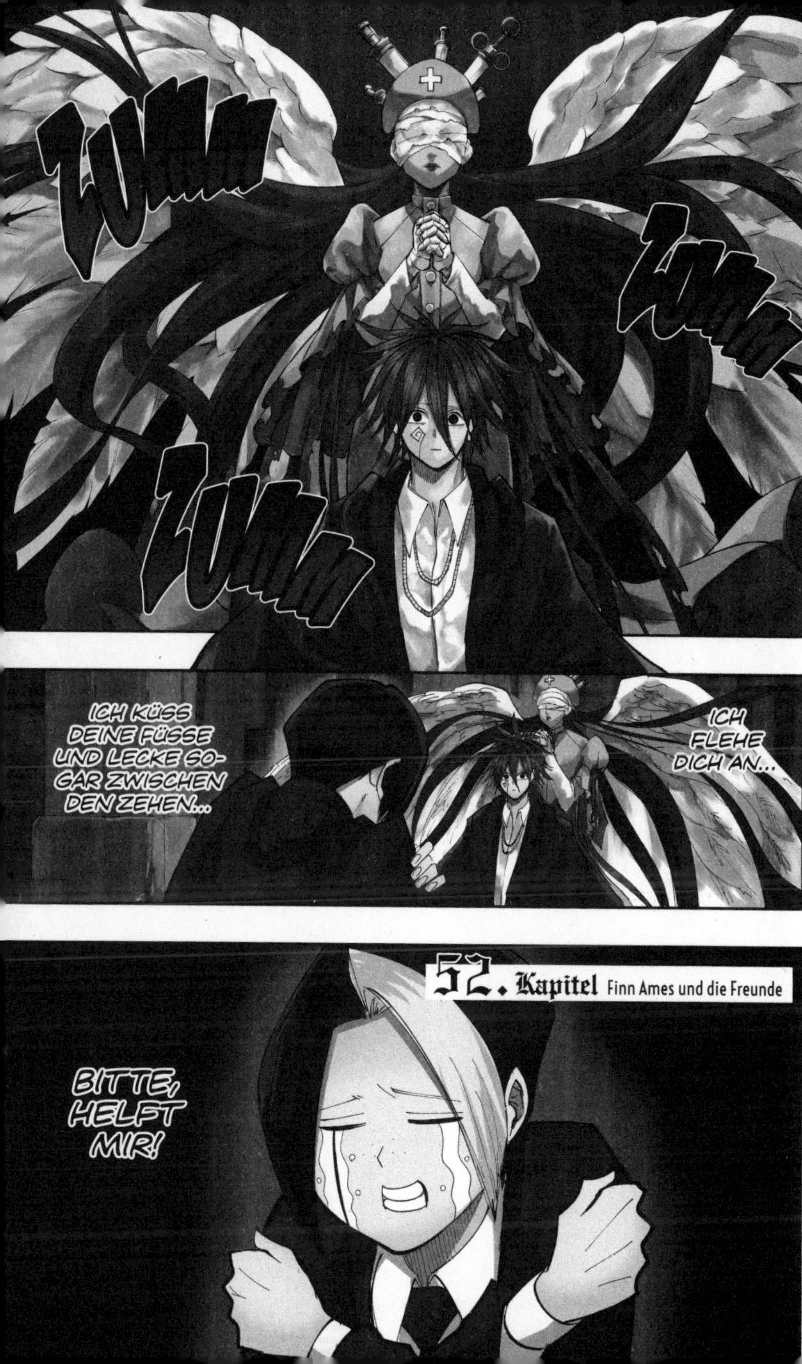

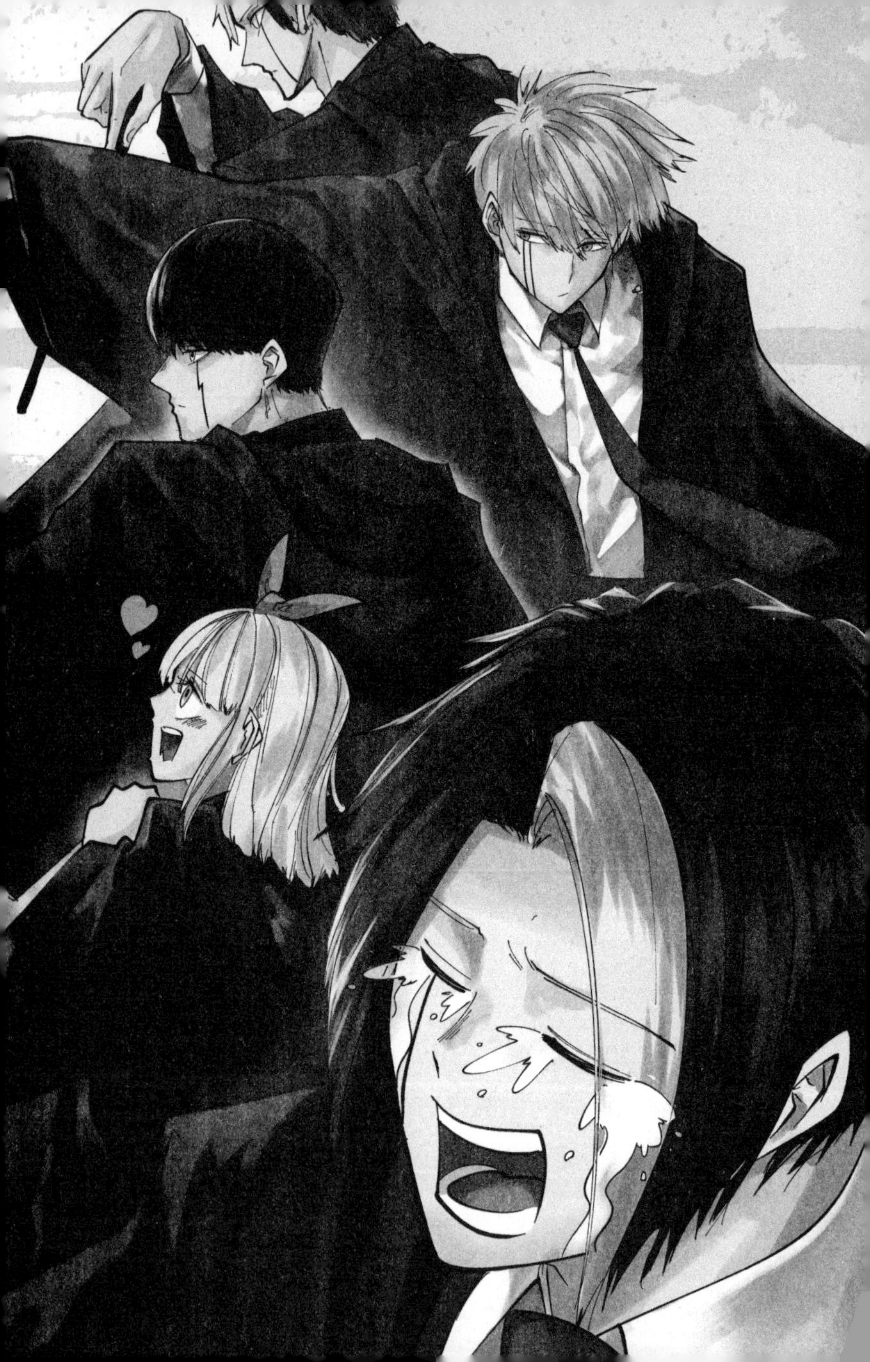

52. Kapitel Finn Ames und die Freunde

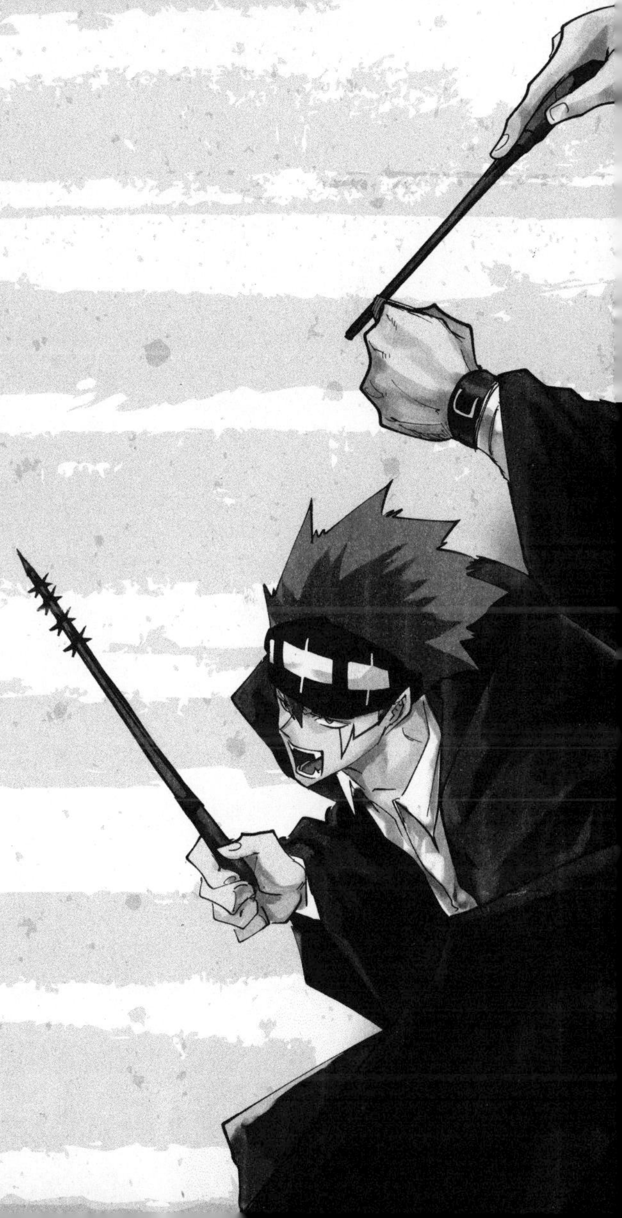

MASHLE
MAGIC AND MUSCLES

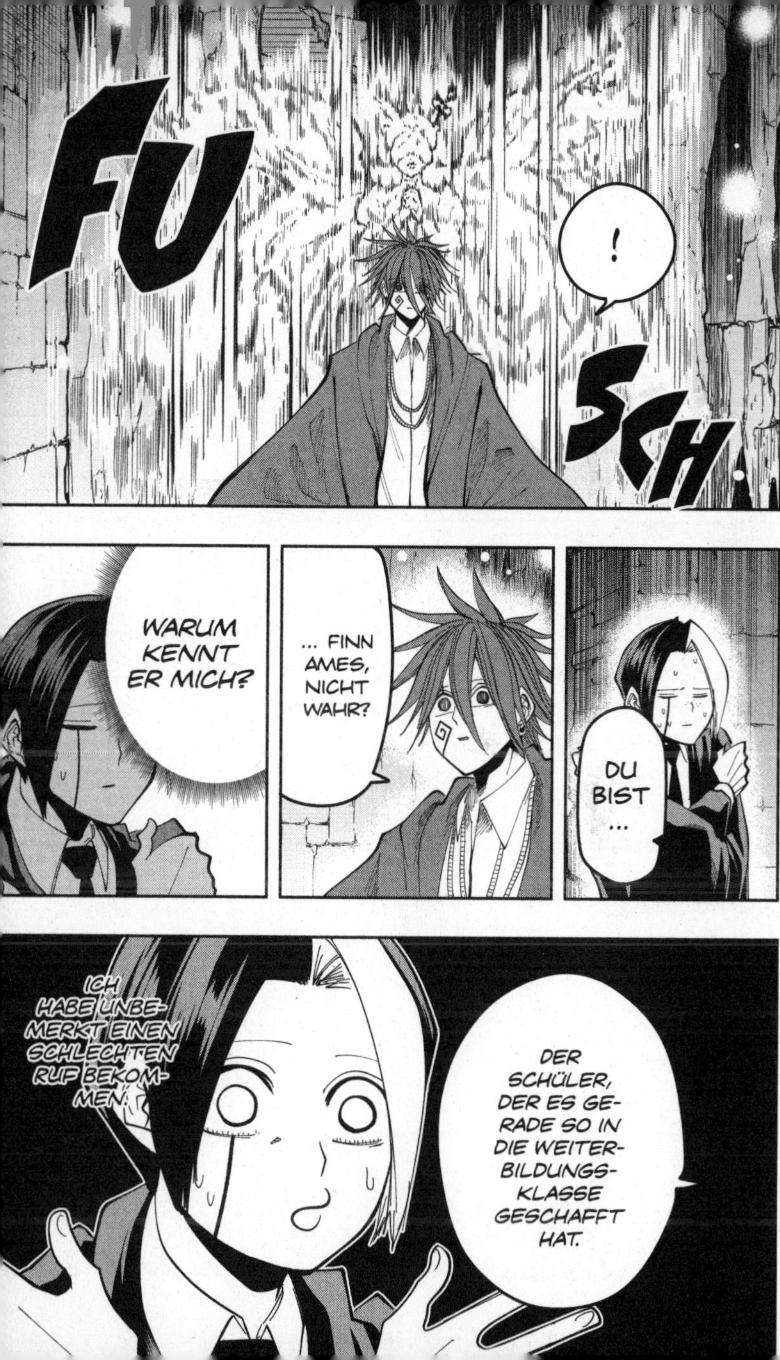
FU
!
SCH
DU BIST …
… FINN AMES, NICHT WAHR?
WARUM KENNT ER MICH?
DER SCHÜLER, DER ES GERADE SO IN DIE WEITERBILDUNGSKLASSE GESCHAFFT HAT.
ICH HABE UNBEMERKT EINEN SCHLECHTEN RUF BEKOMMEN.

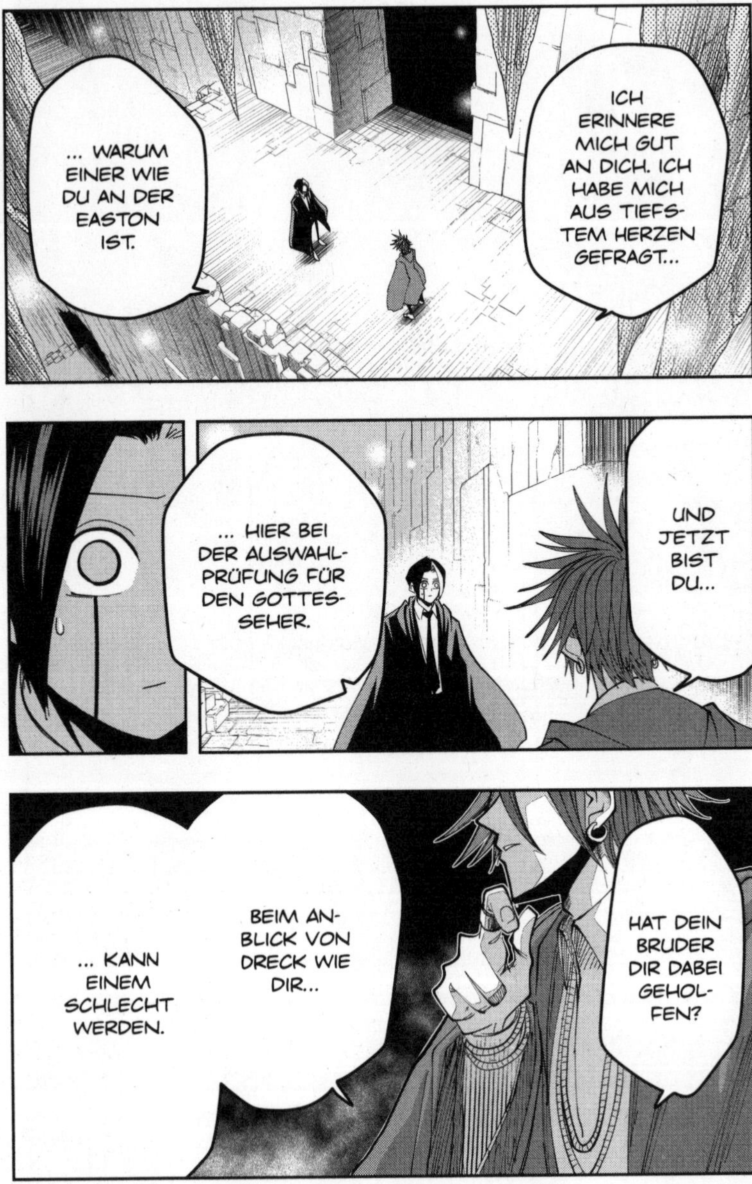
ICH ERINNERE MICH GUT AN DICH. ICH HABE MICH AUS TIEFSTEM HERZEN GEFRAGT...
... WARUM EINER WIE DU AN DER EASTON IST.
UND JETZT BIST DU...
... HIER BEI DER AUSWAHLPRÜFUNG FÜR DEN GOTTESSEHER.
HAT DEIN BRUDER DIR DABEI GEHOLFEN?
BEIM ANBLICK VON DRECK WIE DIR...
... KANN EINEM SCHLECHT WERDEN.

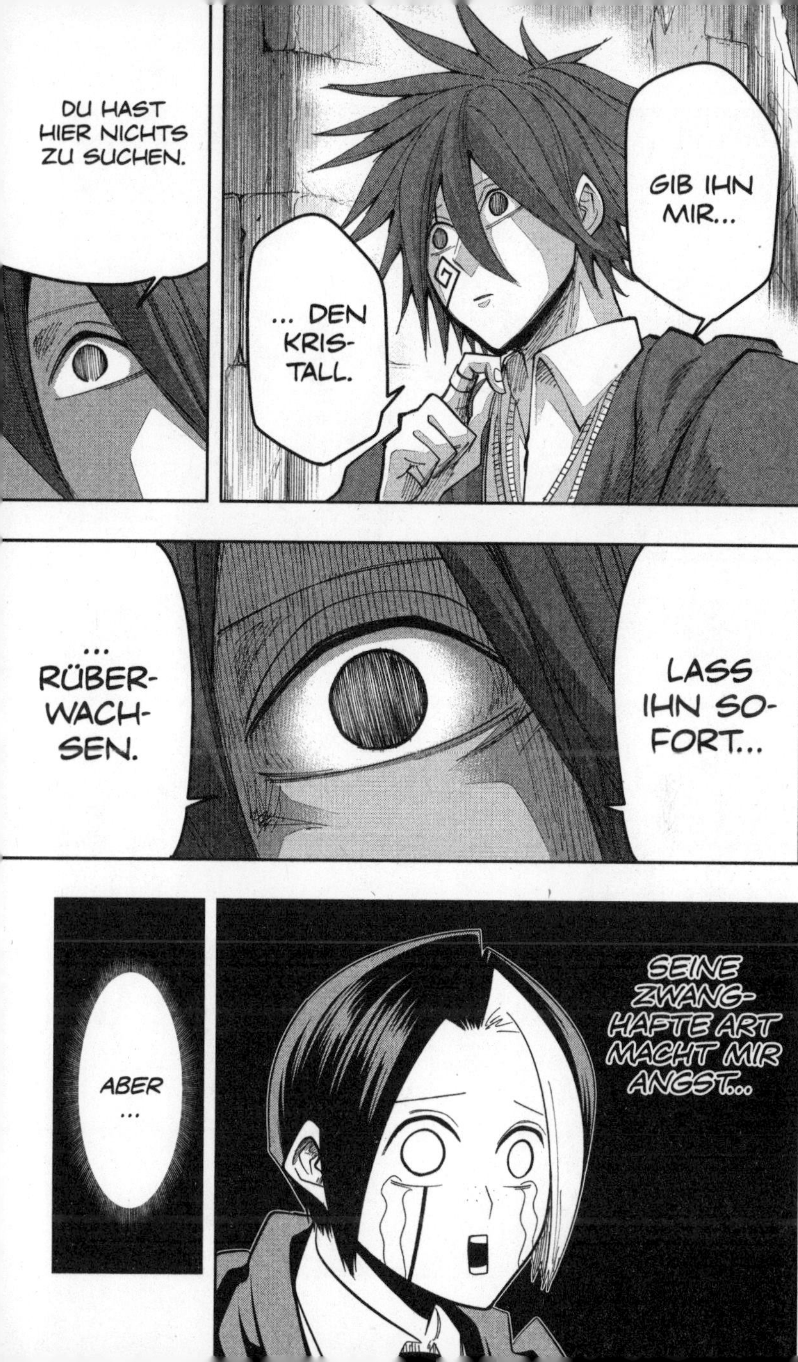
GIB IHN MIR...
... DEN KRIS- TALL.
DU HAST HIER NICHTS ZU SUCHEN.
LASS IHN SO- FORT...
... RÜBER- WACH- SEN.
SEINE ZWANG- HAFTE ART MACHT MIR ANGST...
ABER ...

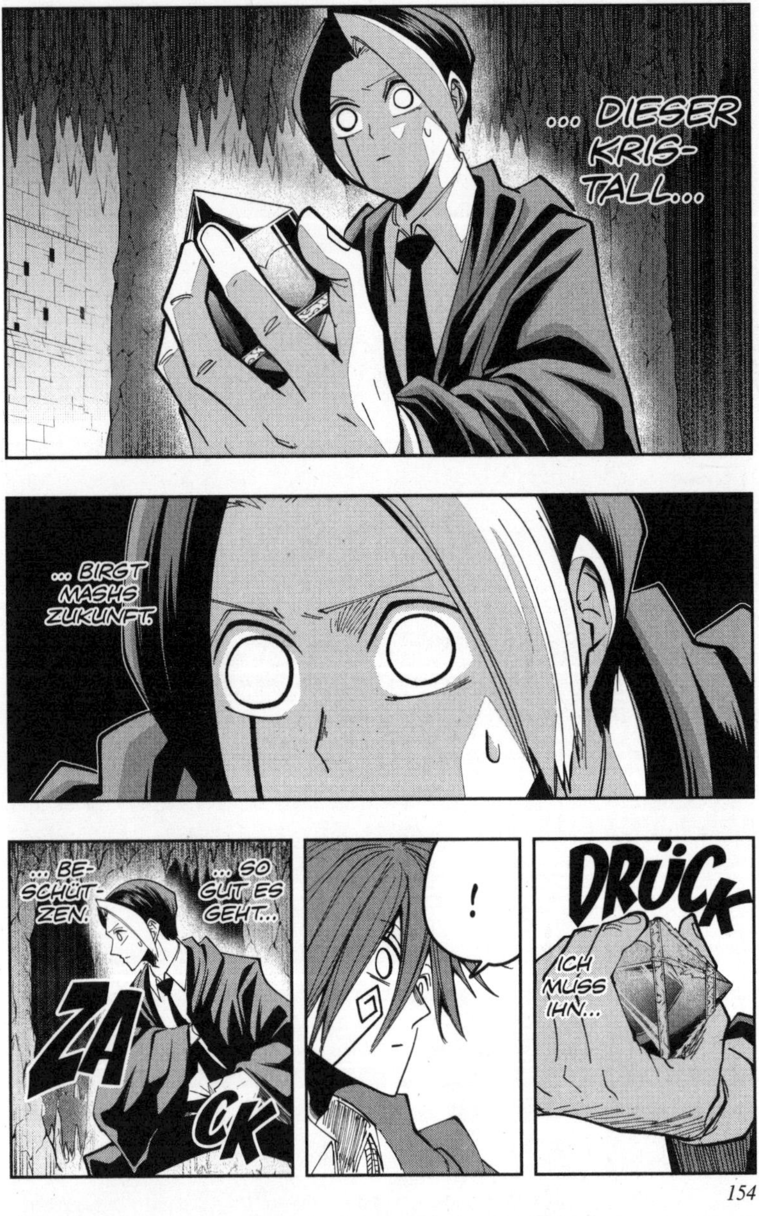
... DIESER KRIS-TALL...
... BIRGT MASHS ZUKUNFT.
... SO GUT ES GEHT...
... BE-SCHÜT-ZEN.
ZACK
!
DRÜCK
ICH MUSS IHN...

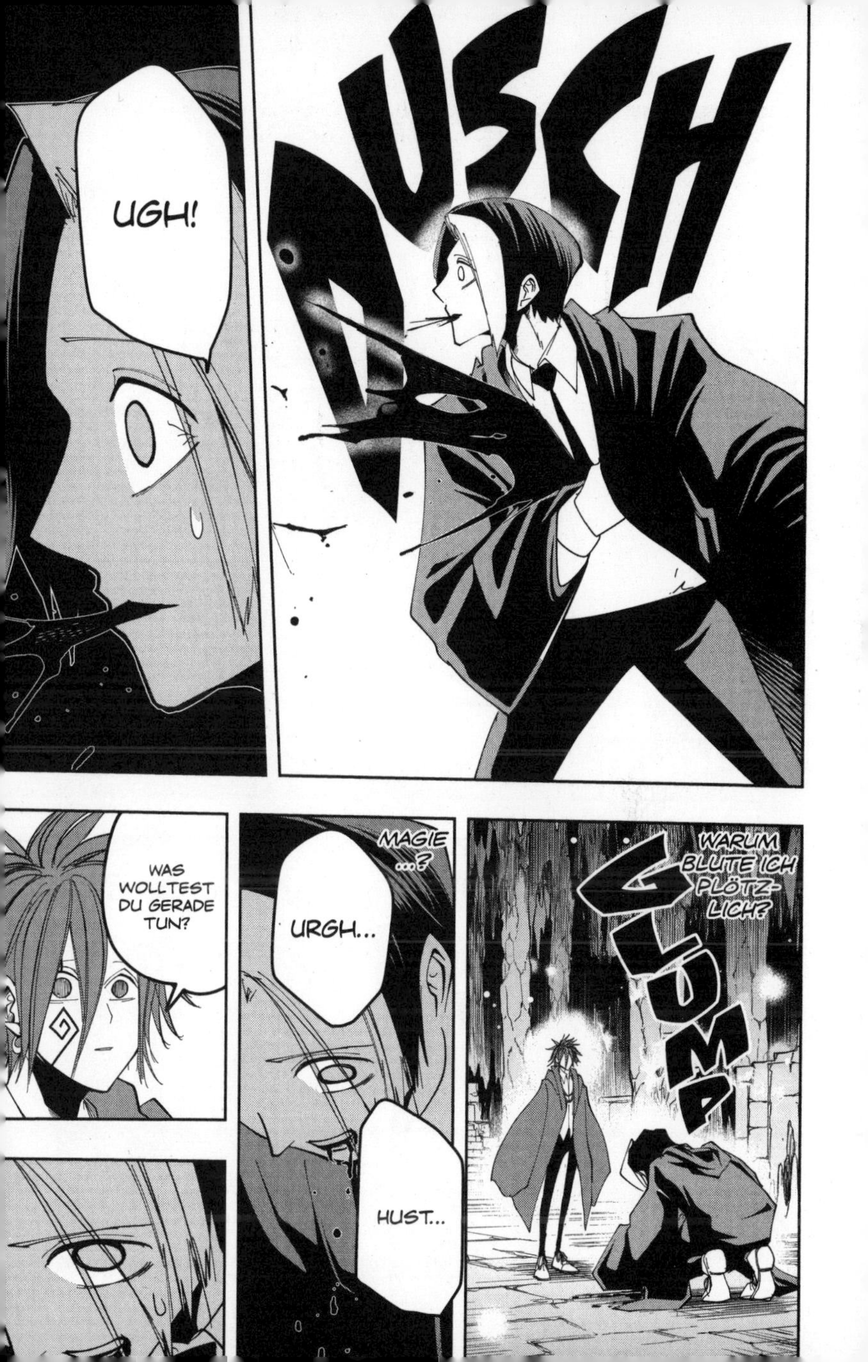
DUSCH
UGH!
WARUM BLUTE ICH PLÖTZLICH?
GLUMP
MAGIE ...?
URGH...
HUST...
WAS WOLLTEST DU GERADE TUN?

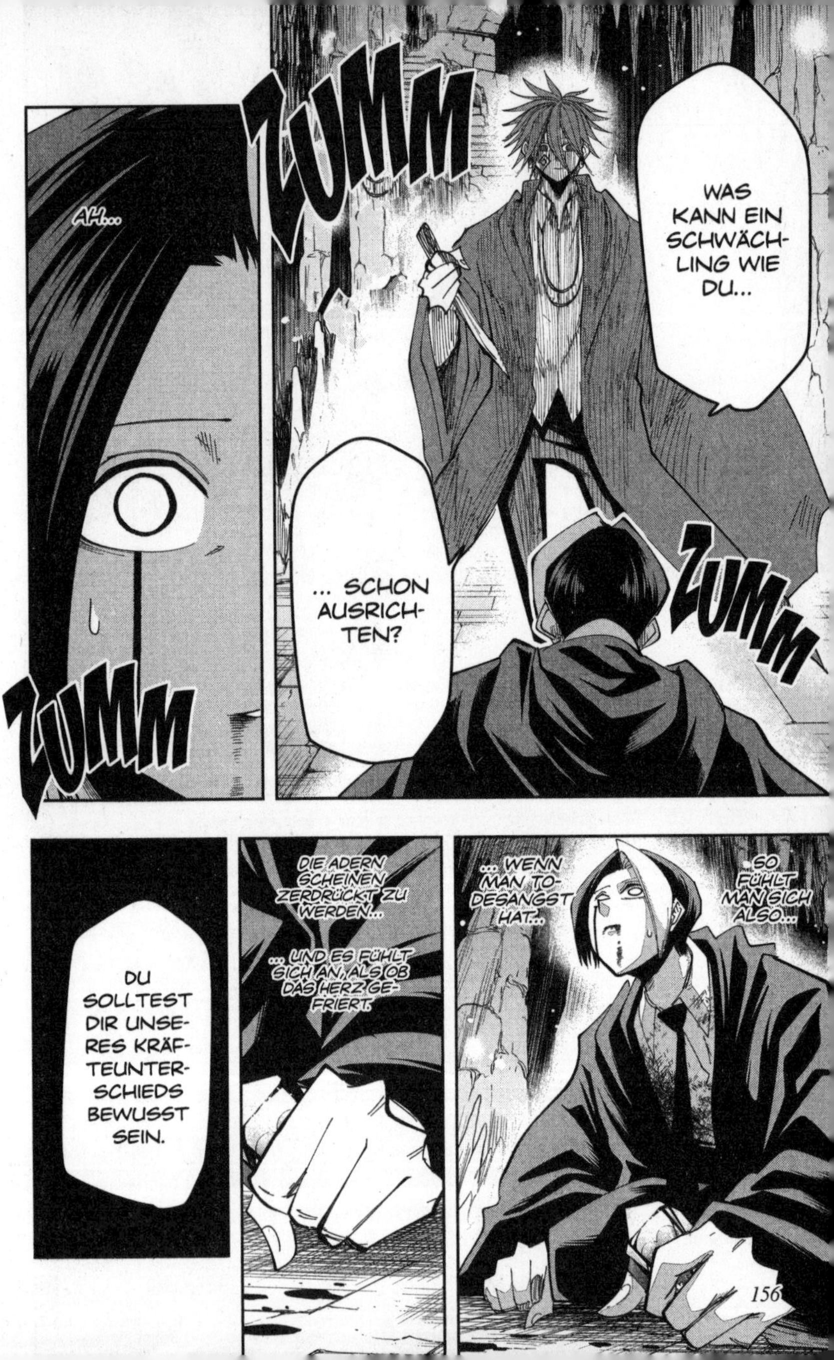
ZUMM
WAS KANN EIN SCHWÄCHLING WIE DU...
... SCHON AUSRICHTEN?
ZUMM
AH...
ZUMM
SO FÜHLT MAN SICH ALSO...
... WENN MAN TODESANGST HAT...
DIE ADERN SCHEINEN ZERDRÜCKT ZU WERDEN...
... UND ES FÜHLT SICH AN, ALS OB DAS HERZ GEFRIERT.
DU SOLLTEST DIR UNSERES KRÄFTEUNTERSCHIEDS BEWUSST SEIN.

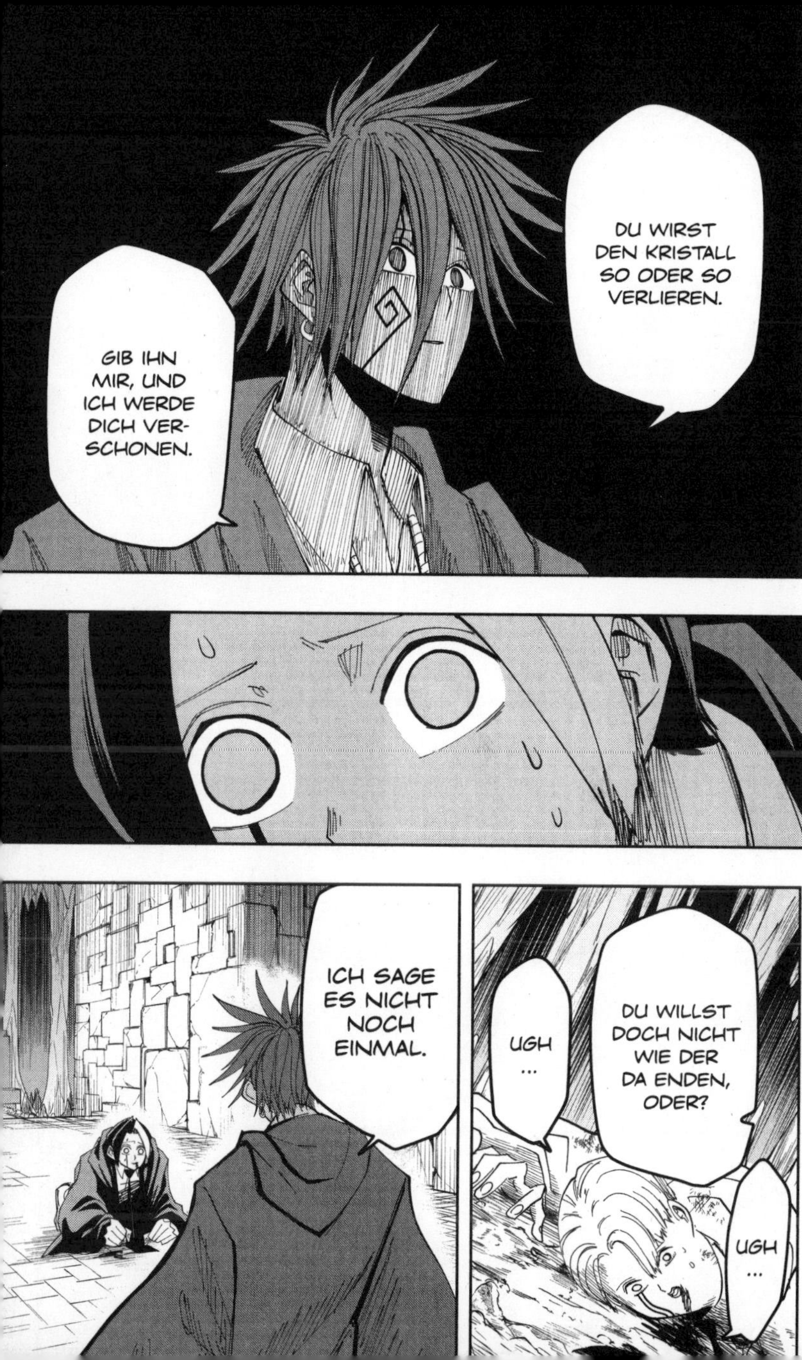
DU WIRST DEN KRISTALL SO ODER SO VERLIEREN.
GIB IHN MIR, UND ICH WERDE DICH VER-SCHONEN.
DU WILLST DOCH NICHT WIE DER DA ENDEN, ODER?
UGH ...
UGH ...
ICH SAGE ES NICHT NOCH EINMAL.

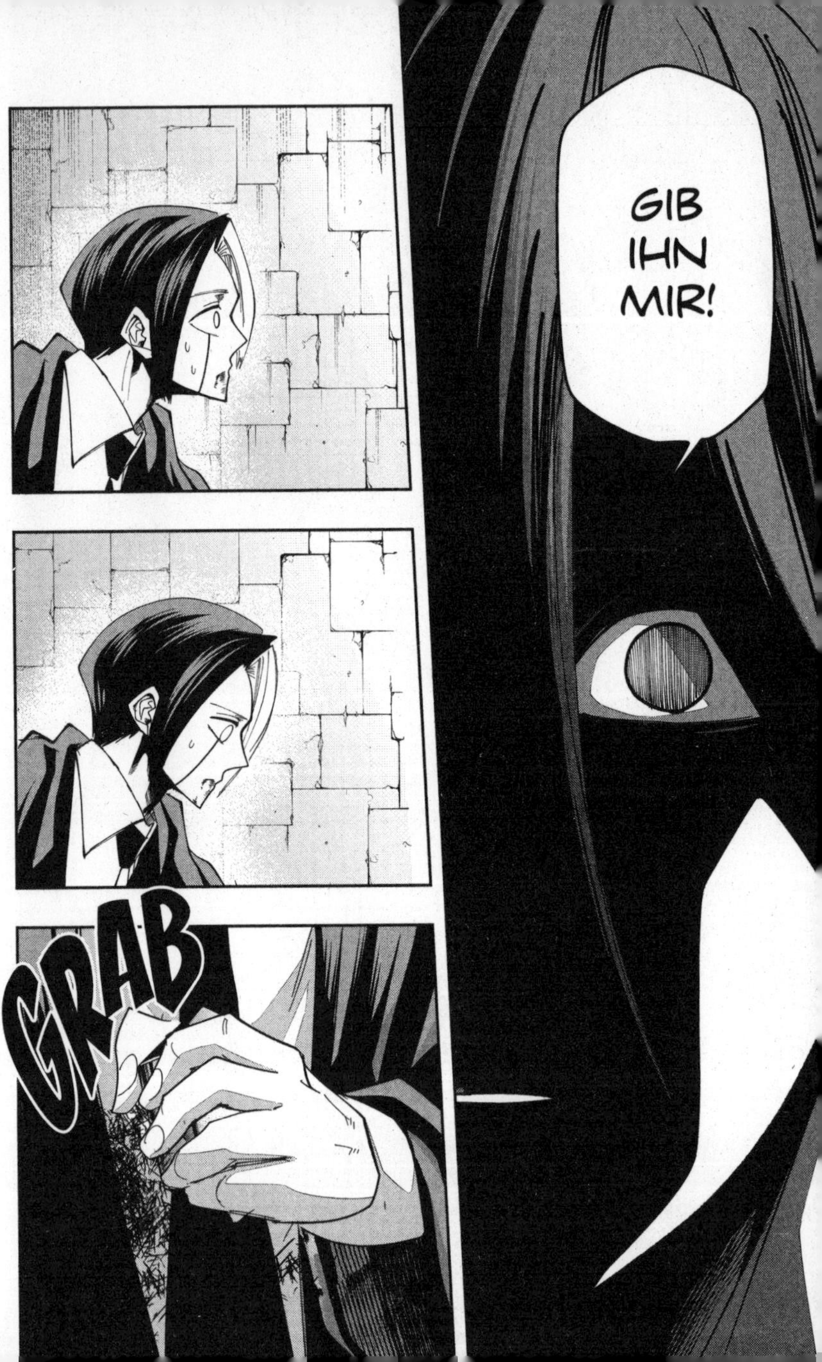
GIB IHN MIR!
GRAB

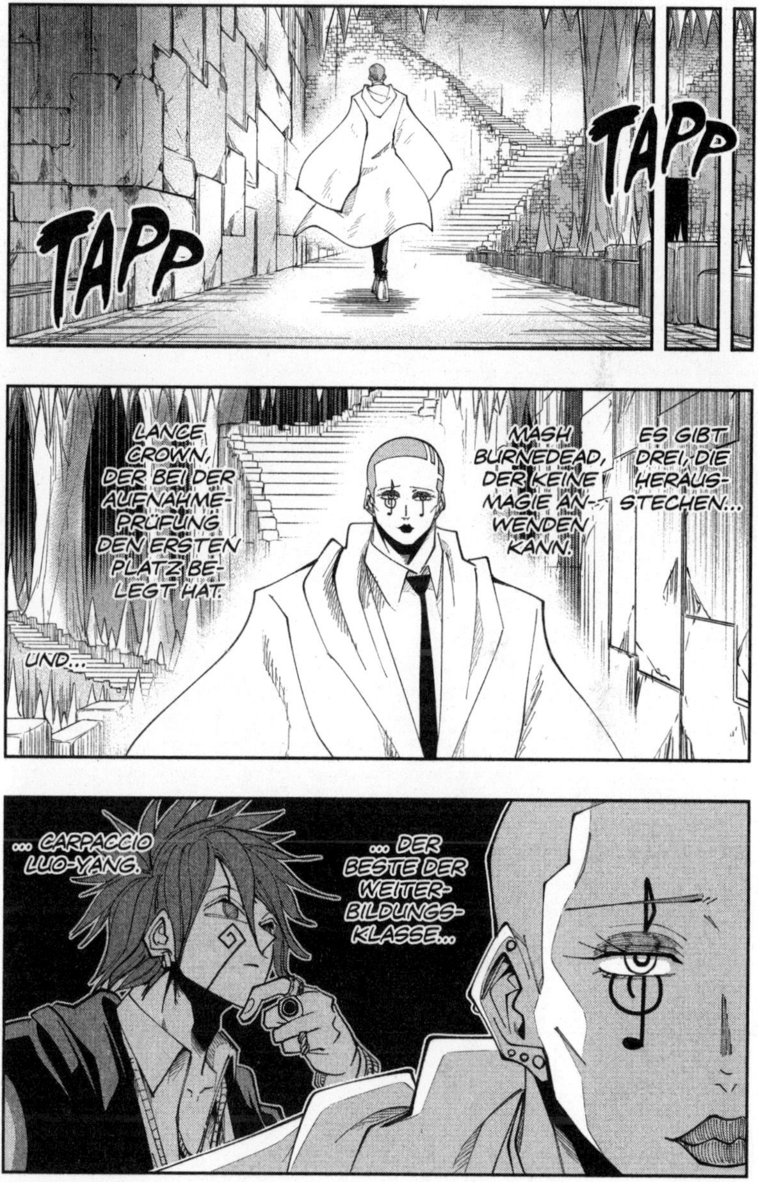
TAPP
TAPP
ES GIBT DREI, DIE HERAUS-STECHEN...
MASH BURNEDEAD, DER KEINE MAGIE AN-WENDEN KANN.
LANCE CROWN, DER BEI DER AUFNAHME-PRÜFUNG DEN ERSTEN PLATZ BE-LEGT HAT.
UND...
... DER BESTE DER WEITER-BILDUNGS-KLASSE...
... CARPACCIO LUO-YANG.

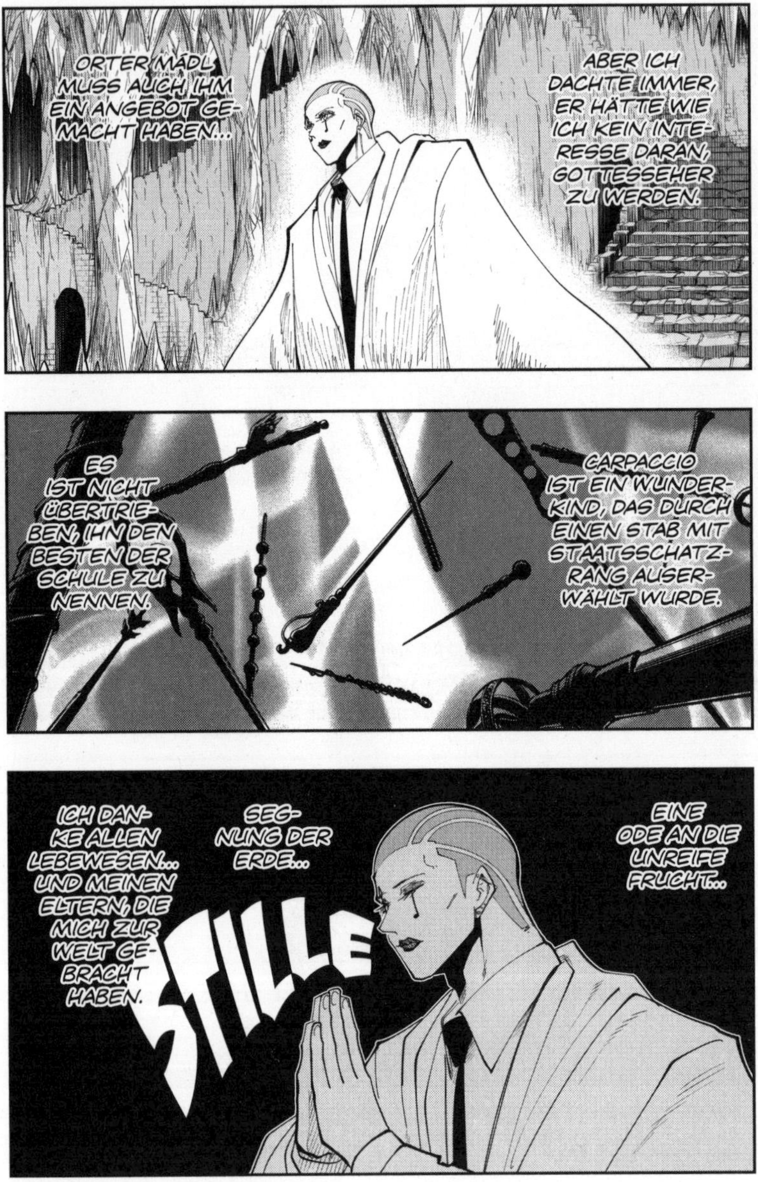
ABER ICH DACHTE IMMER, ER HÄTTE WIE ICH KEIN INTERESSE DARAN, GOTTESSEHER ZU WERDEN.
ORTER MÄDL MUSS AUCH IHM EIN ANGEBOT GEMACHT HABEN...
CARPACCIO IST EIN WUNDERKIND, DAS DURCH EINEN STAB MIT STAATSSCHATZRANG AUSERWÄHLT WURDE.
ES IST NICHT ÜBERTRIEBEN, IHN DEN BESTEN DER SCHULE ZU NENNEN.
EINE ODE AN DIE UNREIFE FRUCHT...
SEGNUNG DER ERDE...
ICH DANKE ALLEN LEBEWESEN... UND MEINEN ELTERN, DIE MICH ZUR WELT GEBRACHT HABEN.
STILLE

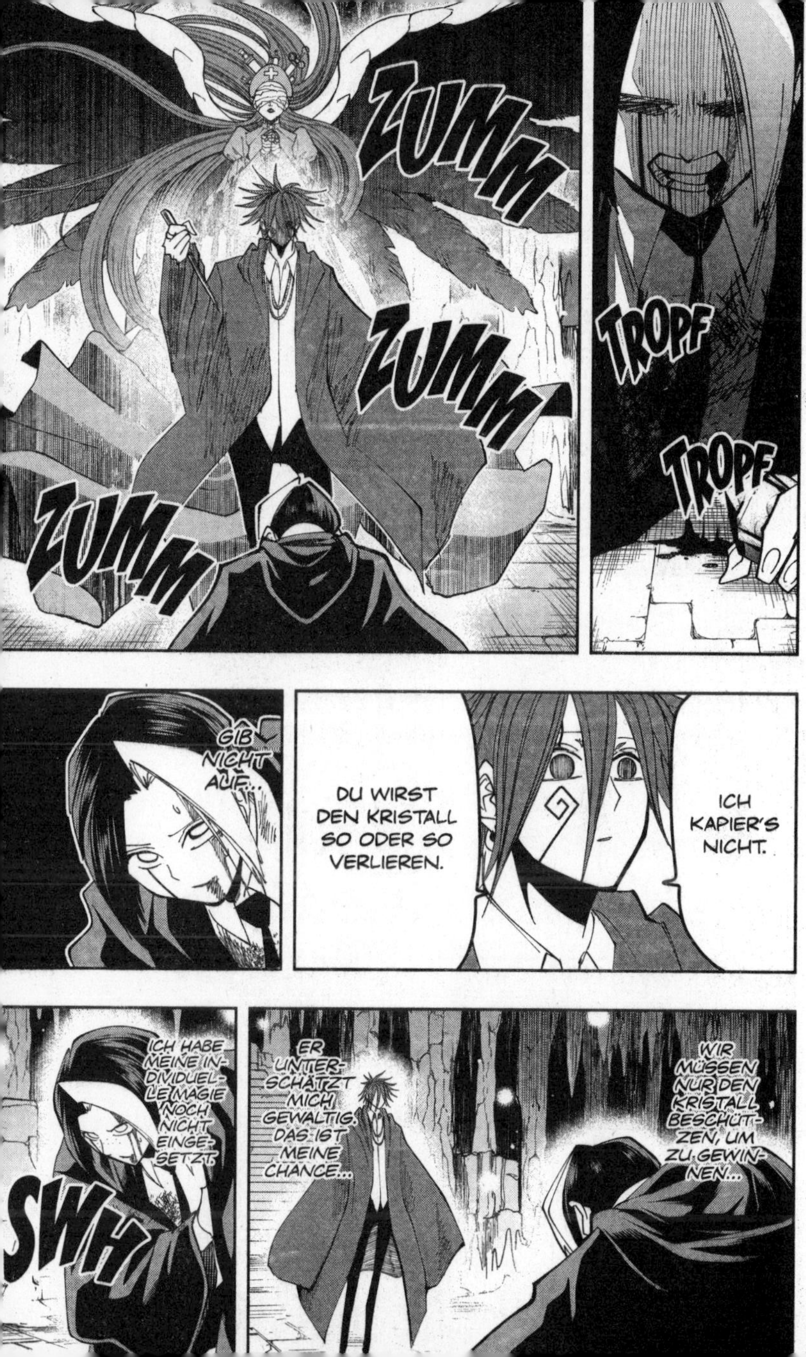
TROPF
TROPF
ZUMM
ZUMM
ZUMM
ICH KAPIER'S NICHT.
DU WIRST DEN KRISTALL SO ODER SO VERLIEREN.
GIB NICHT AUF...
WIR MÜSSEN NUR DEN KRISTALL BESCHÜTZEN, UM ZU GEWINNEN...
ER UNTERSCHÄTZT MICH GEWALTIG. DAS IST MEINE CHANCE...
ICH HABE MEINE INDIVIDUELLE MAGIE NOCH NICHT EINGESETZT.
SWH

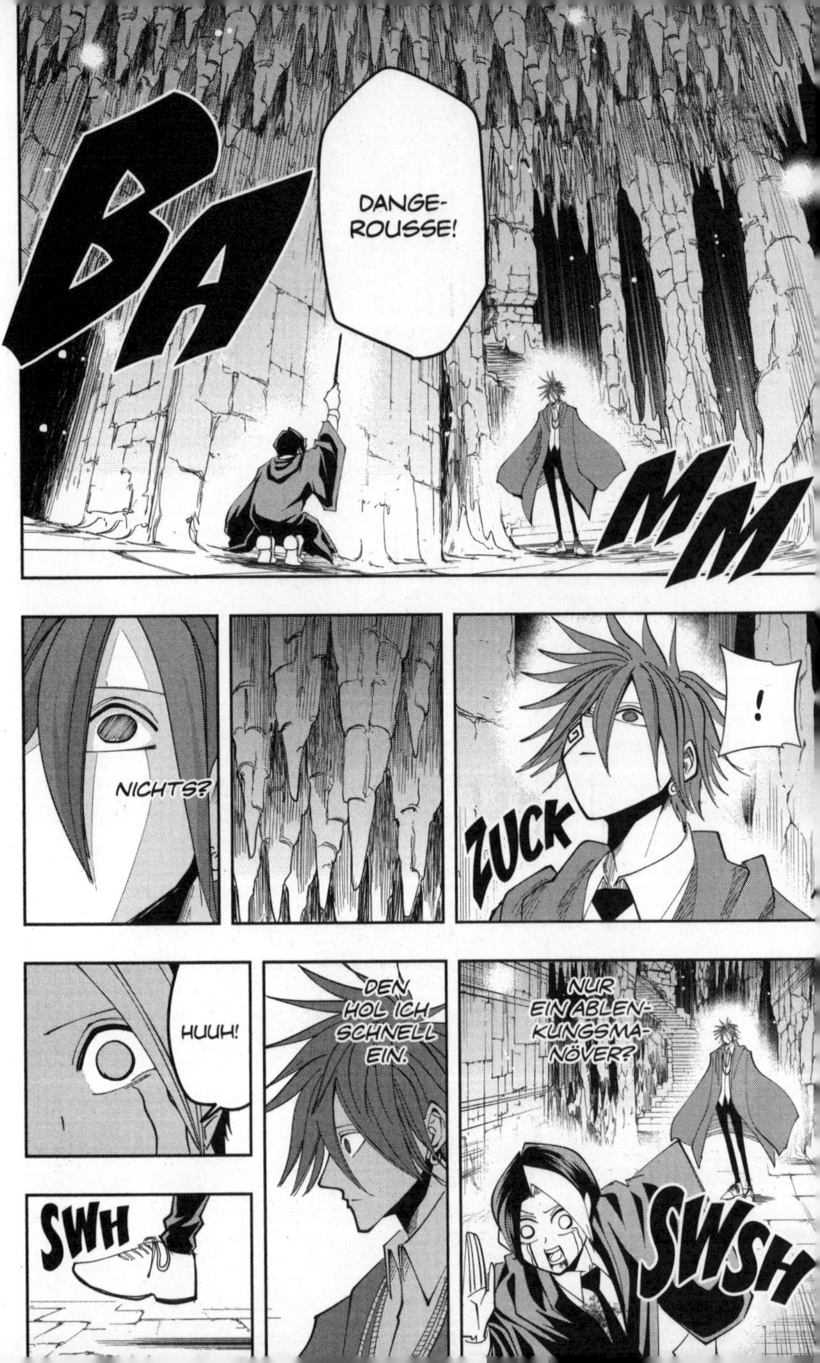

DANGE-
ROUSSE!
BAMM
!
ZUCK
NICHTS?
NUR
EIN ABLEN-
KUNGSMA-
NÖVER?
DEN
HOL ICH
SCHNELL
EIN.
HUUH!
SWSH
SWH

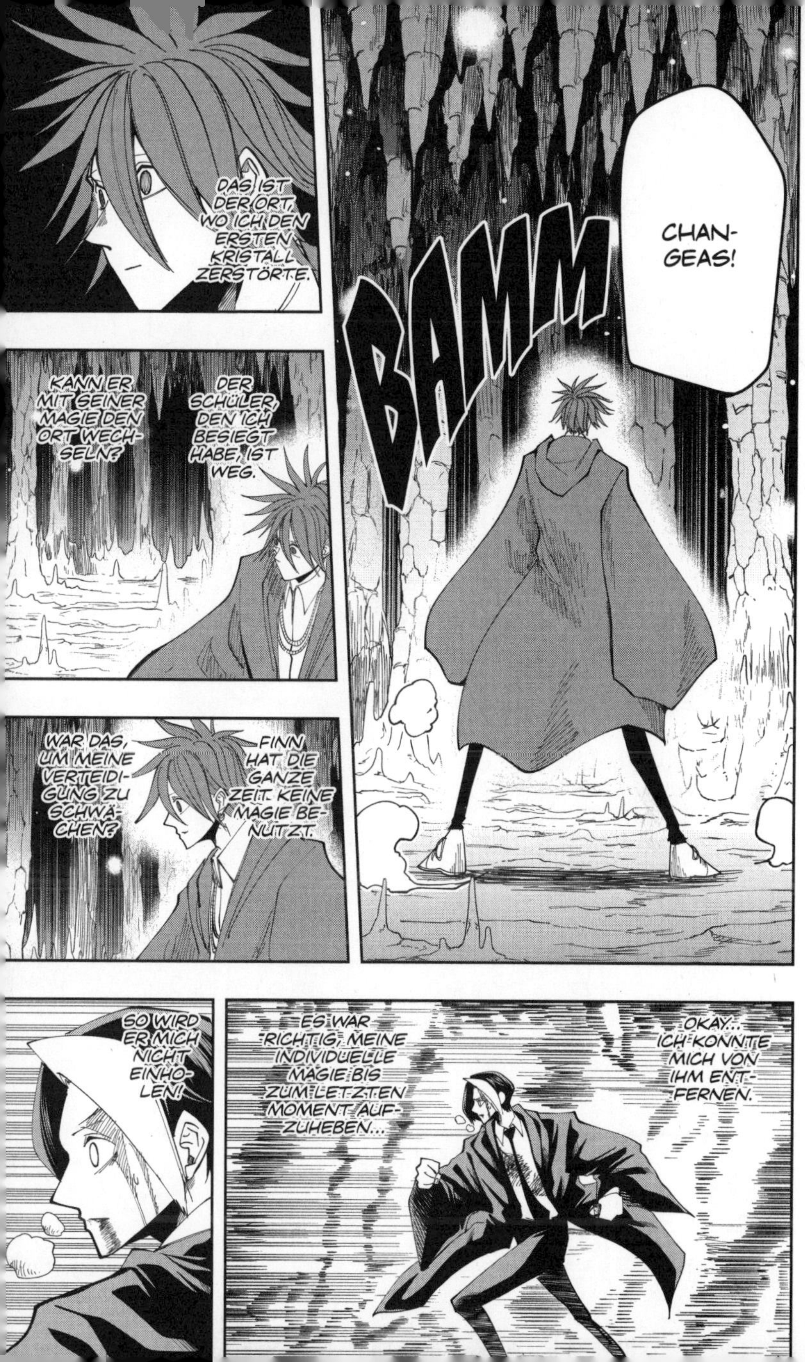
CHAN-GEAS!
BAMM
DAS IST DER ORT, WO ICH DEN ERSTEN KRISTALL ZERSTÖRTE.
DER SCHÜLER, DEN ICH BESIEGT HABE, IST WEG.
KANN ER MIT SEINER MAGIE DEN ORT WECHSELN?
FINN HAT DIE GANZE ZEIT KEINE MAGIE BENUTZT.
WAR DAS, UM MEINE VERTEIDIGUNG ZU SCHWÄCHEN?
OKAY... ICH KONNTE MICH VON IHM ENTFERNEN.
ES WAR RICHTIG, MEINE INDIVIDUELLE MAGIE BIS ZUM LETZTEN MOMENT AUFZUHEBEN...
SO WIRD ER MICH NICHT EINHOLEN!

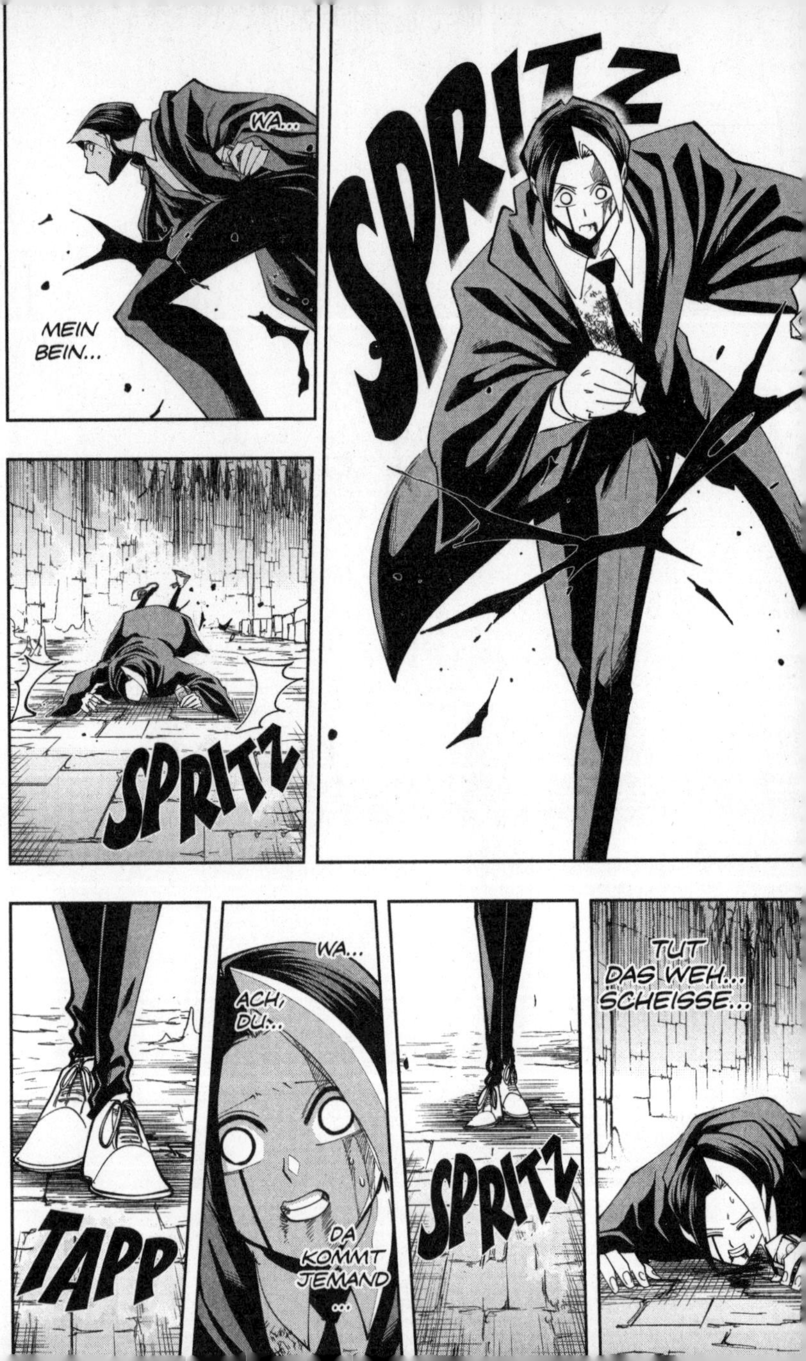
SPRITZ
WA...
MEIN BEIN...
SPRITZ
TUT DAS WEH... SCHEISSE...
SPRITZ
WA...
ACH, DU...
DA KOMMT JEMAND ...
TAPP

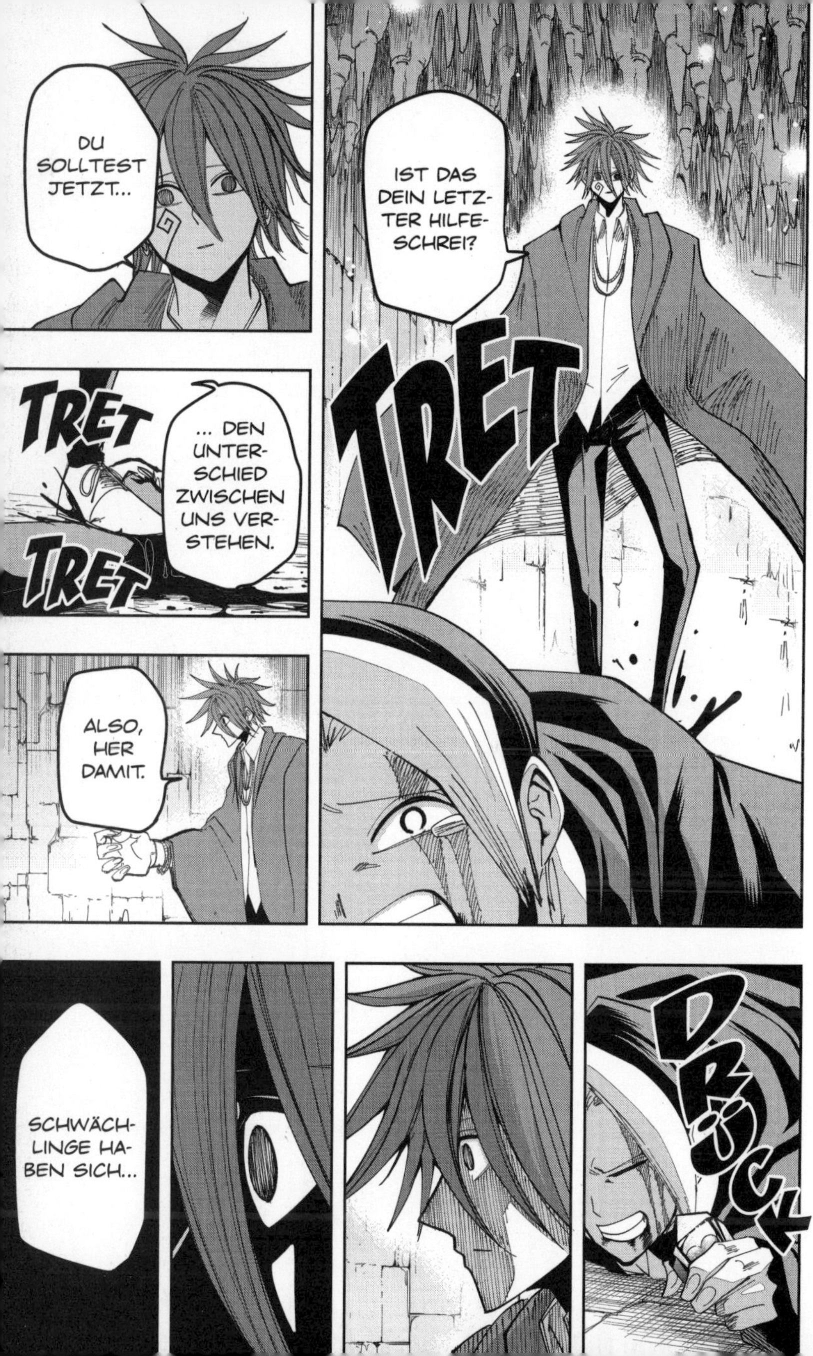
IST DAS DEIN LETZTER HILFESCHREI?
TRET
DU SOLLTEST JETZT...
TRET
... DEN UNTERSCHIED ZWISCHEN UNS VERSTEHEN.
TRET
ALSO, HER DAMIT.
DRUCK
SCHWÄCHLINGE HABEN SICH...

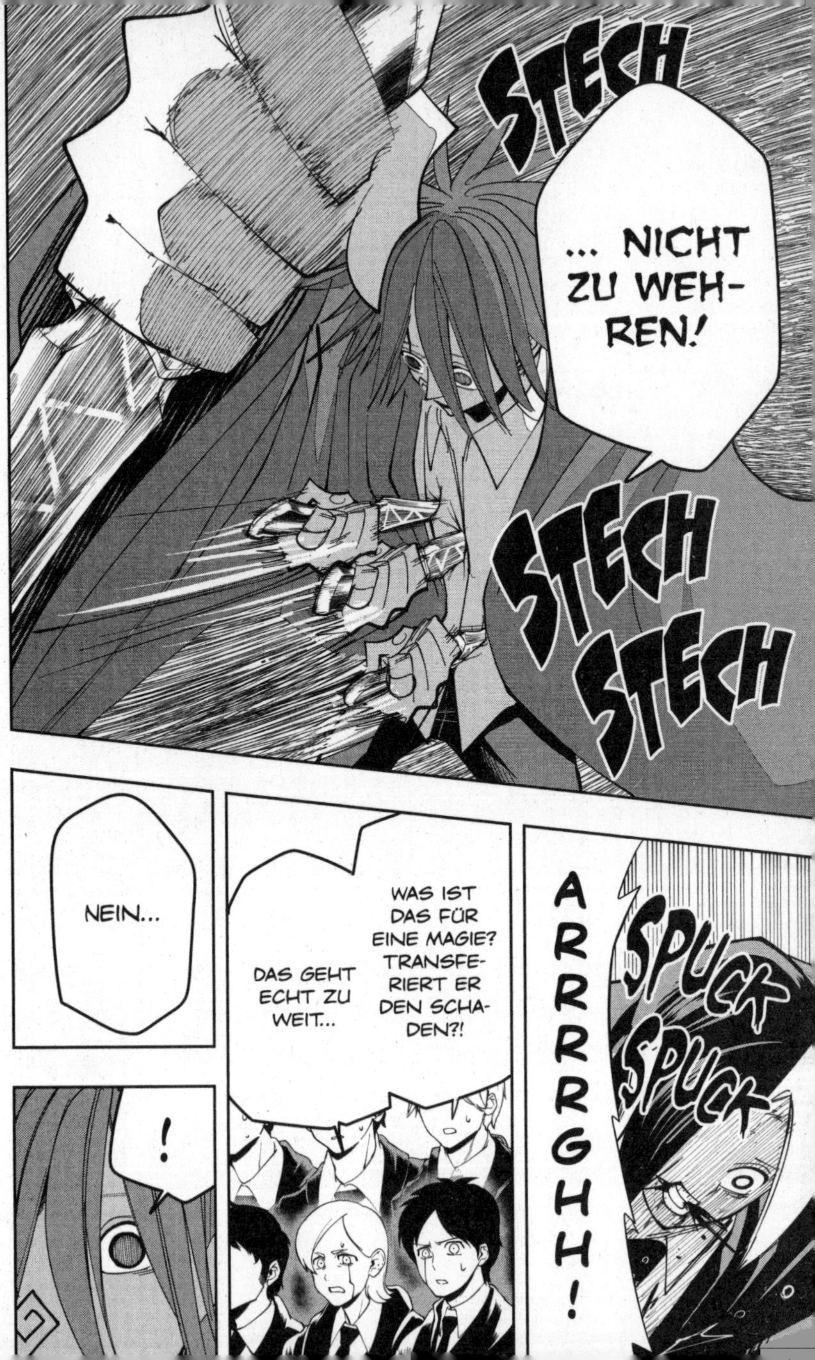
STECH
... NICHT ZU WEHREN!
STECH STECH
ARRRRGHH!
SPUCK SPUCK
WAS IST DAS FÜR EINE MAGIE? TRANSFERIERT ER DEN SCHADEN?!
DAS GEHT ECHT ZU WEIT...
NEIN...
!

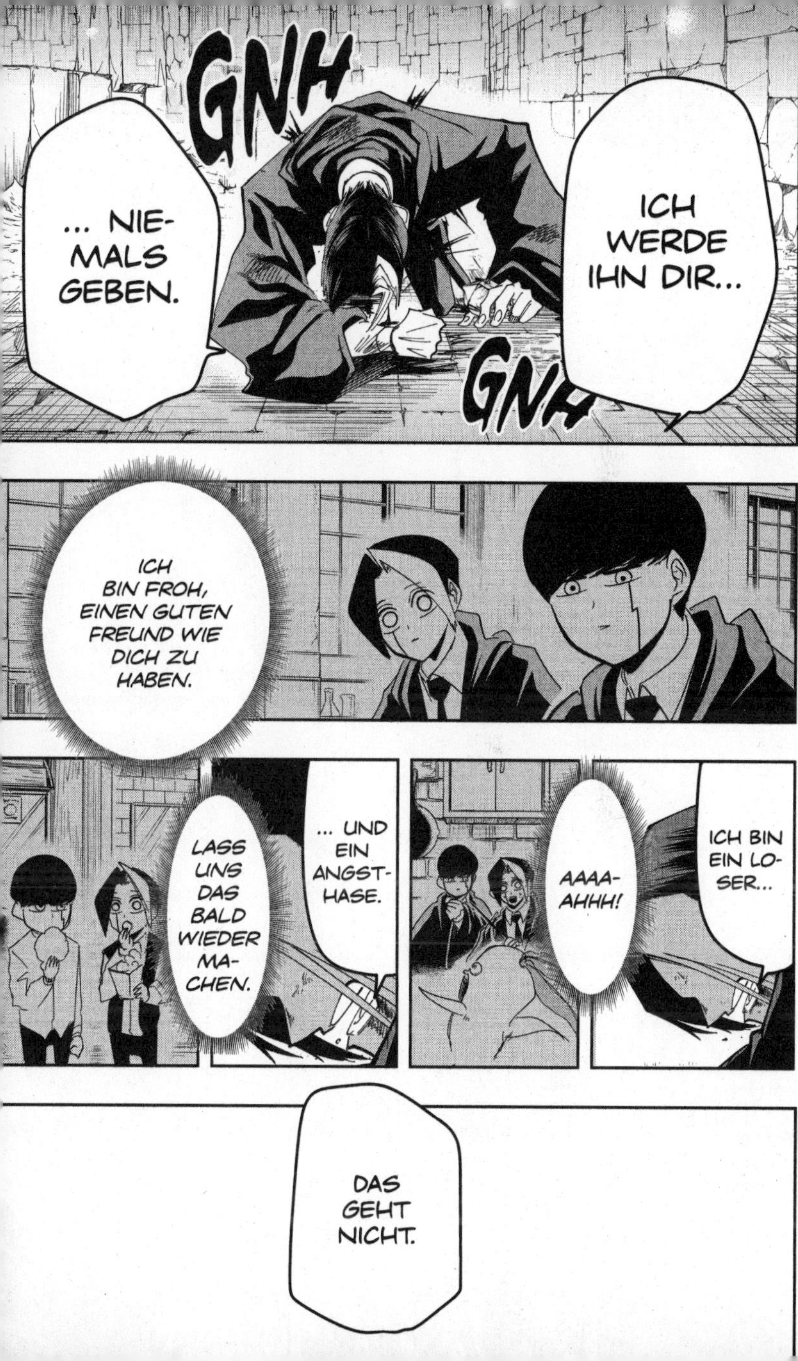
GNH
ICH WERDE IHN DIR...
... NIE-MALS GEBEN.
GNH
ICH BIN FROH, EINEN GUTEN FREUND WIE DICH ZU HABEN.
ICH BIN EIN LO-SER...
AAAA-AHHH!
... UND EIN ANGST-HASE.
LASS UNS DAS BALD WIEDER MA-CHEN.
DAS GEHT NICHT.

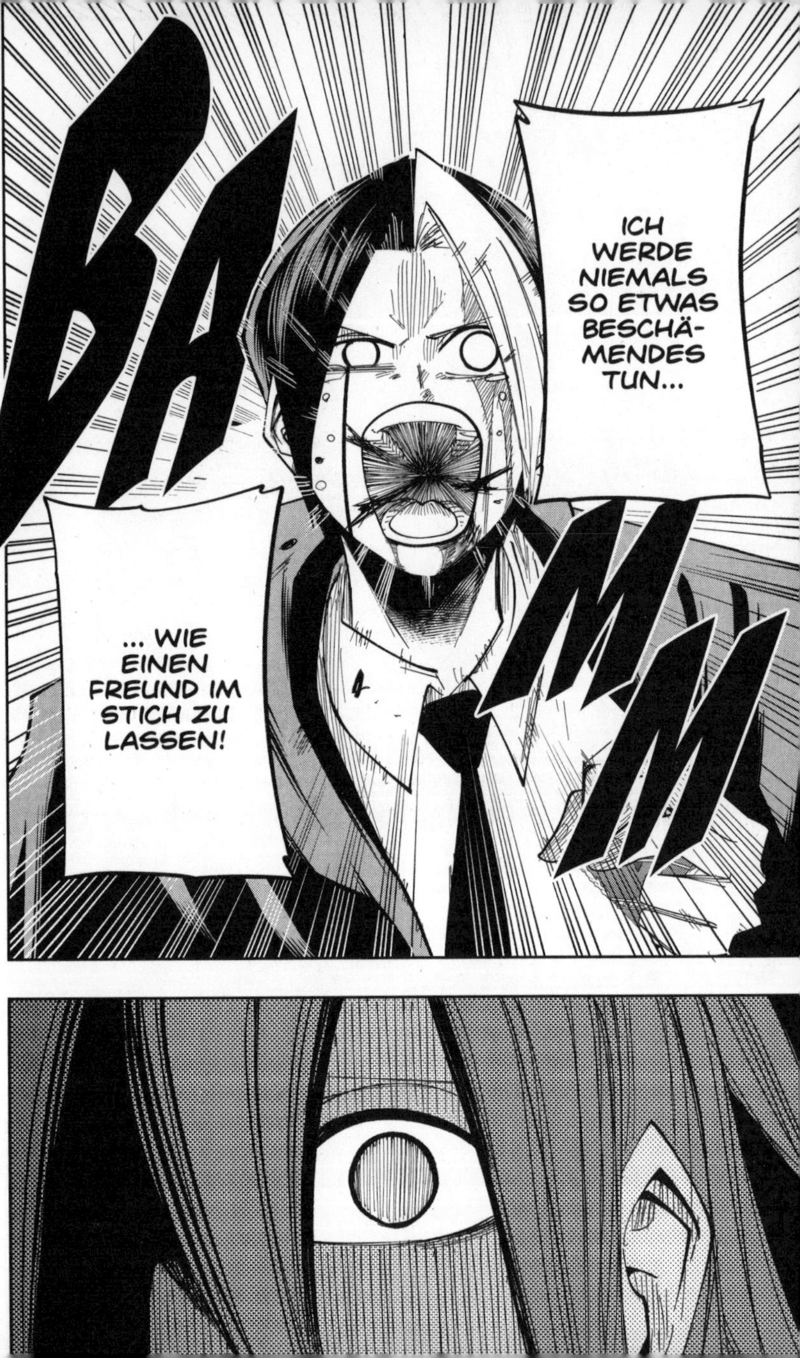
ICH WERDE NIEMALS SO ETWAS BESCHÄMENDES TUN...
BAMM
... WIE EINEN FREUND IM STICH ZU LASSEN!

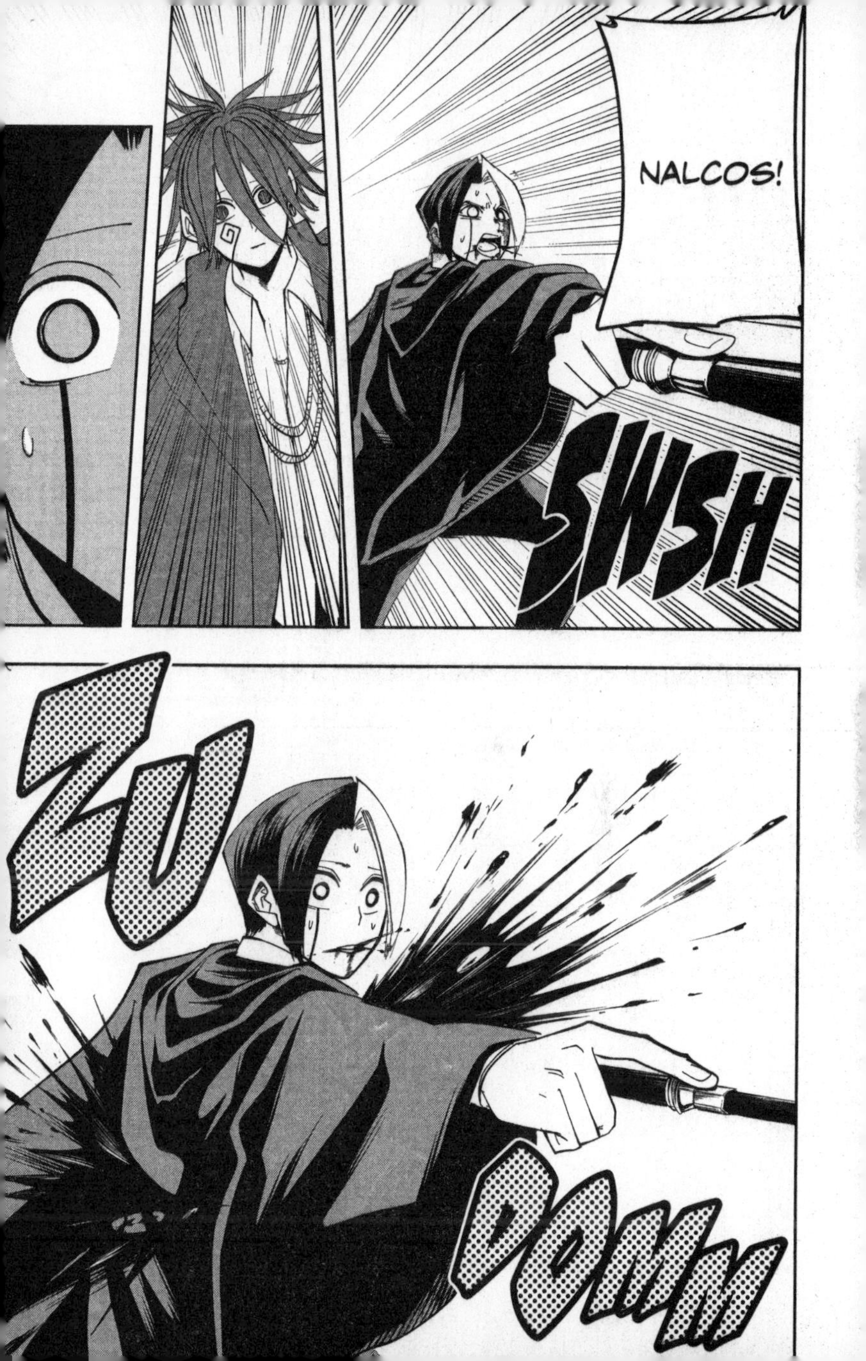
NALCOS!
SWSH
ZU
DOMM

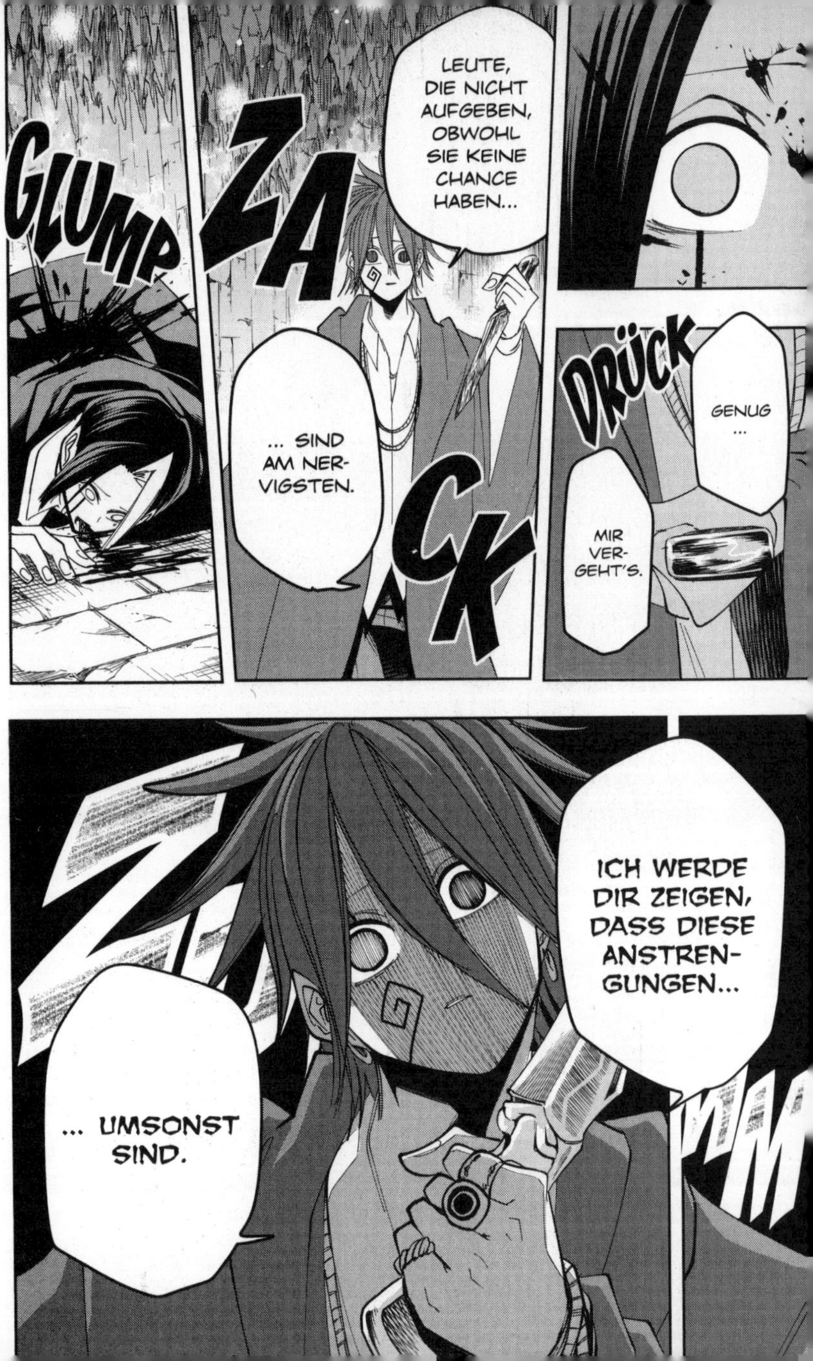
LEUTE, DIE NICHT AUFGEBEN, OBWOHL SIE KEINE CHANCE HABEN...
ZA
GLUMP
GENUG ...
DRÜCK
MIR VER-GEHT'S.
... SIND AM NER-VIGSTEN.
CK
ICH WERDE DIR ZEIGEN, DASS DIESE ANSTREN-GUNGEN...
... UMSONST SIND.

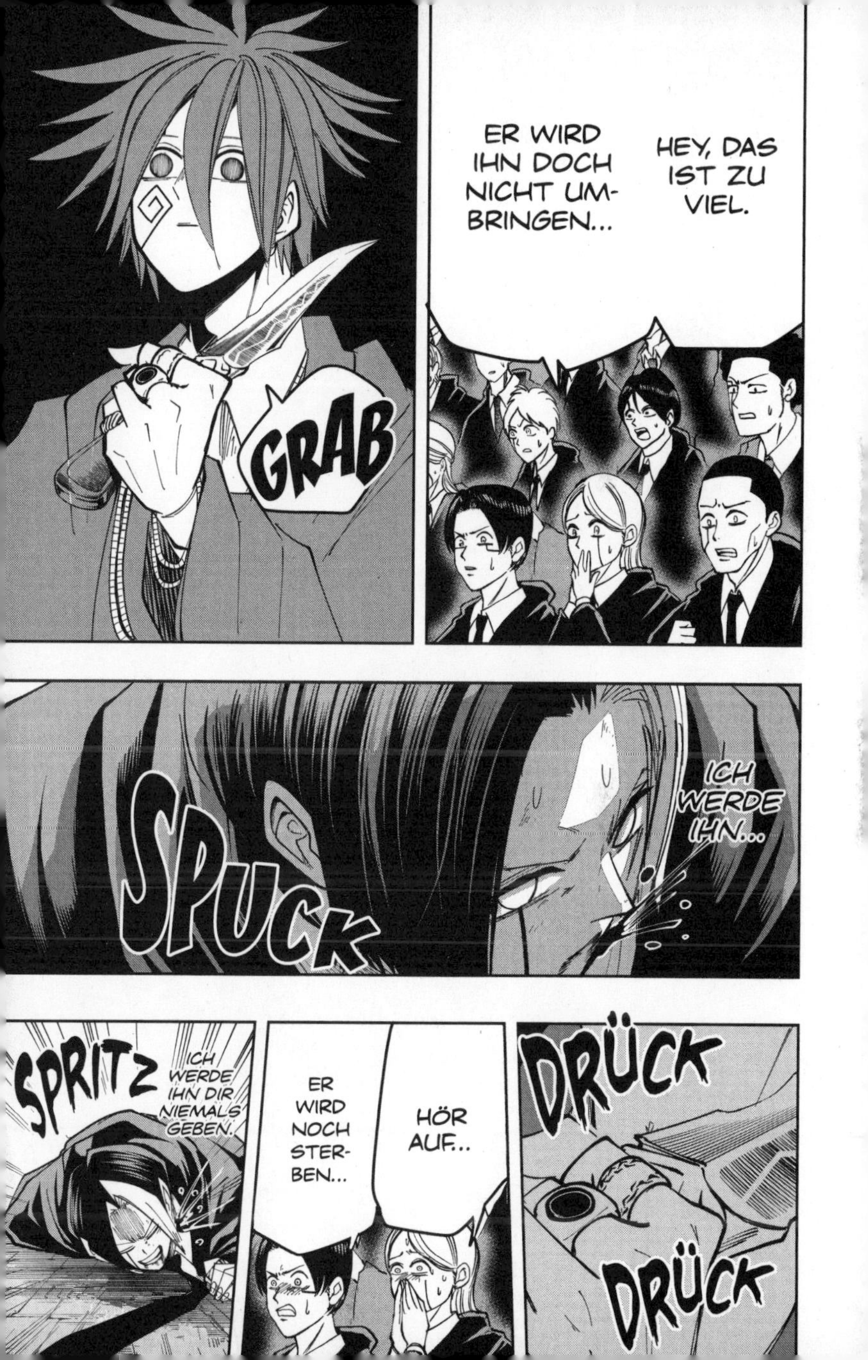

HEY, DAS IST ZU VIEL.
ER WIRD IHN DOCH NICHT UM-BRINGEN...
GRAB
ICH WERDE IHN...
SPUCK
DRÜCK
DRÜCK
HÖR AUF...
ER WIRD NOCH STER-BEN...
ICH WERDE IHN DIR NIEMALS GEBEN.
SPRITZ

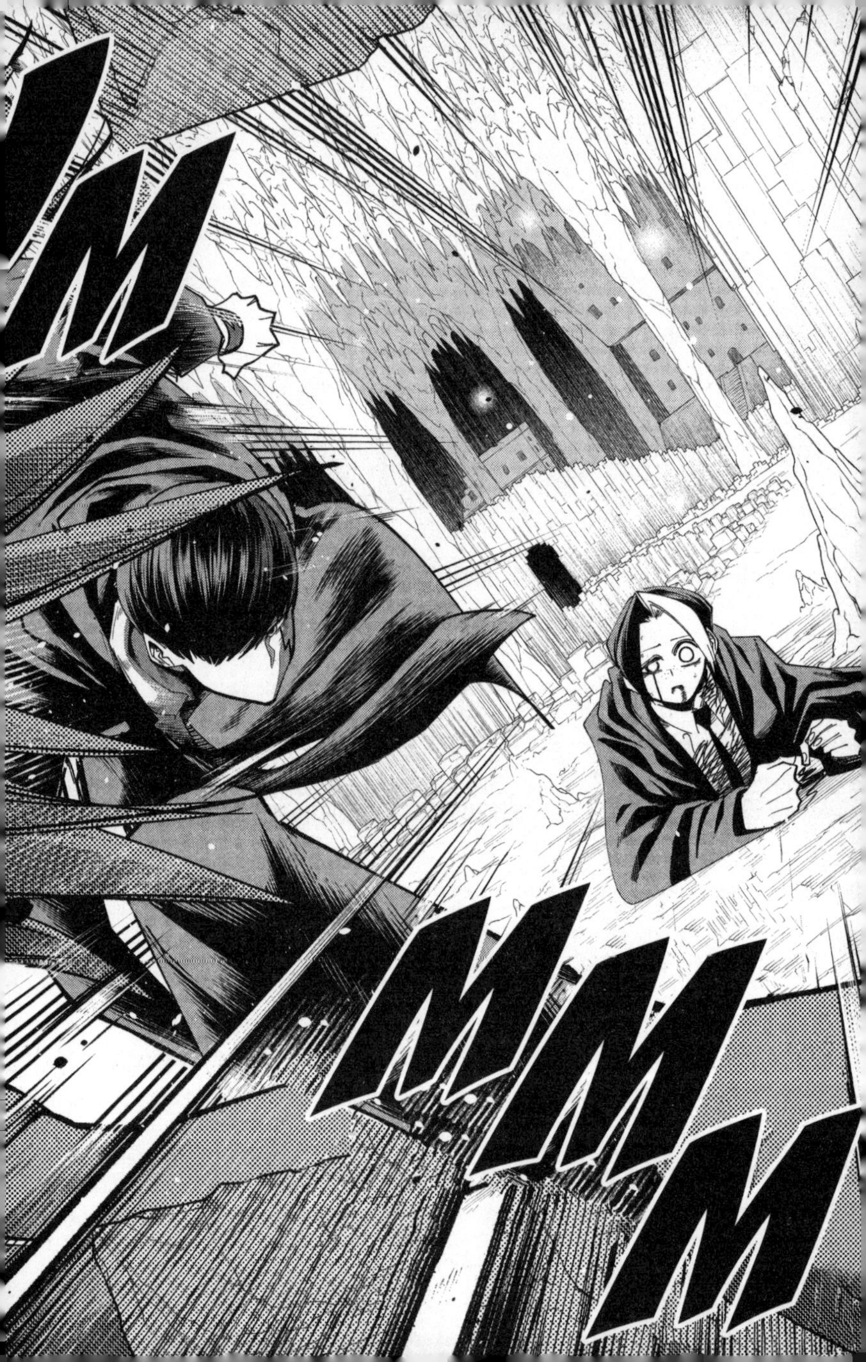
M
MMMM

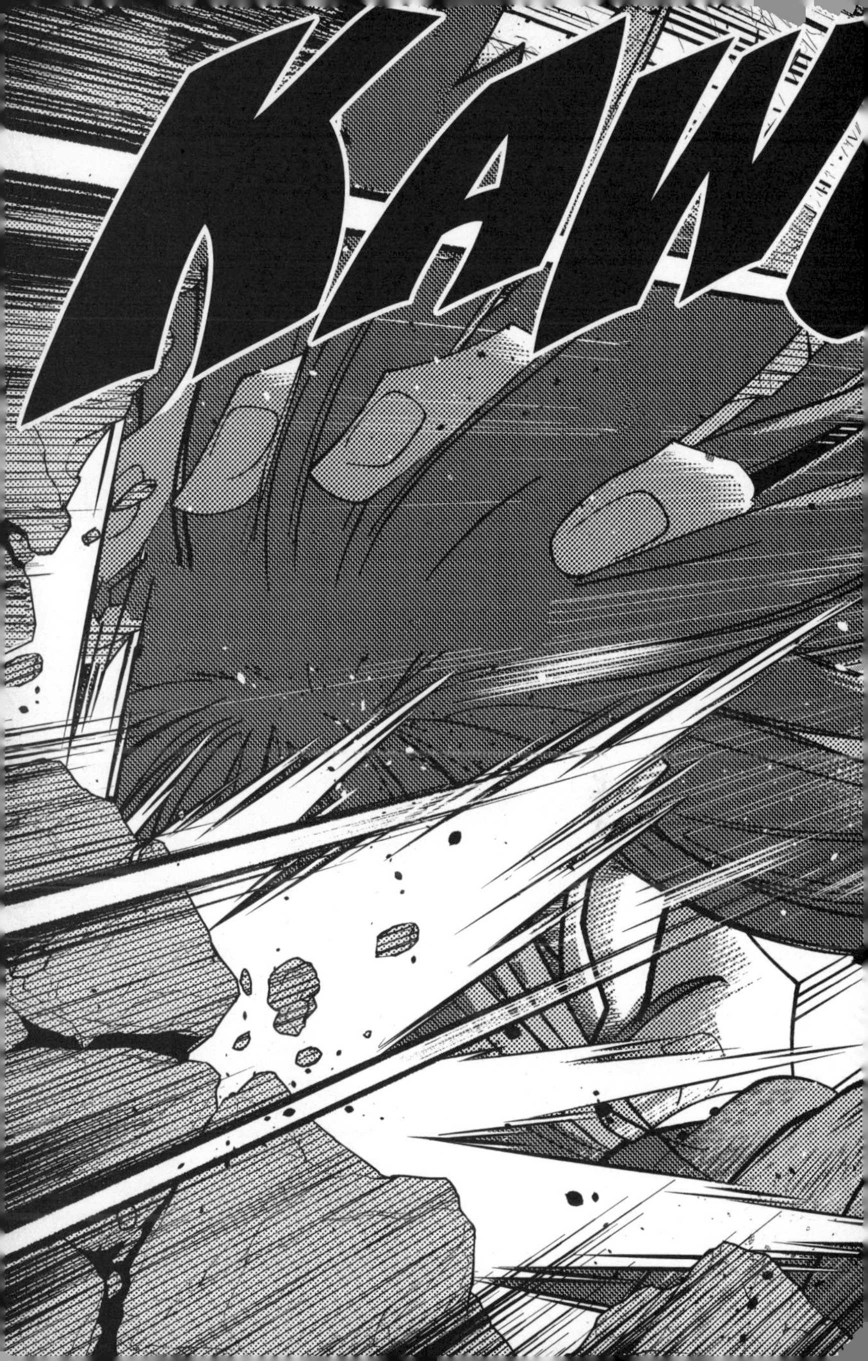

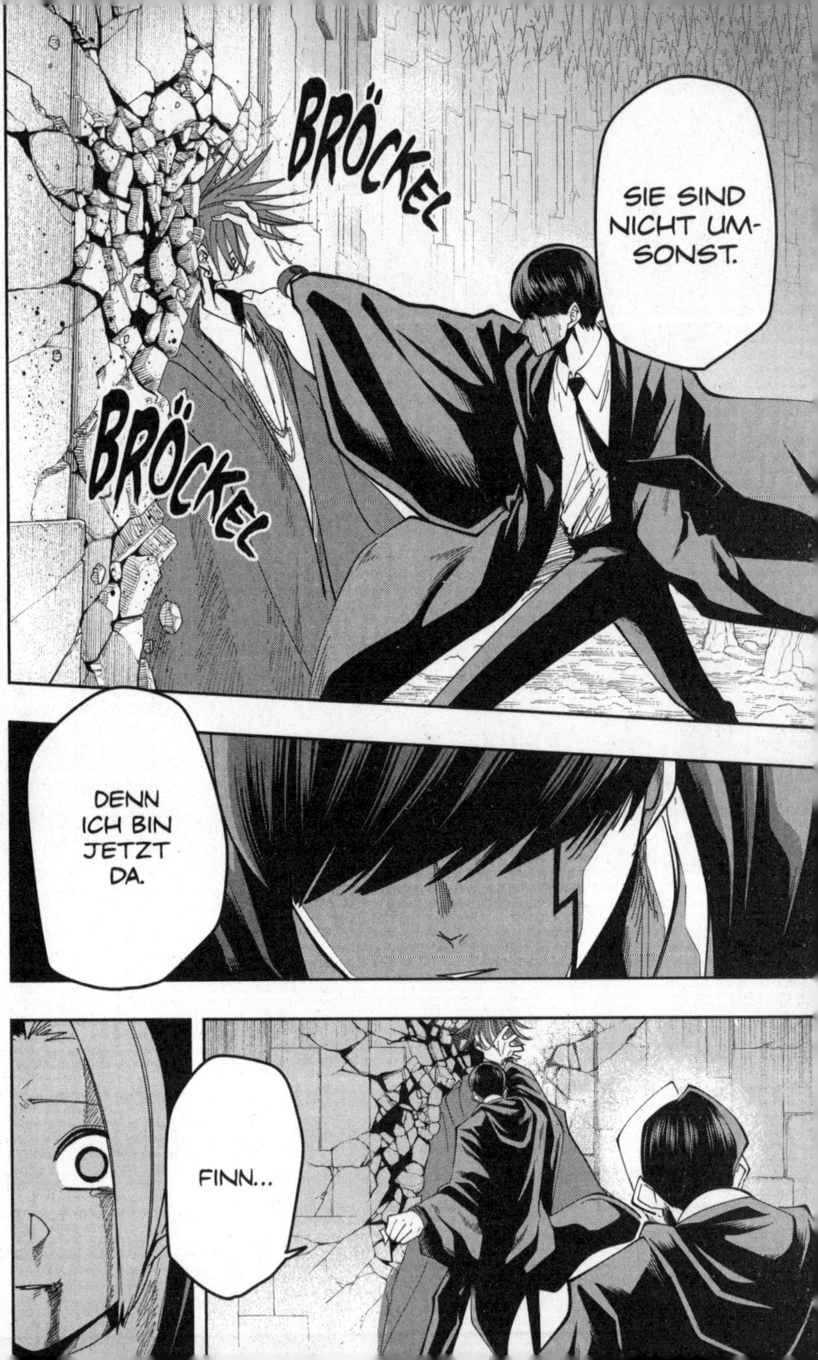
SIE SIND NICHT UM-SONST.
BRÖCKEL
BRÖCKEL
DENN ICH BIN JETZT DA.
FINN...

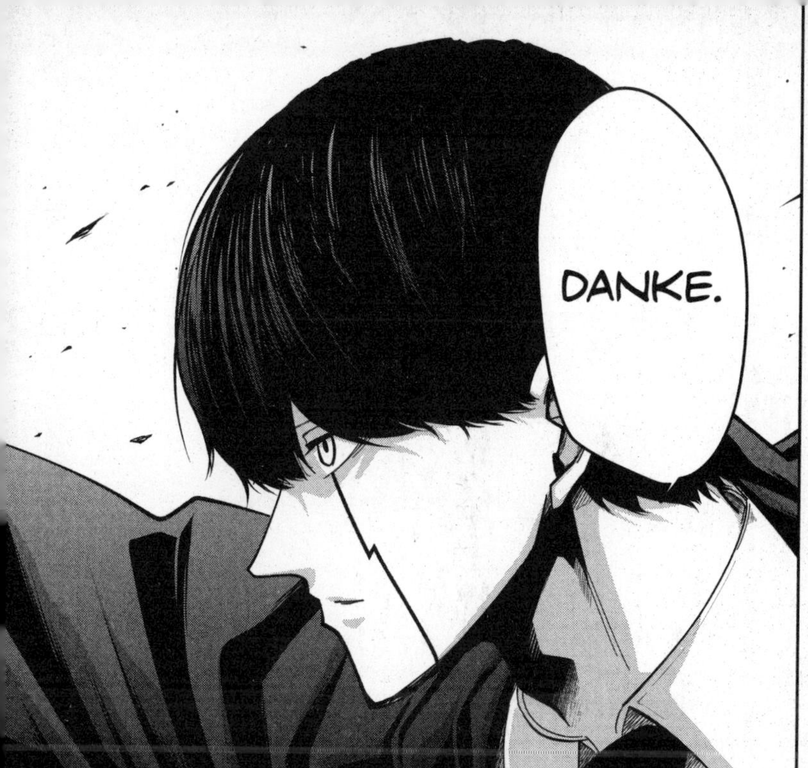
DANKE.

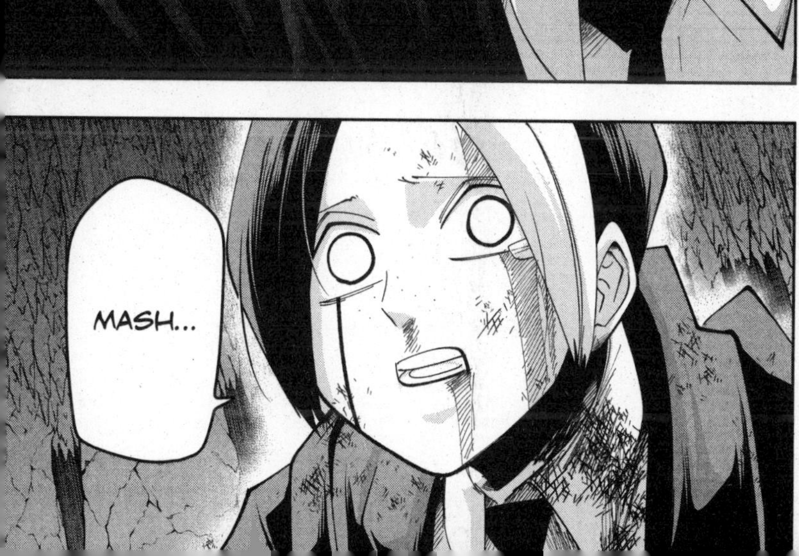
MASH...

Frage-Antwort-Ecke 2

Q&A

F.4 FINNS MAGIE KANN DINGE AN EINEN ANDEREN ORT VERSETZEN?

A.4 Ja. „Dangerousse" war ein Ablenkungszauber. „Nalcos" ist ein Grundzauber, den jeder verwenden kann.

F.5 WO KOMMT MARGARETTE MACARONS KLAVIER HER?

A.2 Er zaubert es.

F.6 WENN MALE VERMEHRT WERDEN KÖNNEN, KANN JEMAND OHNE EINS DANN AUCH EIN MAL BEKOMMEN?

A.6 Jemand ohne Male hat kein Potenzial für Magie. Das heißt, er/sie kann kein Mal bekommen.

53. Kapitel Mash Burnedead und der Stab der Heilung

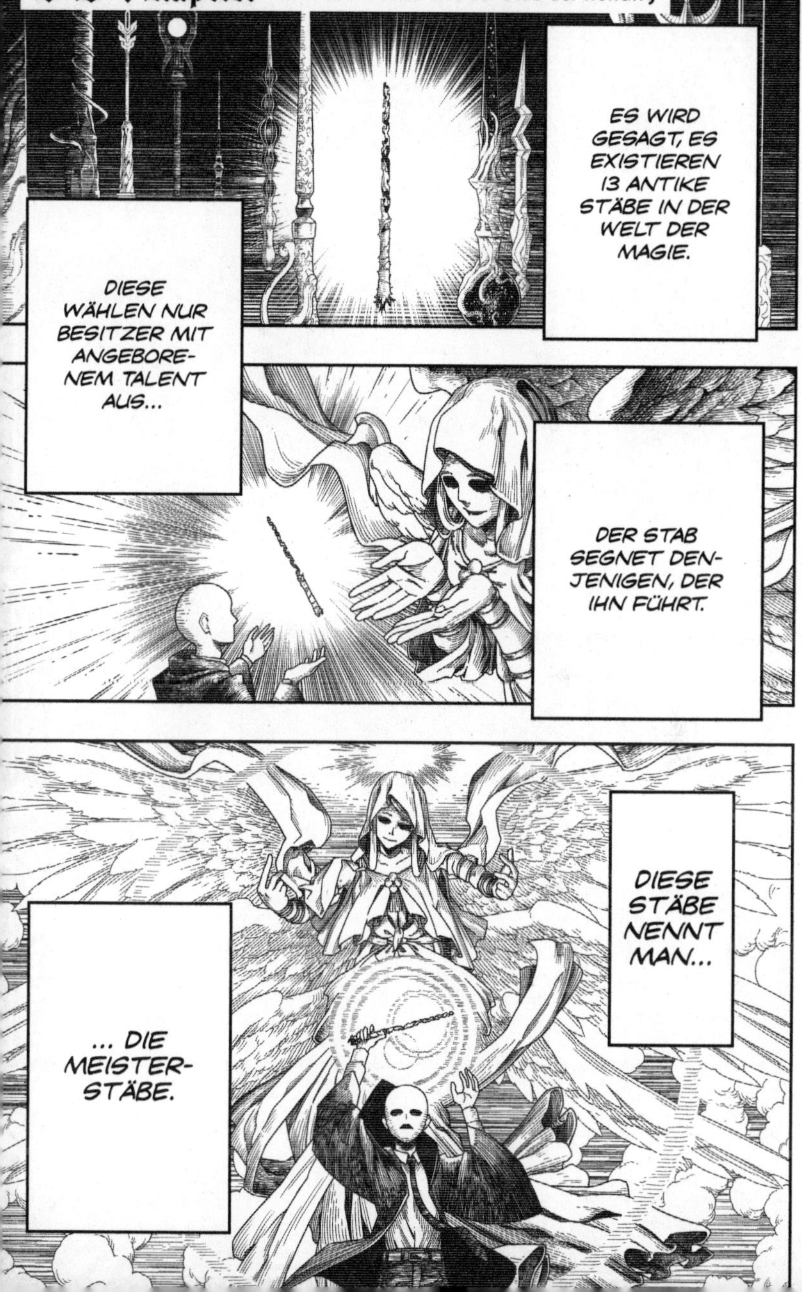

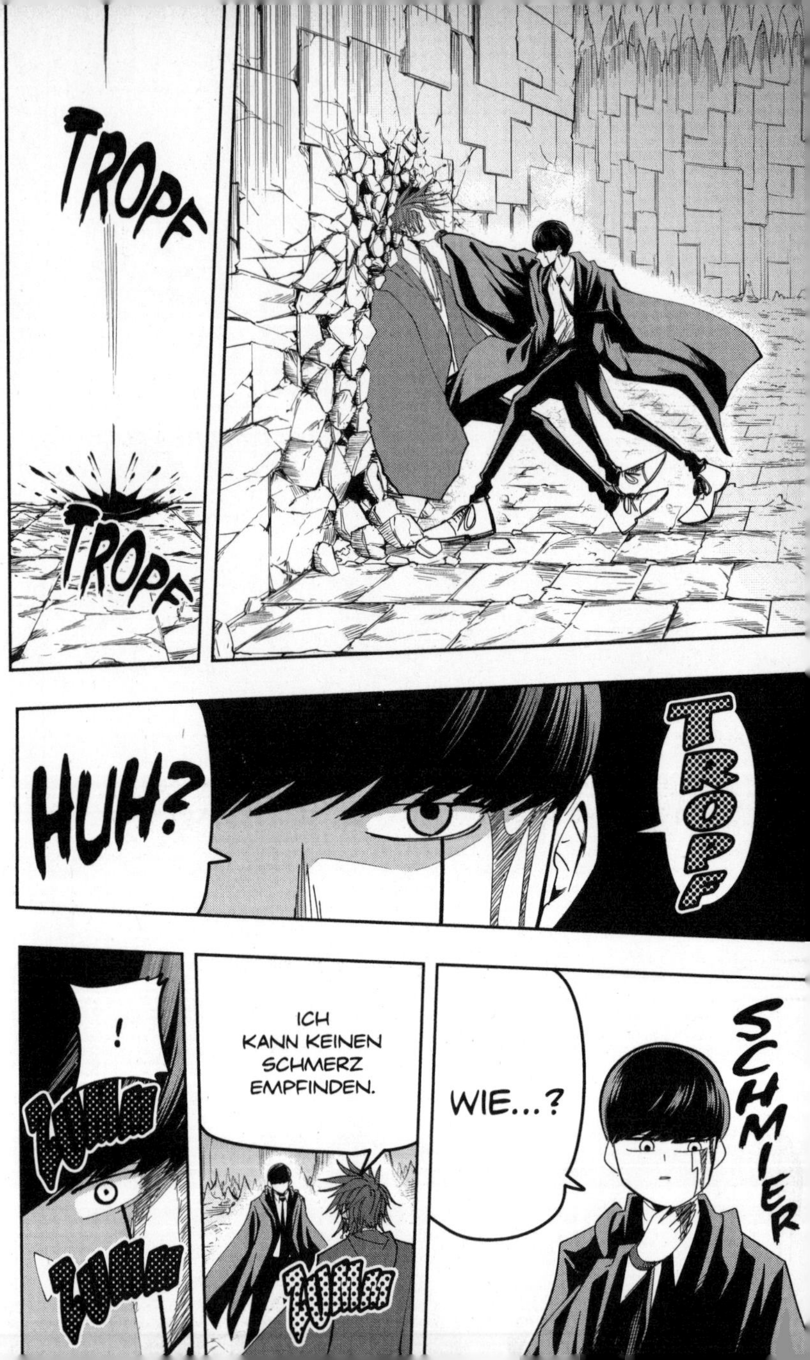
TROPF
TROPF
TROPF
HUH?
SCHMIER
WIE...?
ICH KANN KEINEN SCHMERZ EMPFINDEN.
!

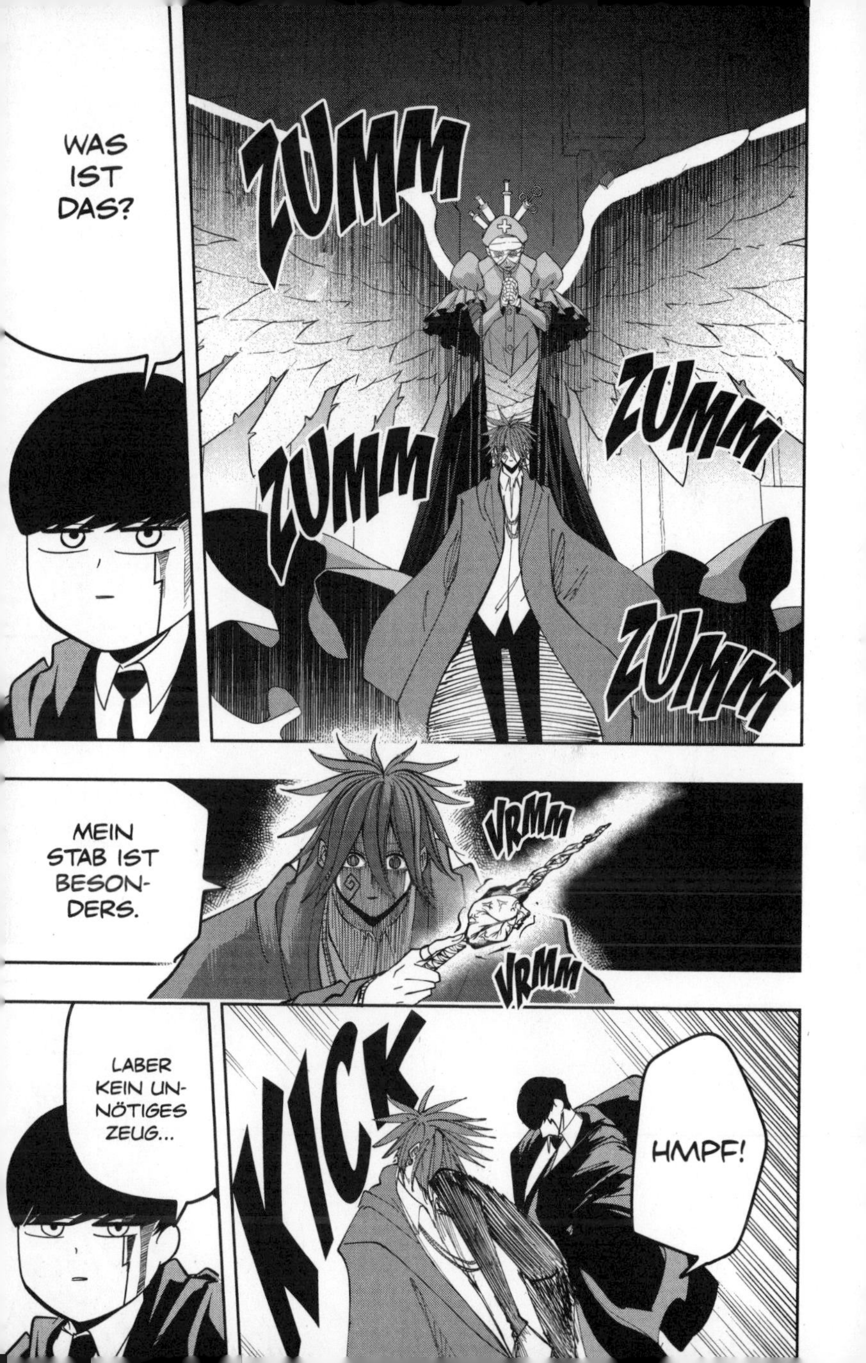
ZUMM
WAS IST DAS?
ZUMM
ZUMM
ZUMM
VRMM
MEIN STAB IST BESON-DERS.
VRMM
HMPF!
ZICK
LABER KEIN UN-NÖTIGES ZEUG…

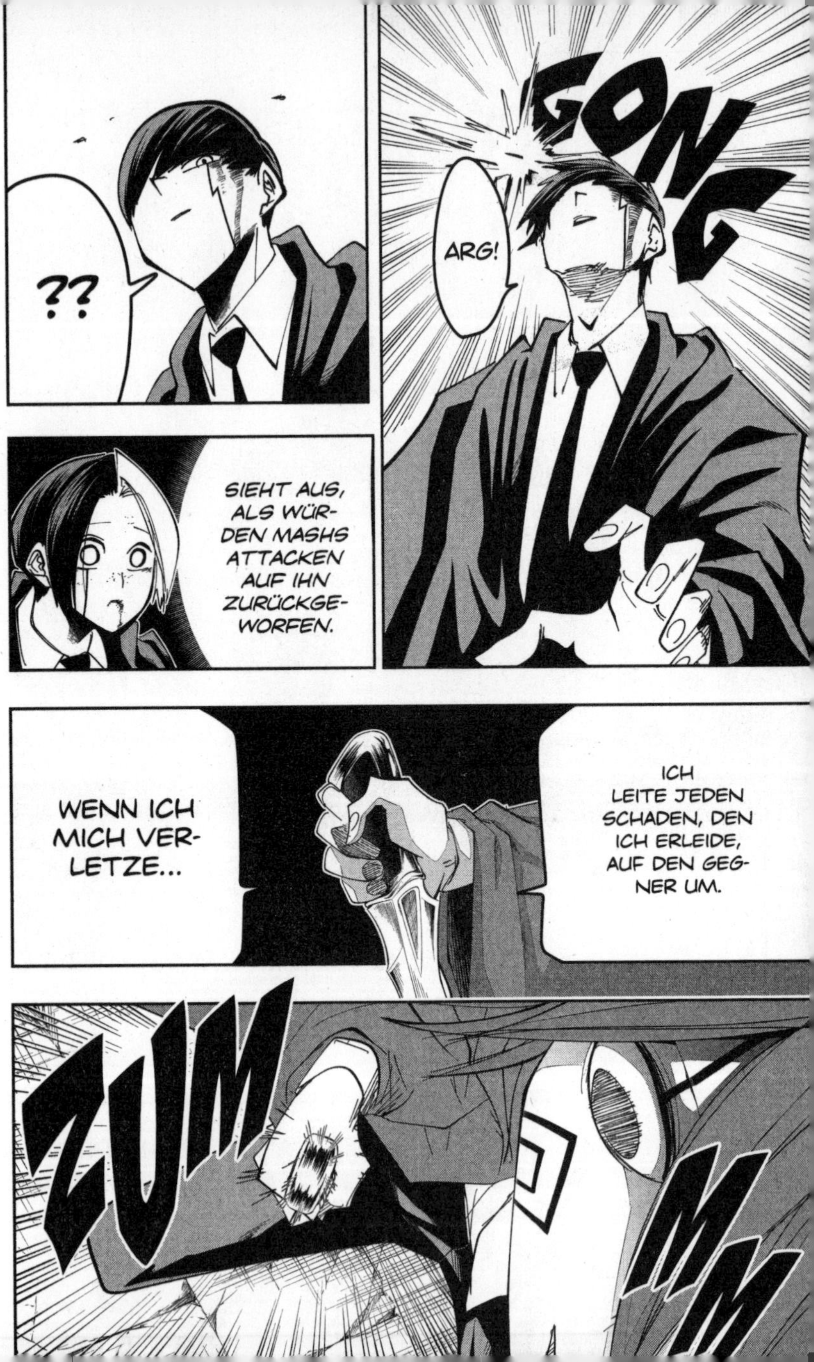
GONG
ARG!
??
SIEHT AUS, ALS WÜRDEN MASHS ATTACKEN AUF IHN ZURÜCKGEWORFEN.
ICH LEITE JEDEN SCHADEN, DEN ICH ERLEIDE, AUF DEN GEGNER UM.
WENN ICH MICH VERLETZE...
ZUM
MMM

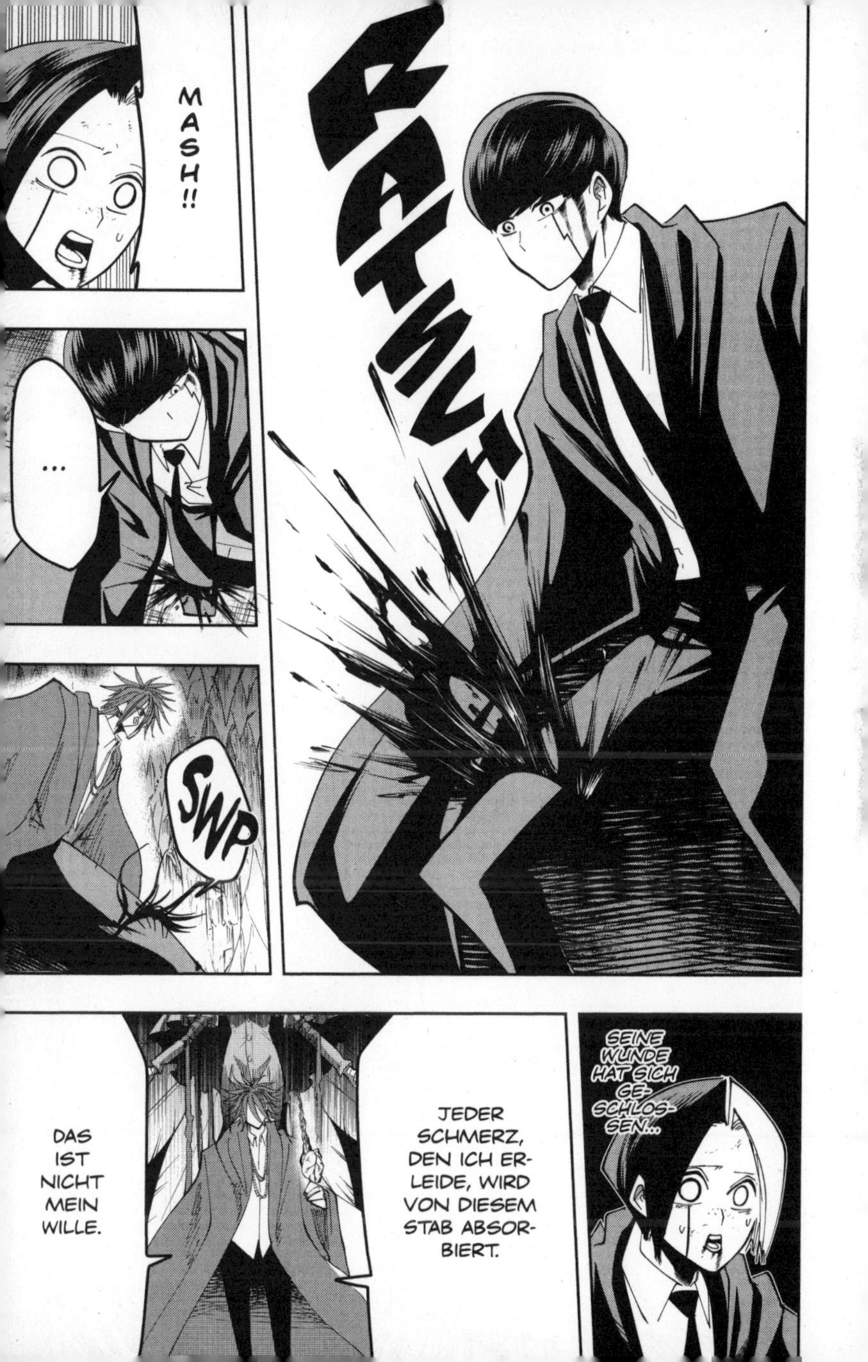
BATSCH!!
MASH!!
...
SWP
SEINE WUNDE HAT SICH GE-SCHLOS-SEN...
JEDER SCHMERZ, DEN ICH ER-LEIDE, WIRD VON DIESEM STAB ABSOR-BIERT.
DAS IST NICHT MEIN WILLE.

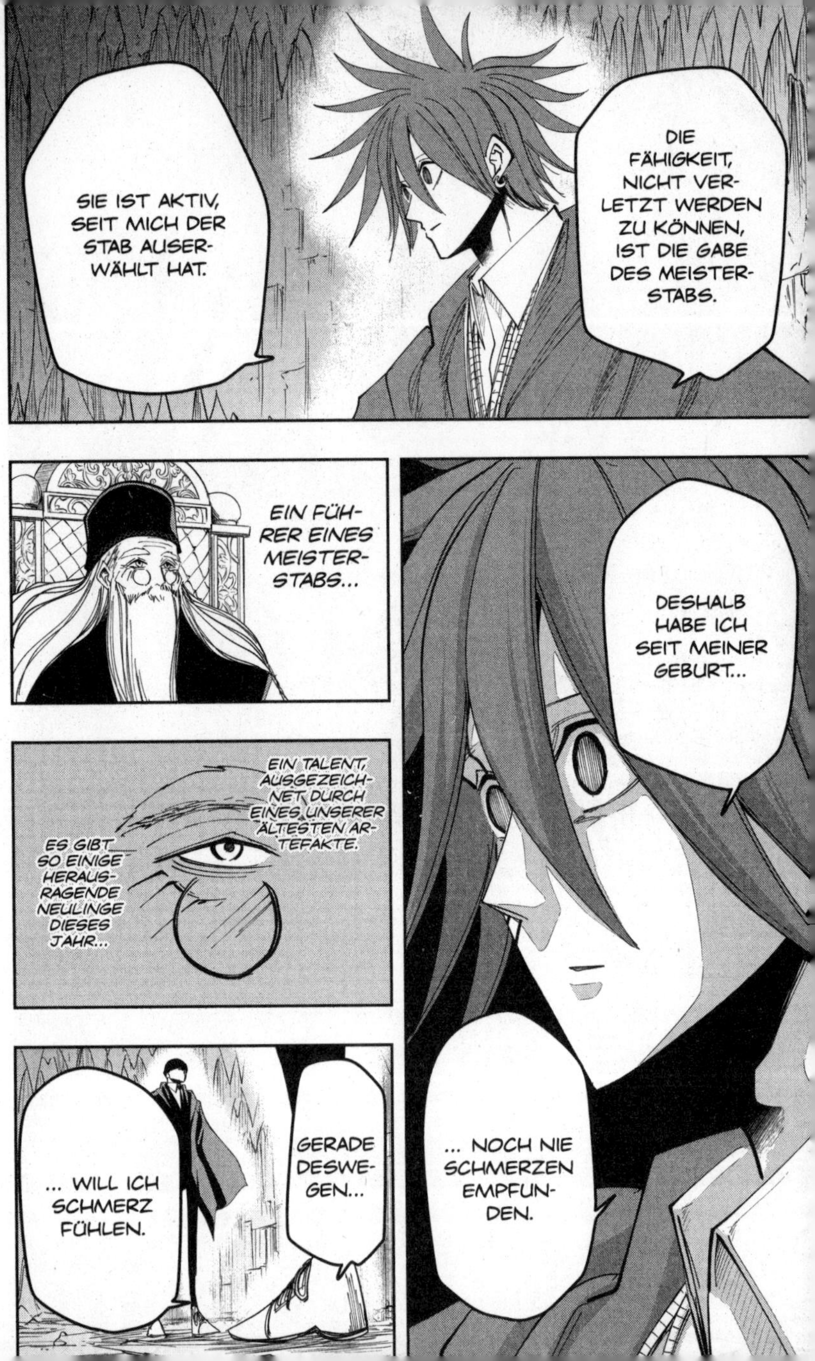
DIE FÄHIGKEIT, NICHT VERLETZT WERDEN ZU KÖNNEN, IST DIE GABE DES MEISTERSTABS.
SIE IST AKTIV, SEIT MICH DER STAB AUSERWÄHLT HAT.
DESHALB HABE ICH SEIT MEINER GEBURT...
EIN FÜHRER EINES MEISTERSTABS...
EIN TALENT, AUSGEZEICHNET DURCH EINES UNSERER ÄLTESTEN ARTEFAKTE.
ES GIBT SO EINIGE HERAUSRAGENDE NEULINGE DIESES JAHR...
... NOCH NIE SCHMERZEN EMPFUNDEN.
GERADE DESWEGEN...
... WILL ICH SCHMERZ FÜHLEN.

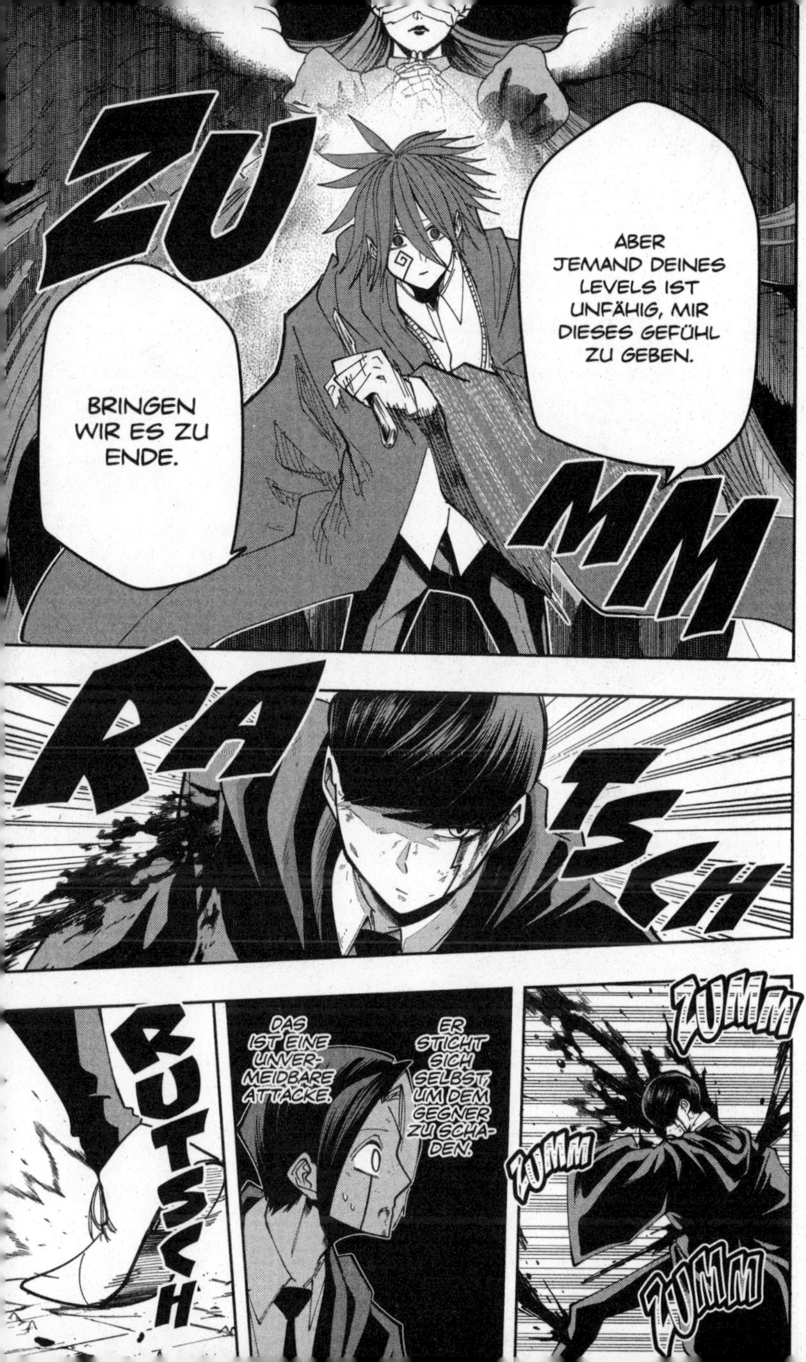
ABER JEMAND DEINES LEVELS IST UNFÄHIG, MIR DIESES GEFÜHL ZU GEBEN.
BRINGEN WIR ES ZU ENDE.
ZUMM
RATSCH
ZUMM
ZUMM
ZUMM
ER STICHT SICH SELBST, UM DEM GEGNER ZU SCHA-DEN.
DAS IST EINE UNVER-MEIDBARE ATTACKE.
RUTSCH

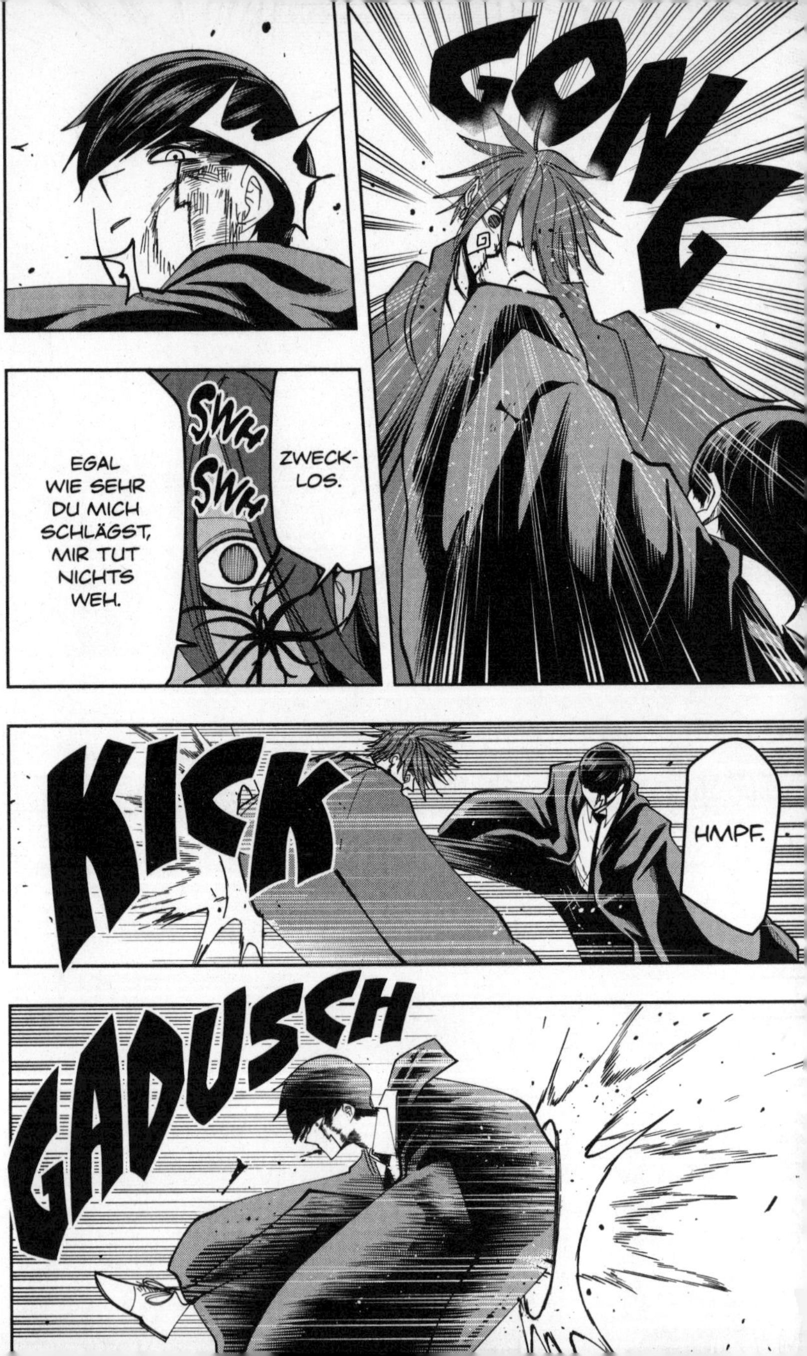
GONG
ZWECK-
LOS.
SWH
SWH
EGAL
WIE SEHR
DU MICH
SCHLÄGST,
MIR TUT
NICHTS
WEH.
HMPF.
KICK
GADUSCH

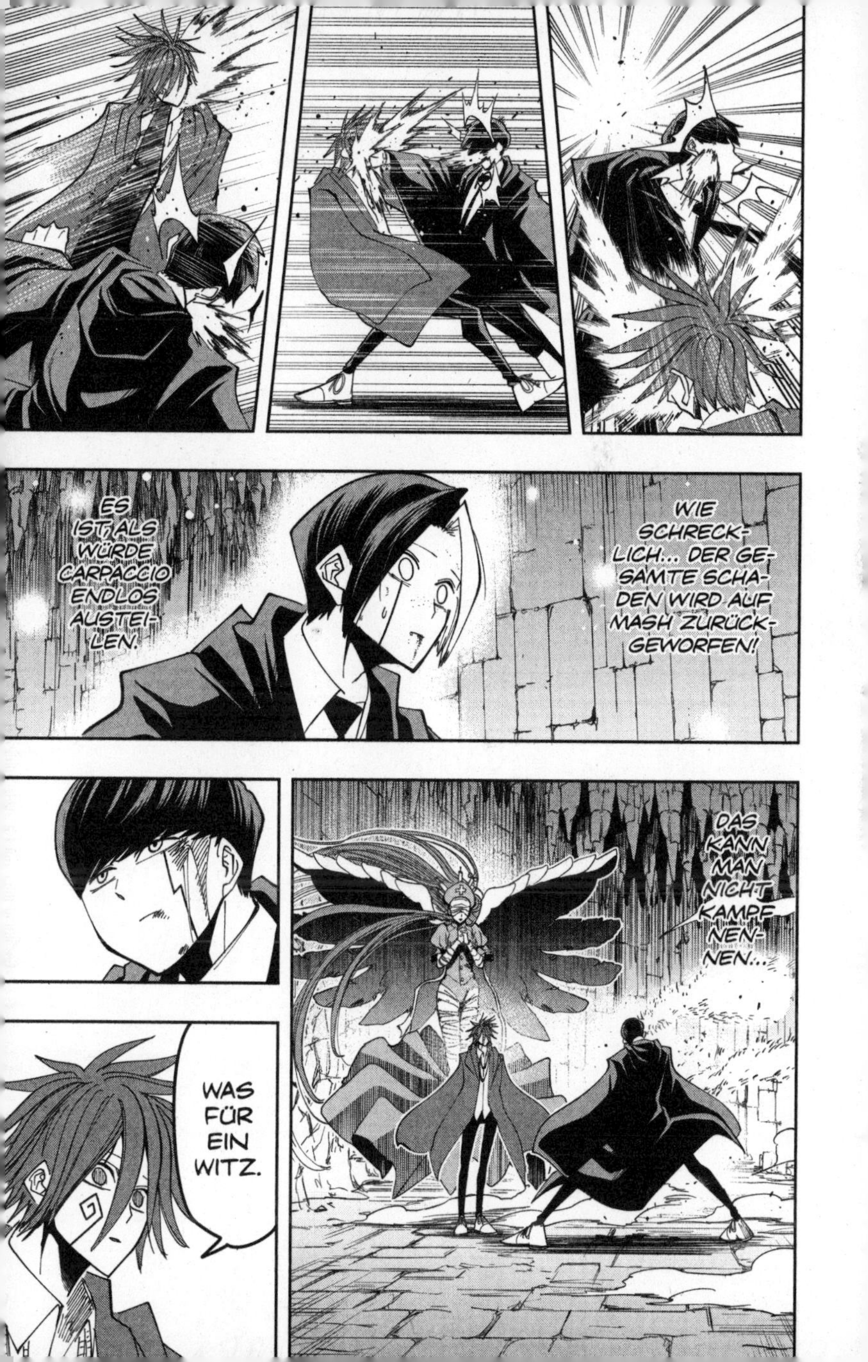
WIE SCHRECKLICH... DER GESAMTE SCHADEN WIRD AUF MASH ZURÜCKGEWORFEN!
ES IST, ALS WÜRDE CARPACCIO ENDLOS AUSTEILEN.
DAS KANN MAN NICHT KAMPF NENNEN...
WAS FÜR EIN WITZ.

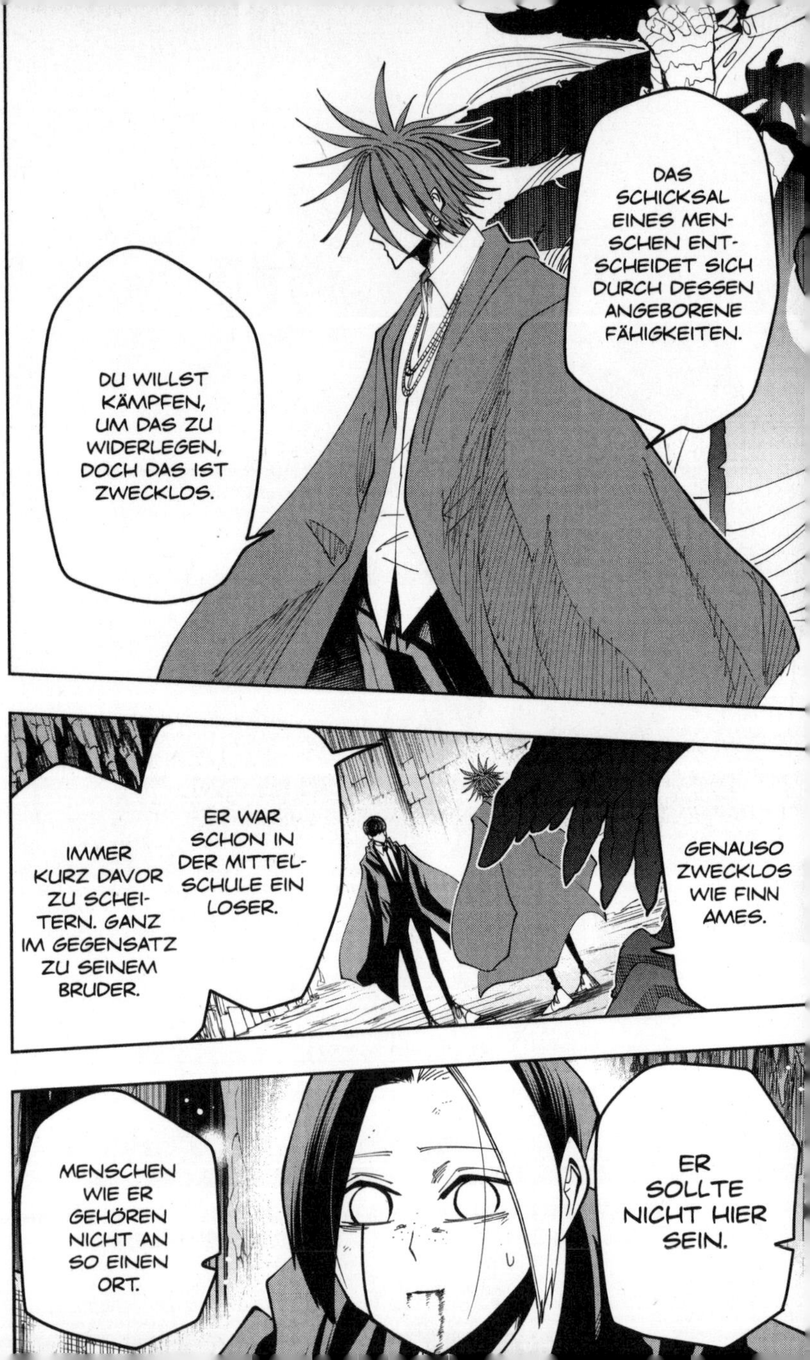
DAS SCHICKSAL EINES MENSCHEN ENTSCHEIDET SICH DURCH DESSEN ANGEBORENE FÄHIGKEITEN.
DU WILLST KÄMPFEN, UM DAS ZU WIDERLEGEN, DOCH DAS IST ZWECKLOS.
GENAUSO ZWECKLOS WIE FINN AMES.
ER WAR SCHON IN DER MITTELSCHULE EIN LOSER.
IMMER KURZ DAVOR ZU SCHEITERN. GANZ IM GEGENSATZ ZU SEINEM BRUDER.
ER SOLLTE NICHT HIER SEIN.
MENSCHEN WIE ER GEHÖREN NICHT AN SO EINEN ORT.

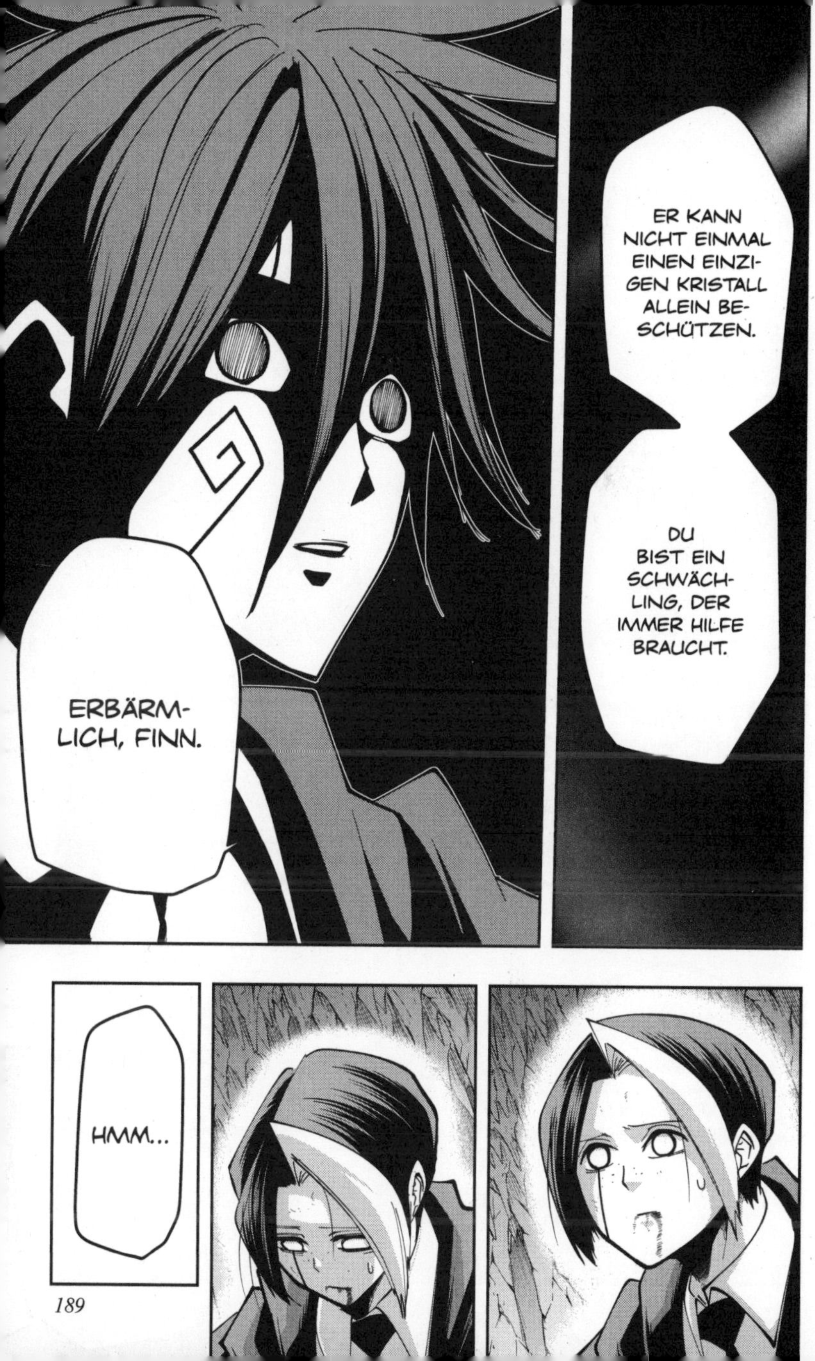
ER KANN NICHT EINMAL EINEN EINZI-GEN KRISTALL ALLEIN BE-SCHÜTZEN.
DU BIST EIN SCHWÄCH-LING, DER IMMER HILFE BRAUCHT.
ERBÄRM-LICH, FINN.
HMM...

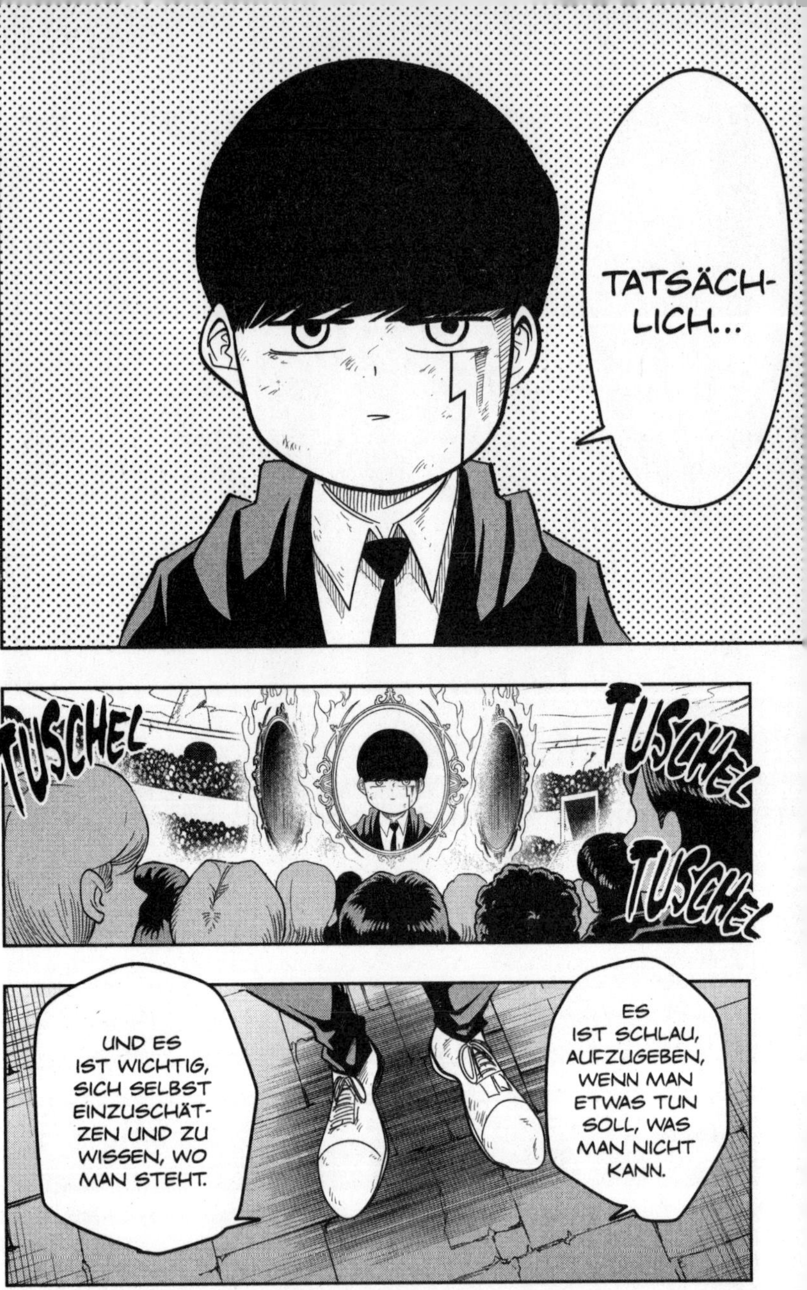
TATSÄCHLICH...
TUSCHEL
TUSCHEL
TUSCHEL
ES IST SCHLAU, AUFZUGEBEN, WENN MAN ETWAS TUN SOLL, WAS MAN NICHT KANN.
UND ES IST WICHTIG, SICH SELBST EINZUSCHÄTZEN UND ZU WISSEN, WO MAN STEHT.

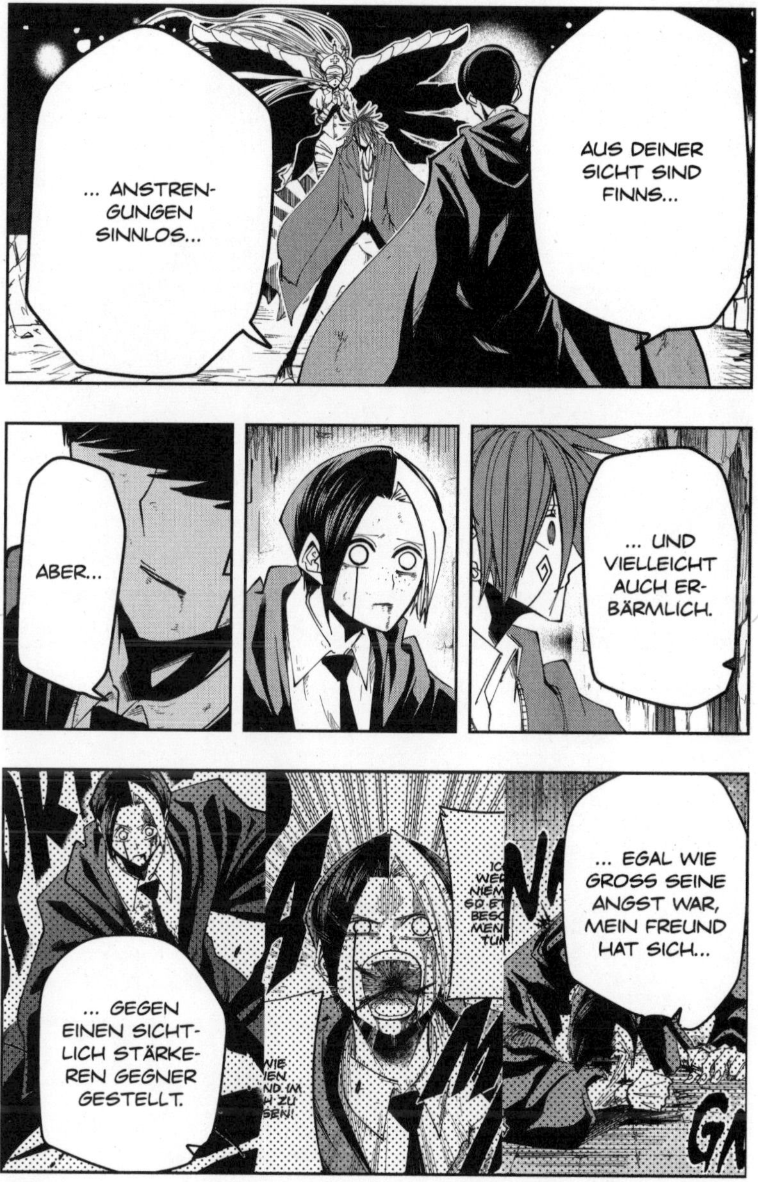
AUS DEINER SICHT SIND FINNS...
... ANSTRENGUNGEN SINNLOS...
... UND VIELLEICHT AUCH ERBÄRMLICH.
ABER...
... EGAL WIE GROSS SEINE ANGST WAR, MEIN FREUND HAT SICH...
... GEGEN EINEN SICHTLICH STÄRKEREN GEGNER GESTELLT.

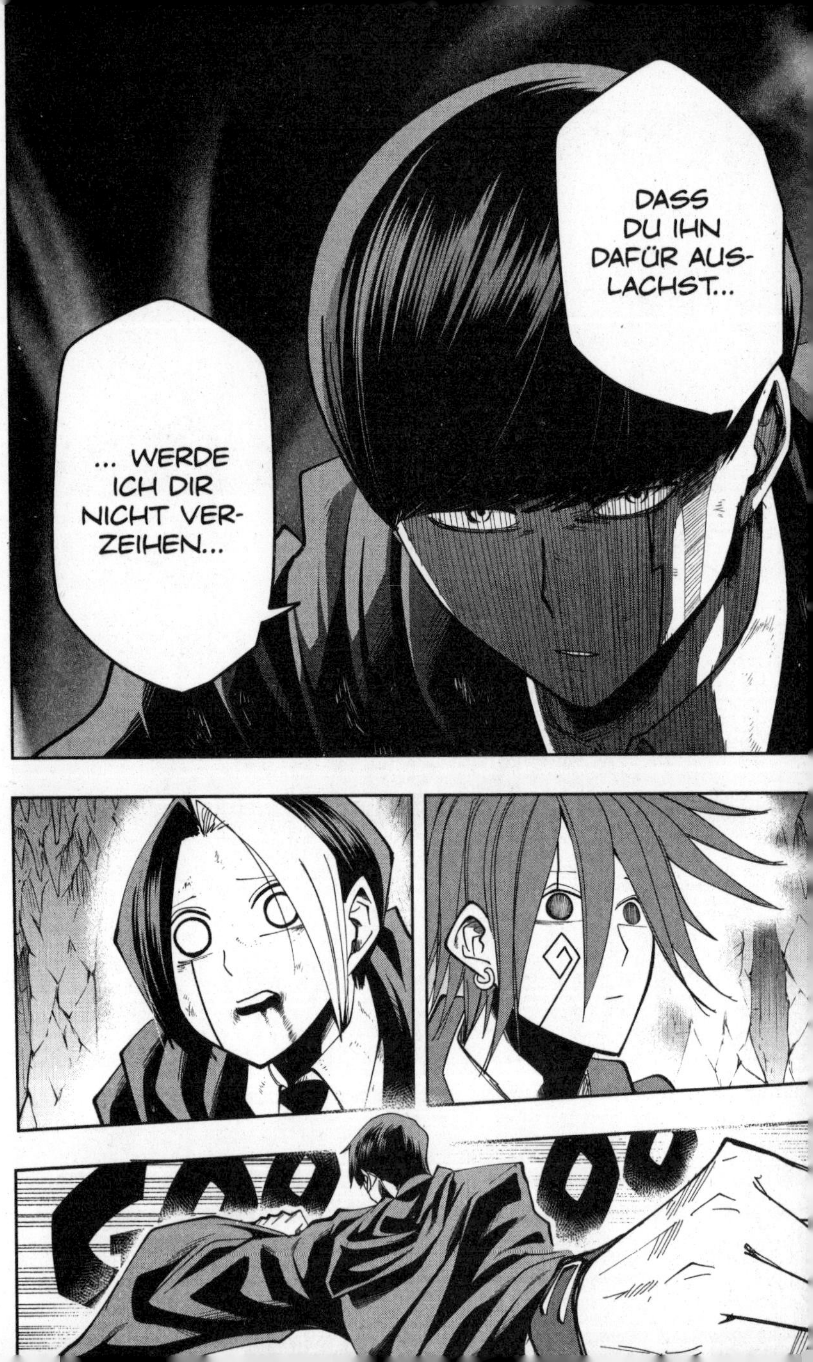
DASS DU IHN DAFÜR AUS-LACHST...
... WERDE ICH DIR NICHT VER-ZEIHEN...

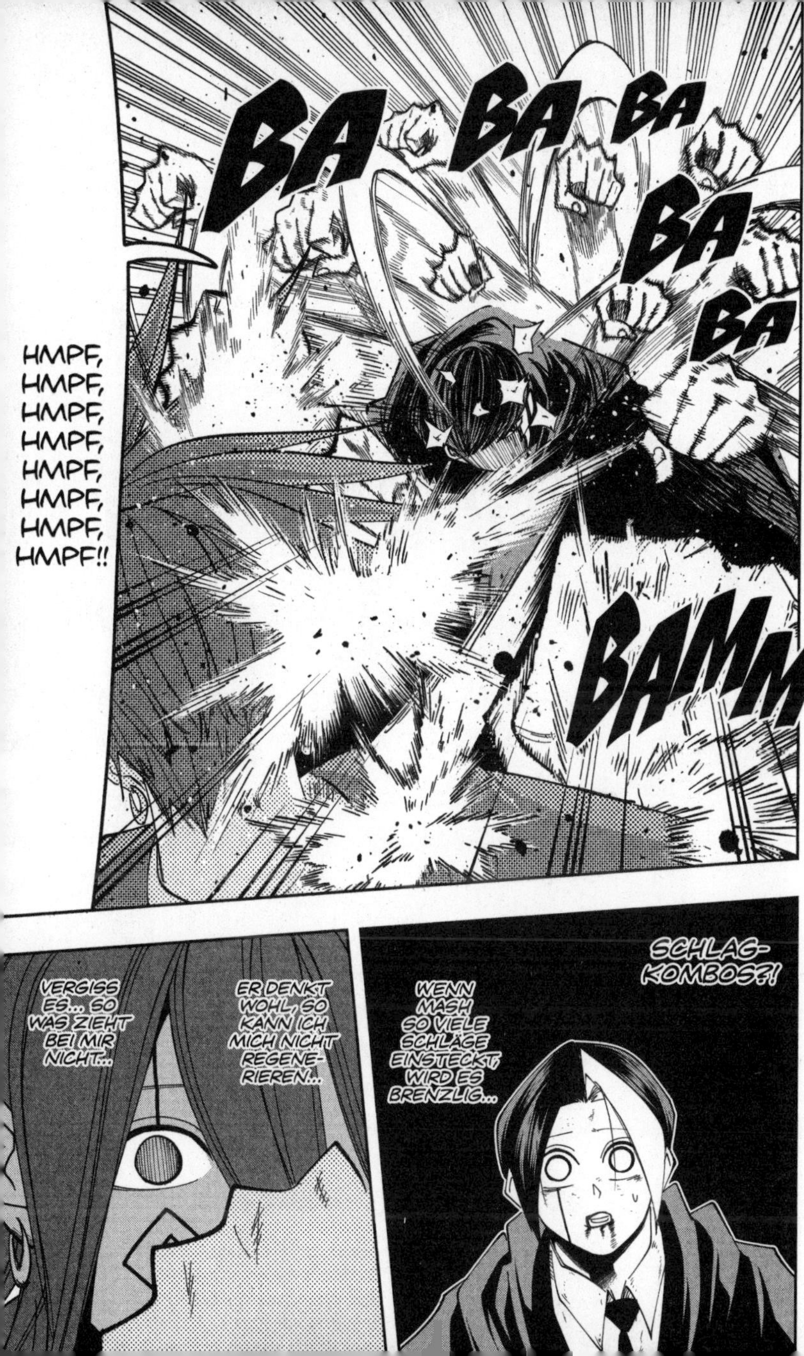
BA BA BA BA BA BA
HMPF, HMPF, HMPF, HMPF, HMPF, HMPF, HMPF, HMPF!!
BAMM
SCHLAG-KOMBOS?!
WENN MASH SO VIELE SCHLÄGE EINSTECKT, WIRD ES BRENZLIG...
ER DENKT WOHL, SO KANN ICH MICH NICHT REGENERIEREN...
VERGISS ES... SO WAS ZIEHT BEI MIR NICHT...

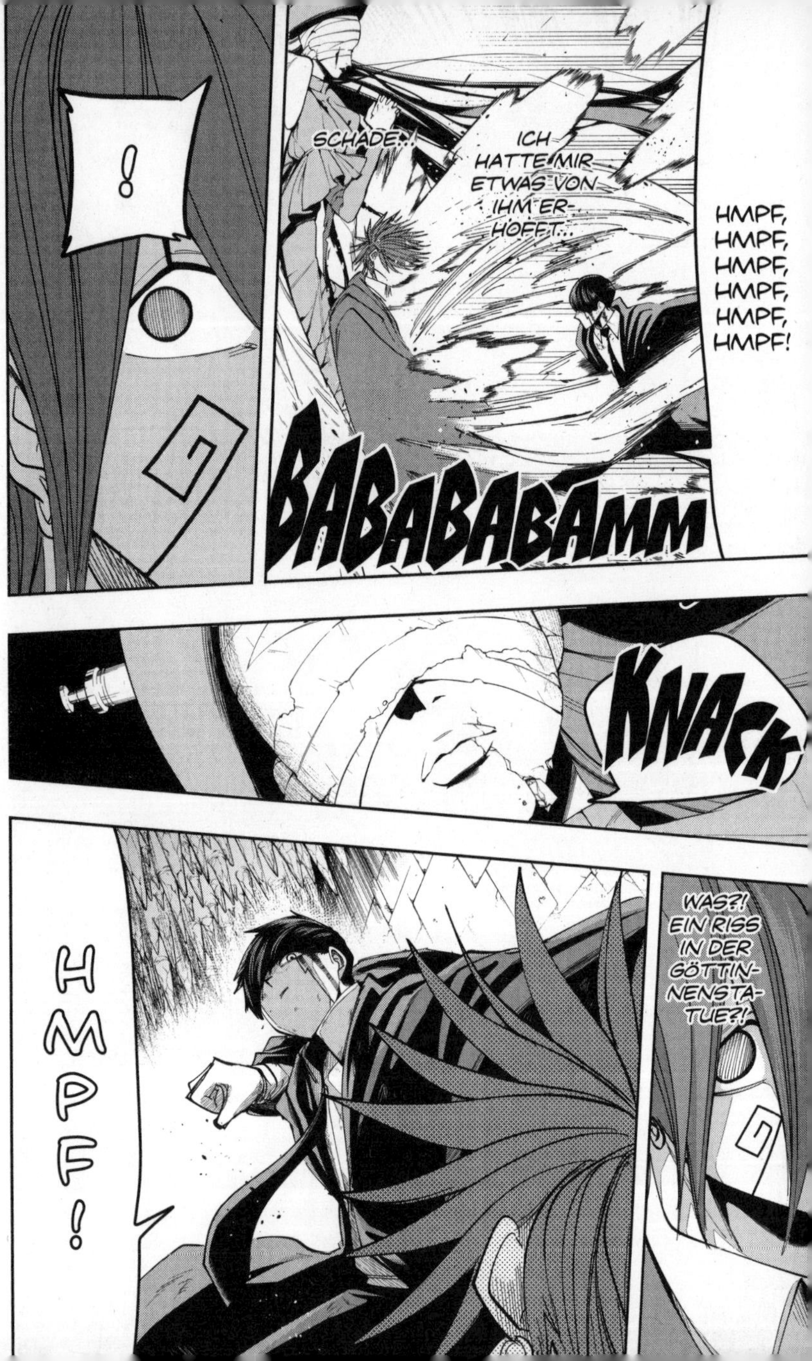

!
HMPF, HMPF, HMPF, HMPF, HMPF, HMPF!
ICH HATTE MIR ETWAS VON IHM ER-HOFFT ...
SCHADE ...
BABABABAMM
KNACK
WAS?! EIN RISS IN DER GÖTTIN-NENSTA-TUE?!
HMPF!

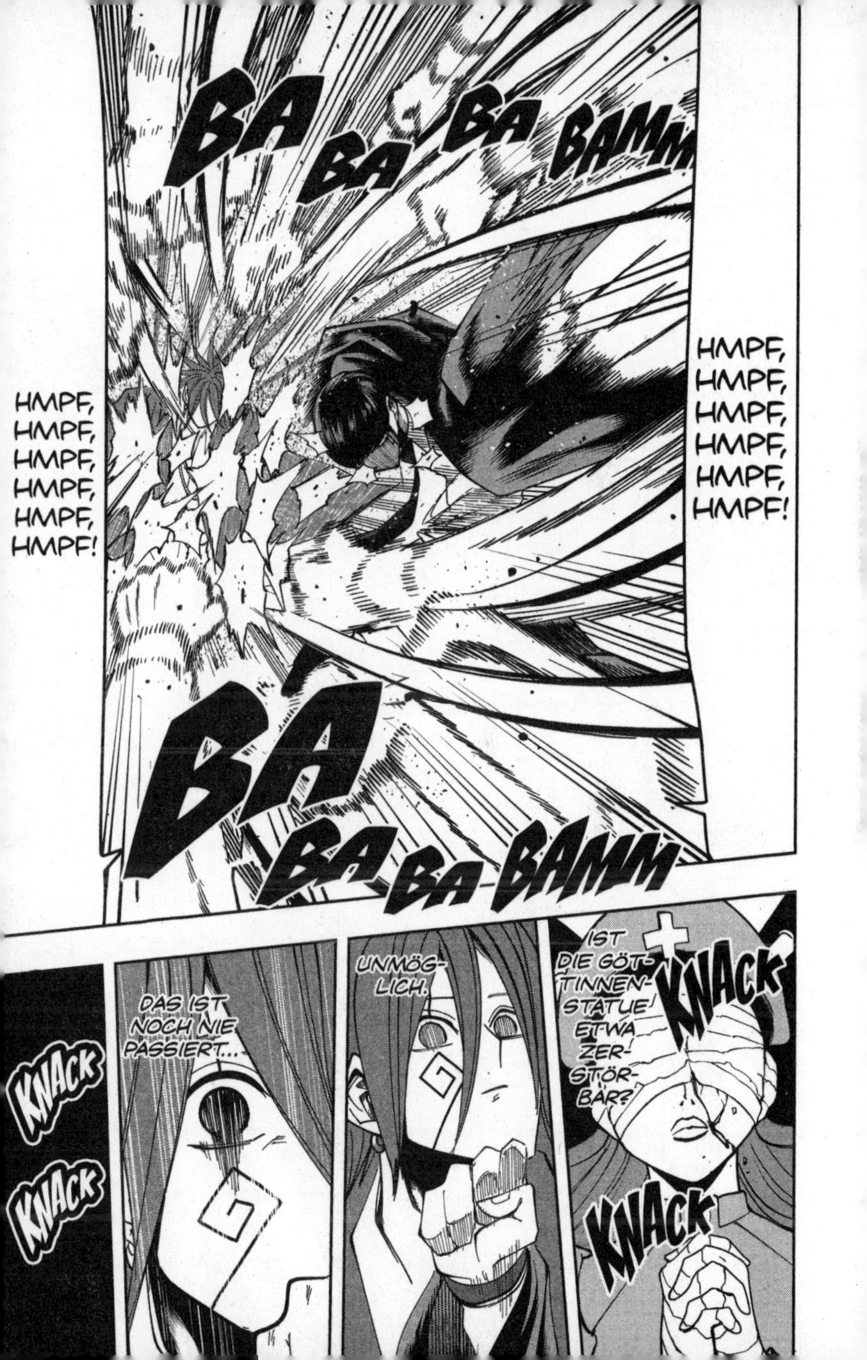
BA BA BA BAMM
HMPF, HMPF, HMPF, HMPF, HMPF, HMPF!
HMPF, HMPF, HMPF, HMPF, HMPF, HMPF!
BA BA BA BAMM
IST DIE GÖTTINNENSTATUE ETWA ZERSTÖRBAR?
KNACK
KNACK
UNMÖGLICH.
DAS IST NOCH NIE PASSIERT...
KNACK
KNACK

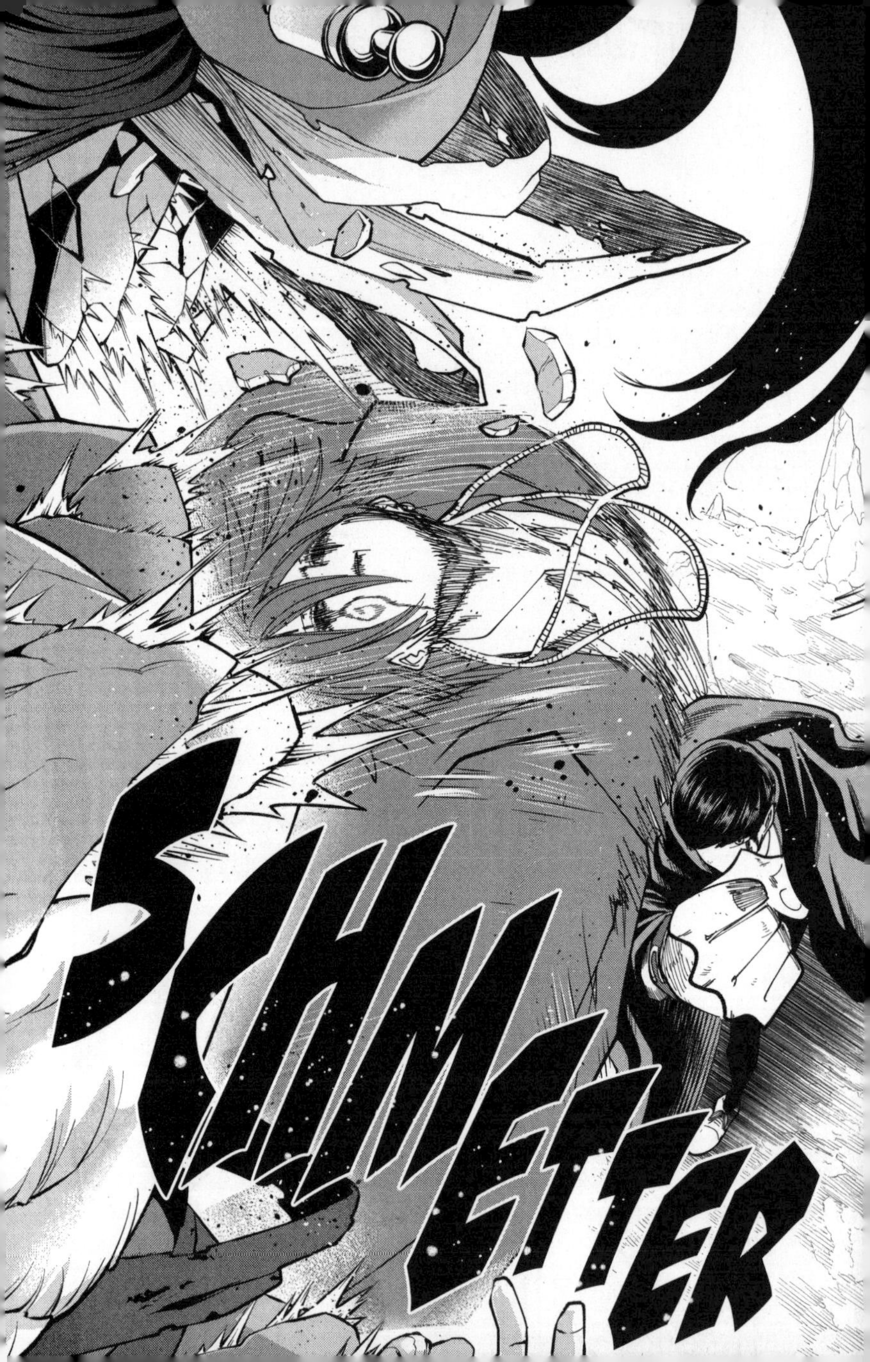
SCHMETTER

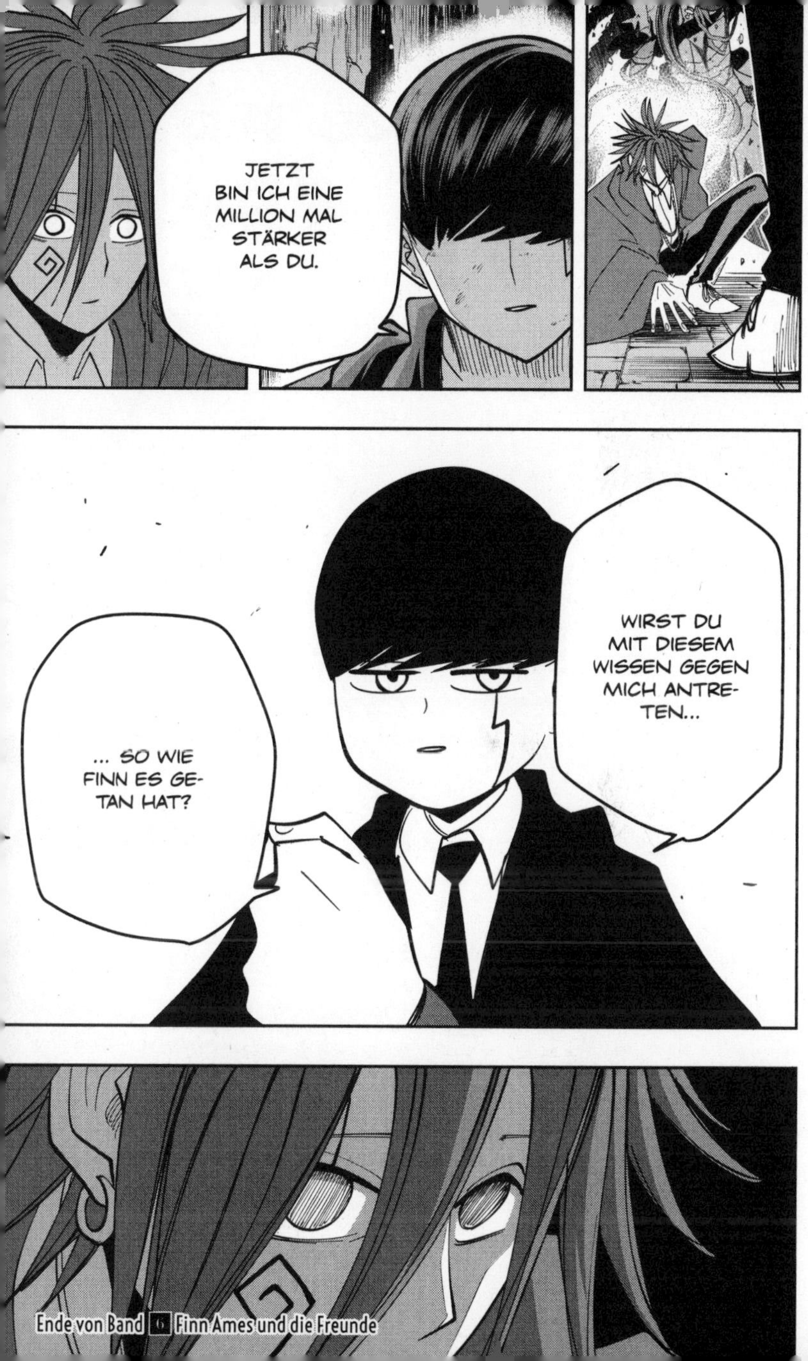
JETZT BIN ICH EINE MILLION MAL STÄRKER ALS DU.
WIRST DU MIT DIESEM WISSEN GEGEN MICH ANTRE-TEN...
... SO WIE FINN ES GE-TAN HAT?
Ende von Band 6 Finn Ames und die Freunde

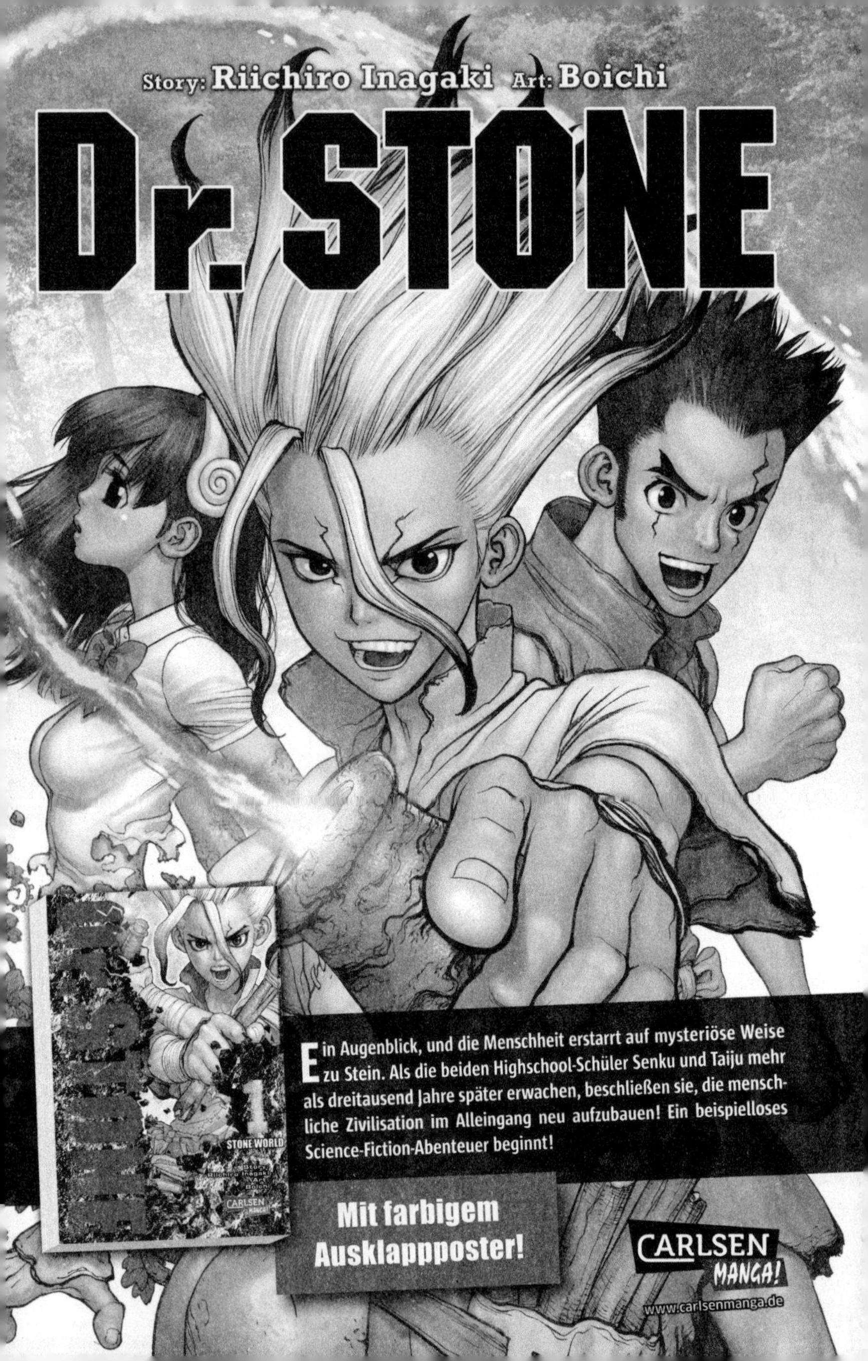
Story: Riichiro Inagaki Art: Boichi
Dr. STONE
Ein Augenblick, und die Menschheit erstarrt auf mysteriöse Weise zu Stein. Als die beiden Highschool-Schüler Senku und Taiju mehr als dreitausend Jahre später erwachen, beschließen sie, die menschliche Zivilisation im Alleingang neu aufzubauen! Ein beispielloses Science-Fiction-Abenteuer beginnt!
1
STONE WORLD
Mit farbigem Ausklappposter!
CARLSEN MANGA!
www.carlsenmanga.de

MISSION: Yozakura Family

HITSUJI GONDAIRA

VORHANG AUF FÜR DIE SCHRÄGSTE UND GEFÄHRLICHSTE FAMILIE DER WELT!

Taiyo Asano ist ein extrem schüchterner Oberschüler. Die einzige Person, mit der er unbeschwert reden kann, ist seine Kindheitsfreundin Mutsumi Yozakura. Doch dann stellt sich heraus, dass Mutsumi ein Geheimnis hat, das Taiyos Leben völlig auf den Kopf stellt: Ihre Familie besteht aus lauter Superspionen! Und als wäre das nicht schon aufregend genug, trachtet Mutsumis großer Bruder ihm auch noch nach dem Leben! Wie weit wird Taiyo gehen, um seine Haut zu retten?

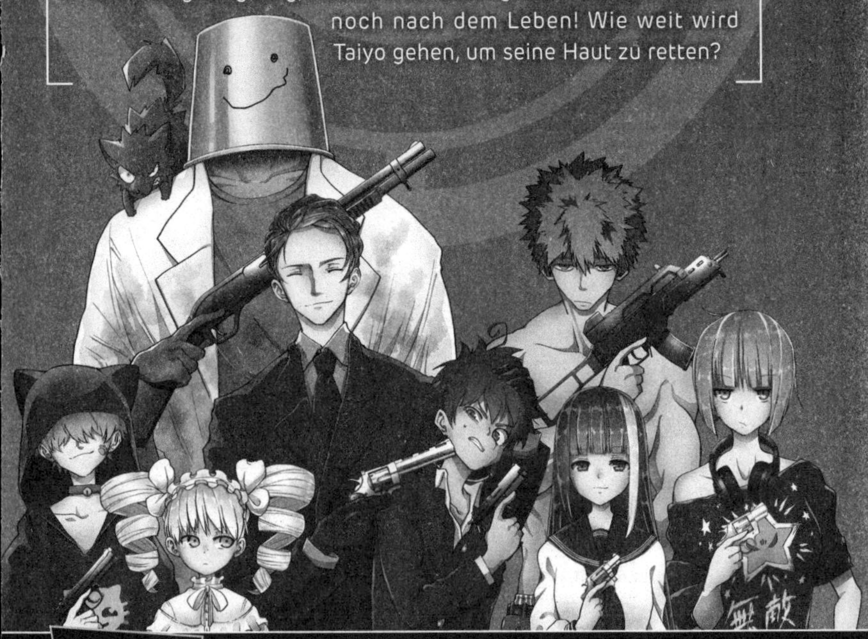

CARLSEN MANGA!
www.carlsenmanga.de
carlsen_manga
carlsenmanga

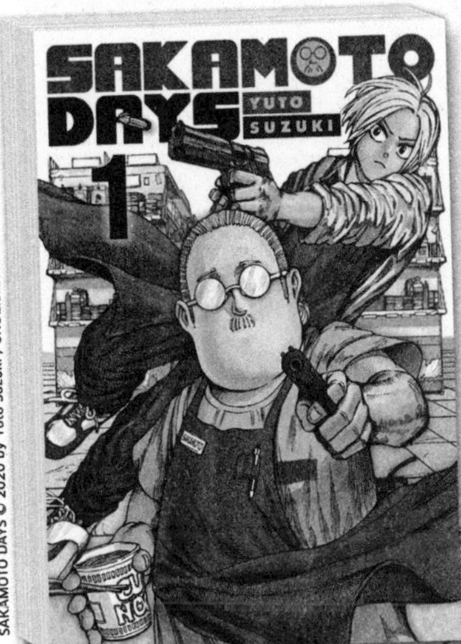
SAKAMOTO DAYS
YUTO SUZUKI
1

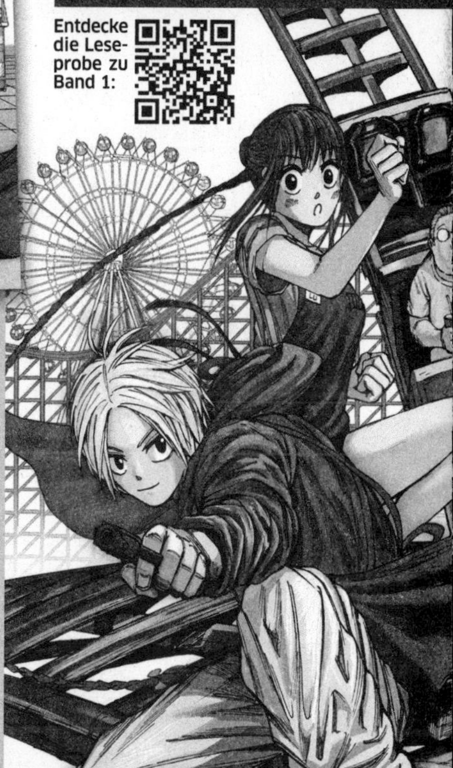

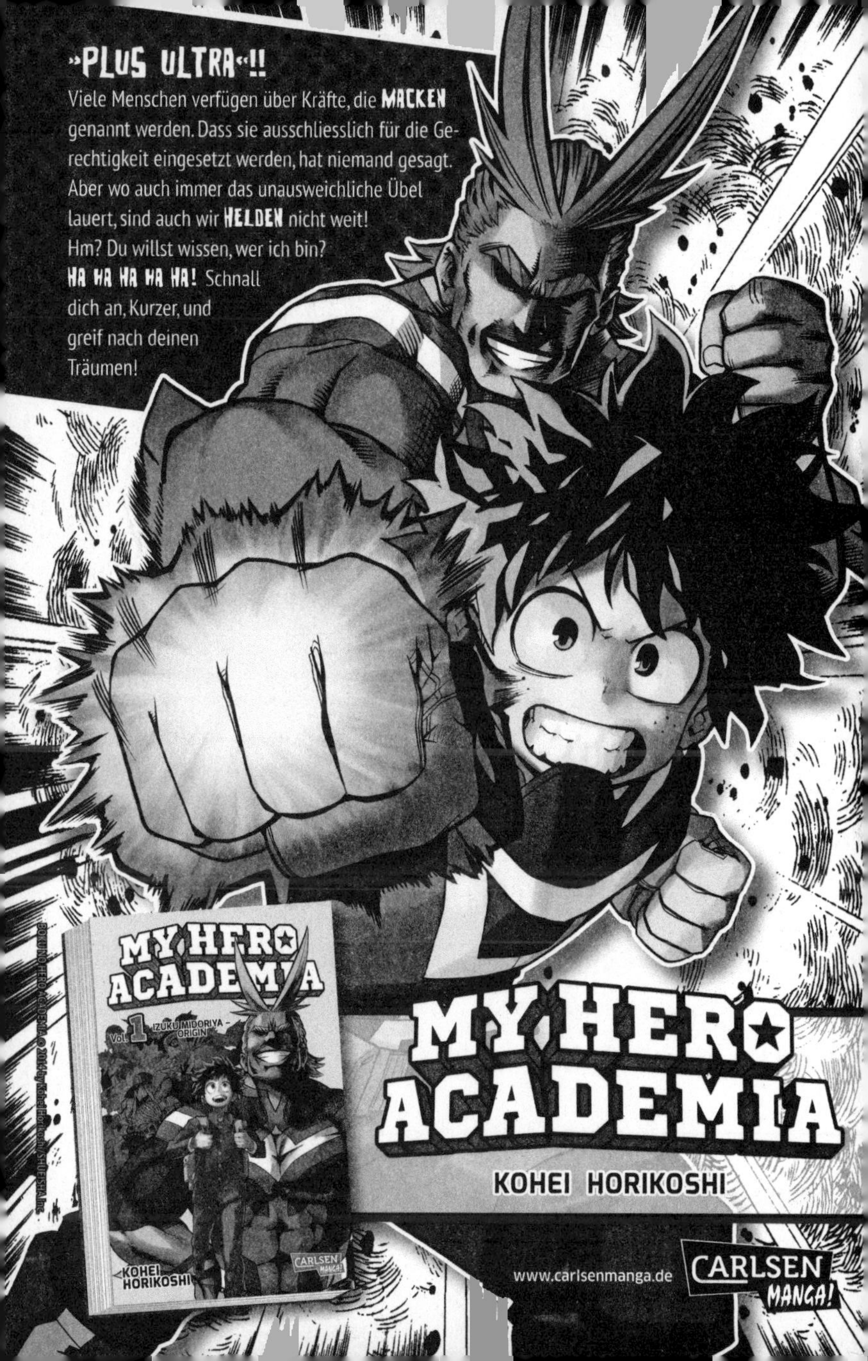

reiche Serien

Boruto
von Masashi Kishimoto, Ukyo Kodachi und Mikio Ikemoto

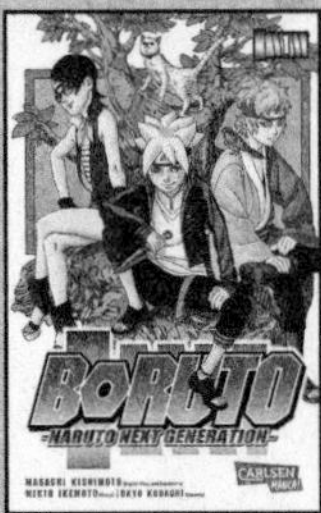

Narutos Sohn Boruto gilt als Wunderkind und ist genauso rebellisch wie einst sein Vater. Er bittet Sasuke ihn zu trainieren, um ein besserer Ninja als Naruto zu werden…

Naruto
von Masashi Kishimoto

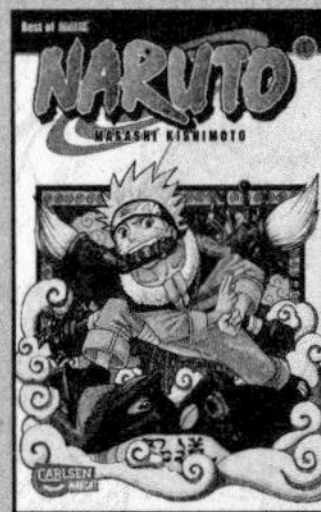

Naruto will der beste Ninja der Welt werden. Weil in ihm ein mächtiges Geheimnis schlummert, wird er von vielen bösen und gefährlichen Ninja verfolgt…

Fairy Tail
von Hiro Mashima

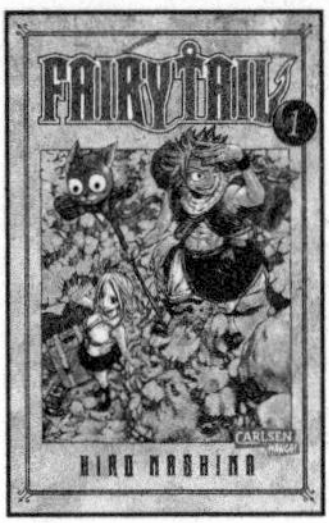

Verrückte Magier, geflügelte Katzen und gefährliche Monster – das ist die Welt von »Fairy Tail«. So nennt sich eine Gilde von sympathischen Outlaws, die mit ihren Zauberkünsten gegen das Böse in der Welt kämpfen, dabei aber mehr als einmal über das Ziel hinausschießen.

Edens Zero
von Hiro Mashima

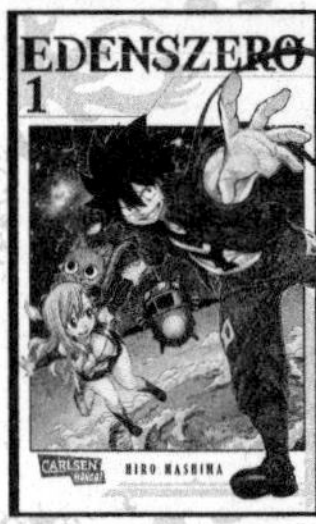

Im Reich der Träume, dem Vergnügungspark Granbell, lebt Shiki allein unter Robotern, doch dann treffen die ersten Gäste seit 100 Jahren ein: Rebecca und ihre blaue Katze Happy. Die drei verstehen sich auf Anhieb gut und werden Freunde… Allerdings birgt dieses kleine Aufeinandertreffen große Veränderungen für ihr Schicksal!

Assassination Classroom
von Yusei Matsui

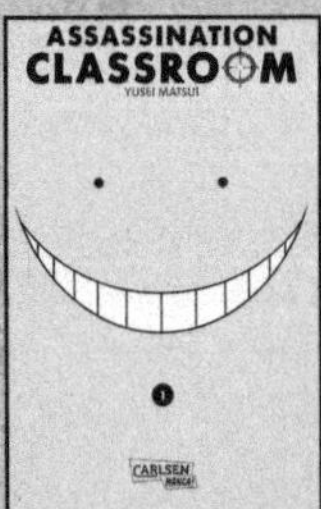

Ein übermächtiges Tentakelmonster mit Smileygesicht droht die Erde zu zerstören. Aber erst nächstes Jahr … Bis dahin unterrichtet das Monster die Klasse 9-E der Kunugigaoka Junior Highschool.

Soul Eater Massiv
von Atsushi Ohkubo

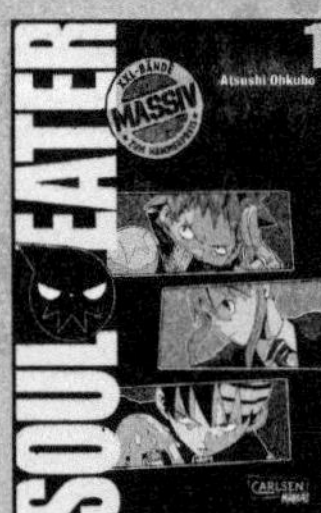

Maka ist Waffenschmiedin in einer spezieller Ausbildung. Ihre Sense namens Soul Eater hat ein Eigenleben und nimmt außerhalb des Kampfes die Gestalt eines ultracoolen Jungen an.

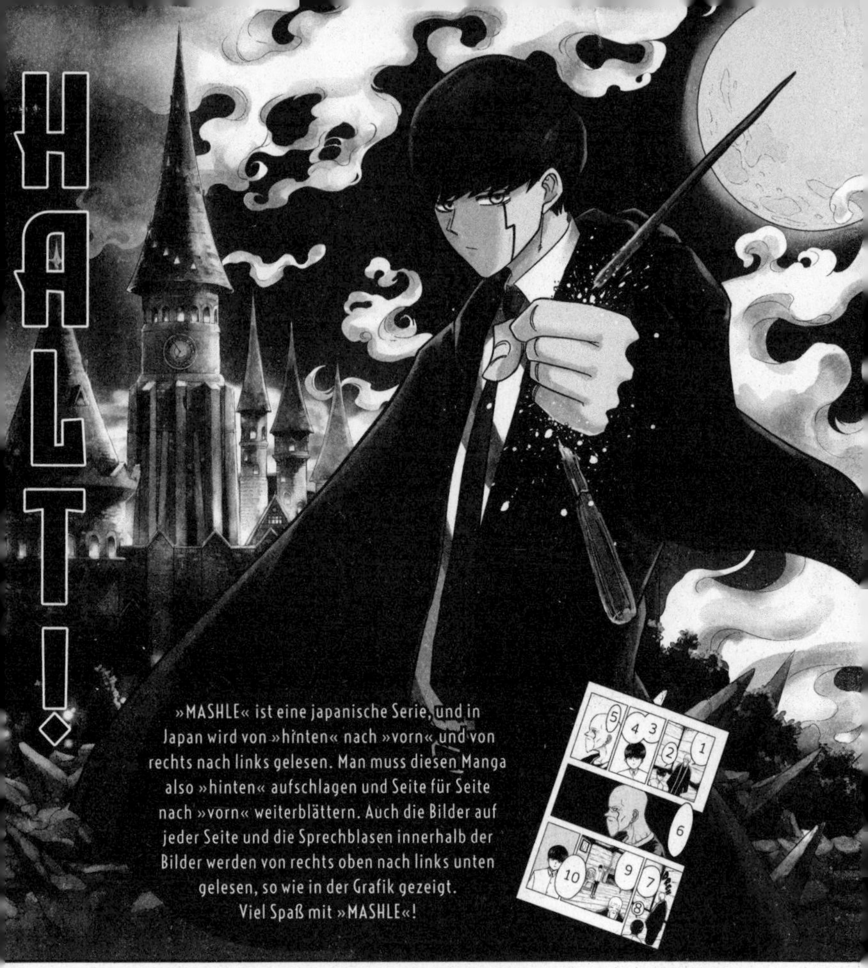

HALT!

»MASHLE« ist eine japanische Serie, und in Japan wird von »hinten« nach »vorn« und von rechts nach links gelesen. Man muss diesen Manga also »hinten« aufschlagen und Seite für Seite nach »vorn« weiterblättern. Auch die Bilder auf jeder Seite und die Sprechblasen innerhalb der Bilder werden von rechts oben nach links unten gelesen, so wie in der Grafik gezeigt.
Viel Spaß mit »MASHLE«!

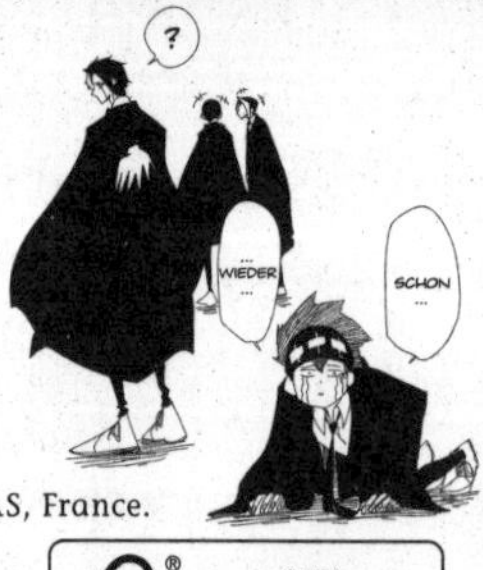

CARLSEN MANGA
Deutsche Ausgabe/German Edition

Aus dem Japanischen von Katrin Stamm

First published in Japan in 2020 by SHUEISHA Inc., Tokyo.
German translation rights in Germany, Austria, Luxembourg and
erman-speaking Switzerland arranged by SHUEISHA Inc. through VME PLB SAS, France.
Redaktion: Philipp Nakata
Textbearbeitung: Steffi Korda
Herstellung: Tobias Hametner

ISBN: 978-3-551-02479-4

MIX
Papier aus verantwortungsvollen Quellen
FSC® C083411
Klimaneutrales Produkt